청춘을 위한 인문학

초판 발행 2018년 2월 20일

초판 2쇄 2020년 7월 30일

역음 최재목

지음 고미숙·김재진·박철홍·박홍규·이권효·임병덕·장영란·최진덕·함성호

디자인 정재완

펴낸곳 영남대학교출판부

펴낸이 서길수

출판등록 1975년 9월 5일 경산 제16-1호

주소 경상북도 경산시 대학로 280

전화 053) 810-1801~3

FAX 053) 810-4722

홈페이지 book.yu.ac.kr

ISBN 978-89-7581-569-0 03100

이 도서의 국립중앙도서관 출판예정도서목록(CIP)은
서지정보유통지원시스템 홈페이지(http://seoji.nl.go.kr)와
국가자료공동목록시스템(http://www.nl.go.kr/kolisnet)에서
이용하실 수 있습니다. (CIP제어번호 : CIP2018004185)

청춘을 위한 인문학

최재목 엮음   열린시선

"그래 '청춘'이 바로 '인문학'이다"

1

다시 '꽃은 피고 물은 흐른다'. '화개수류'(花開水流).

생명은 멈추지 않는다.

'청춘'(靑春)은 생명의 봄이다. 봄은 동쪽이라…만물이 시작하는 희망을 담은 푸른색이다.

2018년 봄, 이 때를 맞춰, <청춘을 위한 인문학> 책을 펴낸다.

'청춘을 위한' 인문학이지만, 다르게 생각하니, '청춘이 곧 인문학'이라 생각된다. 삶이 바로 '글'이고, '책'이다.

유명 강사들을 모셔서 릴레이 강연식으로 진행하는 우리 대학 명품 대형 교양강좌 <스무살의 인문학>을 개설하여 운영해온 지도 벌써 몇 해가 지났다. 그 동안 이 강좌는 국내의 대학 사이에서 뿐만 아니라 일반인들에게서도 제법 알려져 우리 대학의 교양강좌를 대표하기에 이르렀다.

우리 대학 학생들이 오백 명 정원인 이 과목을 수강하려면 적어도 3대 1 이상의 경쟁을 거쳐야만 한다. 천 육백, 칠백 명이 신청하지만 아쉽게도 좌석이 오백 개 한정이라 수강생을 오백 명으로 제한하고 있다. 물론 청강도 가능하나, 좌석이 없으니 앉거나 서서 들어야 한다.

이 번 강의의 주제는 <청춘을 위한 인문학>이다. 원래 강의나 13회이다. 열세 명의 강사가 있으나 이런 저런 사정상 아홉 분의 원고로 묶게 되었다. 이 책에 실린 '연사'+'강의제목'은 아래와 같다.

함성호(시인, 건축가) / 아무것도 하지 않는 즐거움

임병덕(영남대 기계공학부 교수) / 사물을 보는 눈 속에 미래가 있다

김재진(시인, 유나방송 대표) / 최고로 미친 사랑

고미숙(고전평론가) / 길 위에서 길 찾기

박홍규(영남대 교양학부 교수) / 여행에서 얻는 것

장영란(한국외대 교양학부 교수) / 신들은 어떻게 놀았는가

박철홍(영남대 교육학과 교수) / 청춘, 참된 공부로 거듭나야 할 때

최진덕(한국학중앙연구원 인문학부 철학교수) / 야성의 회복과 놀이하는 청춘

이권효(계명대 타불라라사칼리지 특임교수) / 뉴스메이커 청춘

위의 글들은 원고에 기초해서 만들어진 것이지만 대부분 구두로 강연한 내용을 그대로 옮겨 적고, 그것을 다시 다듬은 것이라서 생동감이 있다.

여러 가지 여건이 어렵지만 이렇게 강좌의 내용을 한 권의 책으로 꾸준히 남기는 작업은 계속될 것이다. 강의실에서 살아 꿈틀대던 삶의 말씀들을 기록으로 남기는 일이 지속될 것이다. 이것은 문자로 삶이 '두 눈 부릅뜨고, 살아 계시도록' 정성을 쏟는 일이다. 그래서 앞으로, 새로 입학할 우리 대학 안팎의 청춘들에게서, 책속의 문자들이 지혜의 씨앗으로 다시 살아나기를 바란다.

2

나는 단순히 지식을 쌓기 위한 공부는 안 해도 된다는 입장이다. 어차피 공부는 은유적인 것이고, 해봤자 자신의 진정한 삶을 위한 것을 빼놓고 나면, 대부분 형식적인 것으로서, '그게 그거다'.

진정한 공부는 자신을 해방하는 것이다. 자신을 해방하지 못하는 공부는 바깥의 지식을 내 안쪽에, 의사가 주사약을 주입하듯이, 밀어 넣는 일이다. 나를 해방하는 공부란, 나라는 주인을 바깥에다 실현하는 방법과 그 디테일들을 스스로 알아내어 스스로 실현하는 것이다.

우리가 배우고 익히는 '대학'(大學)이란 한 인간을, 한 시기에 집중적으로 배우고 익히도록 하는 제도이다. 이것은 좁은 의미의 대학이다.

넓은 의미의 대학은 삶 전체를 담고 있는, 한 생애의 시간과 공간을 모두 캠퍼스로, 교수로, 교재로 삼는다. 꽃도, 바람도, 물도, 땅도…, 모두 캠퍼스, 교수, 교재가 된다. 우리는 제도화된 좁은 대학에 있으면서, 넓은 대학에서 배울 것들을 미리 집약적으로 터득하고, 고민하는 것이다.

배운다는 것은 무언가 '모르고 있다는 사실을 스스로 알아가는 것'이며, 모르기 때문에 끊임없이 '묻고, 알려는 것' 하며, 잘 묻기 위해서 '자신을 더 잘 살피는 것'이다. 결국 좁은 의미의 대학이든 넓은 의미의 대학이든 '나를 알아가고, 나를 완성하는' 일을 한다. 자신의 본래모습대로, 덕성대로, 해방하는 일이다.

자신을 해방하려면, 세상을 향한 자신의 '태도'를 정하는 일이 중요하다. 어떤 사물이나 사람, 어떤 대상이나 환경 앞에서, 내가 '왜' '무엇을' '어떻게' 할 것인가를 분명히 정하는 일이 바로 자신이 '누구인가?'를 묻고 보여주는 일이기 때문이다.

'누구인가?'를 묻는 것은 나의 '본래면목'(本來面目) 즉 '민낯'을 살피는 것이다. 가끔 거울 앞에서 자신의 민낯을 한번 쳐다보라. 꾸미지 않은, 있는 그대로의 내 얼굴, 내 모습을! 그것이 나이다. 우리는 이 모습을 자주 잊어버린다. 아무리 잘 났어도 나는 그저 동네아저씨 같은 평범한 사람이다. 아니 다 그렇게 된다.

'평범'(平凡)이란 말은 참 어려운 말이다. 비범이 어려운 것이 아니라 평(平)+범(凡)이 어려운 것이다. 평범은 '보통'(普通)이고, 보+통은 '보편'(普遍)이다. 보+편은 모든 곳에 있는 것이다. 그렇게 있지만 잘 모르는 것이 '나=동네 아저씨'라 사실이다. 누구나 감당해야 할 '희로애락'(喜怒哀樂)과 '생로병사'(生老病死), 이들의 주인이 되는 것. 내가 넘어설 수 없이 겪는, '희노애락'-'생로병사' 속에 있는 살아있는 당당한-자연스런 내 모습, 그들 속을 뚜벅뚜벅 정면 돌파해 가는 나를 찾아내는 일. 이것이 내 삶의 주인-주인공이 되는 것이다. 잘 '꾸며진' 모습 뒤에 숨어있는 나. 자주 잊어버리고 있는 나의 민낯. 그런 나의 나다움을 찾는 것이다. 남이 되는 것이 아니라, 내가 나답게 되기 위해서는 '내가 누구인지?'를 잘 알아야 하지 않겠는가. 나의 감정과 아픔과 번민에게 지지 말고 (패배자가 되지 말고), 그것과 친해지며, 당당히 그것과 마주하자는 것이다.

그럴 때 타자와 세상에 대해 나의 태도가 정해진다. 태도는 나를 드러내고 풀어내고 규정하는 일이다. 나의 가치'관'이고, 세계'관'이고, 인생'관'이다. 하나의 '관'(觀) 즉 '나의 관점'을 갖는 것이다.

젊은 시절에 이런 연습을 해두는 것이 중요하다. 왜냐하면 젊은 날에는, 그 이후의 삶과 비교해본다면, 그래도 '순수함'으로 출렁이기 때문이다. 학생시절에, 학생의 눈일 때, 순수함이 살아있다. 평생 학생으로 남는다면, 공부하는 마음으로 산다면, 평생 순수한 눈으로 살아갈 수가 있다는 말이다.

이 책에 실린 저자들의 글에서는 각각 다른 방식으로 청춘들을 향해 '깨어 있는 삶'을 독촉한다. 감사해야 할 일이다. 이분들은 이구동성으로 삶이 즐거워야 하며, 길 위의 여행이자 때로는 순례나 놀이 같아야 한다고 조언한다.

결국 우리는 길 위에서, 길을 걷다가, 길에서 놀다가, 길에서 자꾸 멀어져간다. 먼저 걸어본 사람들이, 뒤이어 올 사람들을 위해서, 자신의 경험과 식견에 따라 '이래라~저래라~' 조언과 충고를 아끼지 않는다. 그것이 때로는 잔소리처럼, 호령처럼 들릴 수도 있다. 아니 한 때는 잘 안 들렸던, 그냥 머릿속에 우두커니 붙어서 남아있던, 선배들의 몇 마디 말이 어느 날 '무심코, 무심결에' 휙 들릴 수도 있다. 짠하게 가슴에 남게 될 수도 있다. 그런 체험이 많으면 많을수록 좋겠으나, 그것은 오로지 읽고 듣는 사람 각자의 몫이고 자산이리라.

나(최재목)는 중개-매개자로서 있을 뿐이지 누군가에게 꼰대처럼 강요하는 입장에 서 있기를 원치 않는다. 결코 가르치는 사람이 아니다. 돕는 사람이다. 협력자, 조력자로서 만족한다. 다만 이 <스무살의 인문학>강좌가 스무살 청춘들에게 저절로 '나에게 없는 것'인 지식과 언어일 때, 어느 누구에게든 교환가치를 갖는 새로운 것이 되리라 믿는다. 그만큼 '까칠하고 신선한, 바삭바삭한' 새로움을 위해, 나는 앞으로도 부단히 더 참신한 기획·운영에 임할 것이다.

3

이 책을 엮으면서 감사를 드릴 분들이 많다.

우선 이 강좌를 위해 열과 성을 다해주신 연사, 필자 여러분이다. 원고료 하나 챙겨드리지 못하는데도 원고수정 등 출판사의 번거로운 요구에 다 응해주셨다. 머리 숙여 감사드린다. 이 책에 기술된 스무살 청춘들을 향한 말씀들이, 세상으로 돌고 돌며 더 많은 청춘들에게 값진 결실을 이루는 방식이, 작은 위로이자 화답이 되리라 믿는다.

다음으로 강좌를 운영하는데 부단히 조언과 협력을 해주신, 박철홍 교수님, 박홍규 교수님께도 감사를 드린다.

아울러 대형 교양 강좌 운영을 적극 도와준 조교들, 타이핑을 맡아준 학생들, 출판사정이 어려운데도 작업에 심혈을 기울여 작업을 해주신 영남대출판부 관계자 여러분께, 깊은 감사의 말씀을 드린다.

2018. 2. 10

<스무살의 인문학> 기획·운영

최재목(영남대 철학과 교수) 적다

차례

함성호

1990년 『문학과 사회』 여름호에 시를 발표했으며, 1991년 『공간』 건축평론 신인상을 받았다. 시집으로 『56억 7천만 년의 고독』, 『성타즈마할』, 『너무 아름다운 병』, 『기르티무카』가 있으며, 티베트 기행 산문집 『허무의 기록』, 만화 비평집 『만화당 인생』, 건축 평론집 『건축의 스트레스』, 『당신을 위해 지은 집』, 『철학으로 읽는 옛집』, 『반하는 건축』, 『아무것도 하지 않는 즐거움』을 썼다. 현재 건축 실험 집단 'EON'의 대표로 있다.

인간의 모든 욕망은 타자의 욕망이다.

우리나라 문맹률은 전 세계적으로 봐도 낮습니다. 세종대왕이 좋은 문자 체계를 만들었기 때문입니다. 반면 의미맹률은 높습니다. 계약서 같은 것을 썼을 때, 계약 내용을 다 읽어보지 않습니다. 그걸 읽어봐야 무슨 뜻인지 모르기도 하지만 안 읽는 데는 이유가 있습니다. 제가 얘기하고 싶은 내용은 '아무것도 하지 않는 즐거움'입니다. 이 말은 절대 '아무것도 하지 않아도 성공할 수 있다거나 아무것도 하지 않아도 만족스러운 삶을 살 수 있다'는 말이 아닙니다. 성공이나 출세와는 아무 상관이 없는 얘기입니다. 우리는 아무 것도 하지 않으면 편한 건 잠깐이고 금방 불안해 집니다. 그 불안의 정체는 뭘까요? 그것에 대해 한 번 알아 보겠습니다. 아무것도 하지 않으면서 어떻게 즐거울 수 있을까요? 만약 즐거운 건 필요 없고 돈을 벌고 남들이 알아주는 지위에 오르는 게 삶의 목표라면 아무것도 하지 않으면 안 됩니다. 무언가를 찾아서 해야 하고 일을 꾸미고 만들어야 합니다. 사람들에게 과시하고 홍보해야 할 것입니다. 공부는 노는 걸 멀리하는 것이 아닙니다. 바로 잘 노는 게 공부입니다. 여기서 잘 노는 게 공부라는 것은 아무것도 하지 않으며 느끼는 즐거움 속에서 공부와 성공은 그 다음이라는 것입니다. 결

코 아무것도 하지 않는다는 게 여러분이 바라는 모든 것이 포함되어
있는 것은 아닙니다.

"인간의 모든 욕망은 타자의 욕망이다"라는 문장이 있습니다. 프랑
스의 철학자 라캉이 말한 것입니다. 라캉은 프랑스 프로이트 심리학을
계승한, 심리학자라기보다는 철학자에 가까운 사람입니다. 이 문장은
무슨 뜻일까요? 여기에 '나'라는 존재가 있습니다. 불교적으로 이야기
하면 '나'라는 것은 원래 없다고 이야기합니다. 불교에서는 내가 왜 없
는지에 대해 오온(五蘊) 등을 통해 잘 증명되어 있습니다.

처음 보는 사람에게 자기를 소개할 때 "저는 OOO대학 건축과 몇 학
년 아무개입니다." 이렇게 이야기하겠죠. 거기에는 학벌, 학연 이런 것
들이 들어가 있습니다. 나를 규정하는데 학교라는 것이 들어갑니다. 외
국 여행을 가서 외국인들이 어디서 왔냐고 물으면 한국에서 왔다고 할
것입니다. 또 북쪽 남쪽으로 나눠서 말하기도 하겠지요. 그때는 나를
규정하는 것에 국가라는 것이 들어갑니다. "너희 부모님 뭐하시니?"라
고 묻는 것은 나를 규정할 때 부모에 대한 것도 포함되어 있습니다. 사
람들은 각자 다양한 기종의 핸드폰을 갖고 있습니다. 왜 아이폰을 선택
하게 됐냐고 물으면, 광고를 보고거나, 뭔가 세련된 것 같아서 샀다고
하는 사람이 있을 것입니다. 우리는 이렇게 미디어의 영향도 받고 살아
갑니다. 유행에 따라 자기의 선택을 규정합니다. "쟤는, 노는 물이 아주
저질이야." 라는 이야기는 그 사람을 판단할 때 친구관계로 규정하기
도 한다는 것이겠지요. 나를 규정하는 것은, 친구, 유행, 학교, 국가, 미
디어가 강요하는 것, 국가가 강요하는 가치, 어쩔 수 없이 태어날 때부

터 옆에 있던 부모라는 존재 등이 있습니다. 하지만 어느 것 하나도 나를 규정하는 것은 없습니다. 여러분은 나를 규정하고 있는 것들을 스스로 선택했다고 생각할 것입니다. 그러나 이런 것들은 자기가 진짜 좋아하는 것이 아닙니다.

"인간의 모든 욕망은 타자의 욕망이다"라는 것은 이런 것입니다. 저는 건축 설계를 하는데 설계비를 많이 받습니다. 싼 재료로 엄청 예쁘게 설계할 수 있다는 걸로 어필합니다. 대부분 건축주들이 돈을 쌓아놓고 건축하지 않기 때문에 싼 재료로 건축해주면 좋아합니다. 처음에는 과연 시멘트로 잘 지을 수 있을까? 이렇게 걱정하지만 대화를 나누는 횟수가 많아질수록 신뢰합니다. 그러면 그 도면으로 작업하고 집을 시공합니다. 특히 한국의 가족관계와 관련해서 부인들이 걱정이 많습니다. 현장에서 콘크리트 덩어리가 적나라하게 드러나는 것을 보면 "이렇게 해서 집이 될까?"라며 걱정하지요. 점점 집의 꼴을 갖춰가며 건축가랑 처음 얘기한대로 집이 되어갑니다. 그때 사람들이 부닥치는 불안은, 집들이를 해야 하는데 시누이가 놀러 와서 "어떻게 벽이 다 시멘트야. 집을 짓다 말았어."라고 얘기를 하면 어쩌지?라는 이런 불안이 하나씩 바깥으로 나옵니다. 벽하고 천장하고 수평으로 맞닿는 부분인 몰딩도 애초에는 없던 것을, 황금몰딩(?)을 하고 싶어 합니다. 친척들이 왔을 때 "황금몰딩이잖아!"라는 감탄을 듣고 싶은 것입니다. 그 정도가 되면 건축가가 안 된다고 못을 박지만, 제가 없을 때 시공자랑 얘기해서 어느새 원하는 대로 바꾸어져 있습니다. 스테인리스 싱크대도 타인들이 허접하다고 얘기할까봐 불안해서, 어느 날 가보면 수천만원짜리 고급 싱크대로 해놓습니다. 하나 둘씩 불안하기 때문에 바꾸어 놓습니다. 그런데 정작 그 불안의 정체는 자기 자신의 욕망이 아니라 타자의 욕망입니다. 그 과정에서 집은 괴물로 변해갑니다. 이는 곧 자기 얼굴이 괴물로 변해가는 것과 같습니다. 나의 순수한 욕망이 아니라 타자, 시누이나 친구들의 욕망으로 나의 얼굴이 바뀝니다.

국가, 미디어 등이 강요하는 것들로 인해 나의 얼굴은 없어집니다. 애니메이션 <센과 치히로의 모험>에 나오는 가오나시처럼 '나'라는 얼굴이 없어집니다. 여러분은 한 번도 나를 의심해본 적이 없을 것입니다. 자기를 의심해본 적이 없기 때문에 여러분의 얼굴에는 항상 남의 욕망이 투영되어 있습니다. 여자들이 화장할 때 어떤 유행을 따르고 있는지 한번 보세요. 화장법이라는 것들을 통해 누구의 욕망을 자기 얼굴에 투사하고 있는지 보십시오. 여고생들이 화장하고 다니는 것을 보면 웃기죠? 가부키 화장처럼 하얀 얼굴에 새빨간 입술, 치마도 형태와 어울리지 않게 짧게 해서 다닙니다. 여러분이 봤을 때는 우스꽝스러울 것입니다. 대한민국 여고생들이 추구하는 타자의 욕망이 여고생들의 모습을 천편일률적으로 만듭니다. 거기에 나라는 자연인의 얼굴은 없습니다.

라캉이 이야기한 "인간의 모든 욕망은 타자의 욕망"이라는 문장은 해결되기 어려운 문제입니다. 욕망하고 욕구를, 구분할 수 있나요? 욕구는 '똥 싸고 싶다', '배고파', '섹스하고 싶어'와 같은 것입니다. 이런 것들의 공통점은 하면 없어진다는 것입니다. 해버리면 없어지는 것이 욕구입니다. 사라져 버리는 것들이죠. 그러나 욕망은 끝이 없습니다. 돈을 십 원 벌면, 다시 백 원을 벌고 싶어지는 채워지지 않는 상태가 욕망입니다. 하나를 채워도 계속 비어져 나가는 것도 욕망입니다. 욕망이 부정적인 것만은 아닙니다. 강의를 듣고 나서 여러분이 무언가를 알고 뿌듯함을 느끼는 순간, 무지는 더 커집니다. 알고자 하는 욕망은 무지를 넓힙니다. 배우면 뿌듯할 것 같지만 공부를 하다보면 이상한 물리법칙이 작용하게 됩니다. 현실 세계에서 무지는 내가 알게 된 만큼 줄어들어야 하는데 실제로는 그렇지 않습니다. 이만큼을 알면 무지는 그만큼 더 늘어납니다. 그게 앎의 욕망입니다. 욕망이라는 것이 항상 나쁜 것은 아니며 우리에게 가능성을 열어주는 어떤 작용을 하기도 합니다. 그러나 그것이 타자의 욕망일 때는 나에게 아무 도움이 안 됩니다.

우리나라 부모들의 문제가 무엇인지 아시나요? 여러분 세대를 에코 세대라고 하는데요. 부모가 자녀들을 대학에 입학시키려고 갖은 정성을 쏟지만 부모와 자식의 관계는 점점 멀어지고 자식에게 자신의 전부를 걸었던 엄마는 자식이 자신보다는 친구들에게 더 의지 할 때 쯤 주부 우울증에 걸리기도 합니다. 라캉이 "인간의 모든 욕망은 타자의 욕망이다"라고 하지 않았던가요. 여기에서 identity의 문제가 생깁니다. 국어사전에서는 identity를 정체성이라고 번역해놨습니다. 정체성은 '변하지 아니하는 존재의 본질을 깨닫는 성질. 또는 그 성질을 가진 독립적 존재'라고 정의하고 있습니다. 정말 나쁜 사전입니다. 우리나라 사람들이 학문을 하는데 가장 취약한 것이 사전입니다. 어떤 단어를 우리말로 번역할 때 굉장한 어려움이 있습니다. 우리나라 말은 중국 한자가 거의 50%입니다. 일본 한자가 40%정도 됩니다. 나머지 한 10%는 '은 는 이 가'와 같은 조사와 우리말입니다.

우리는 번역어의 경험을 한 적이 없습니다. 서양에서 identity라는 말이 들어왔을 때 이 단어의 번역에 대해 우리가 회의한 경험이 없습니다. 중국과 일본에서 들어온 것을 그대로 쓴 것이죠. 요즘 일본 번역어가 중국에서도 널리 쓰이고 있습니다. 일본이 서구 유럽어를 번역한 것이 동아시아 전체에서 두루 쓰이고 있습니다. 정체성을 번역할 때 본질과 성질이 무엇이고 어떻게 다른지 봐야합니다. 독립적 존재와 앞의 존재는 뭐가 다른지 생각해봐야 하는데 그렇게 하지 않으니 이렇게 잡탕 정의가 생기고 있는 것입니다. 여기서 중요한 것은 '동일성'입니다. identity는 '정체성'이라는 번역보다 '동일성'이라는 번역에 더 정확합니다. '나'라는 것과 무엇이 연결이 되어 있냐는 것입니다. 구성되어 있는 '나'라는 것에 무엇이 연결되어 있고 무엇이 동일한가에 대한 것입니다. 나는 내가 다니고 있는 대학과 어떤 동일성이 있는지 생각해 보세요. 부모와 나도 동일성이 있죠. 우리는 동일성의 존재들입니다. 연결성이라고 하면 이해하기 더 쉬울 것입니다. 나와 무엇이 연결돼 있느냐는 것이죠. 정체성 말고 동일성, 연결성으로 생각하면 자기 identity를 찾아 가는데 중요한 역할을 할 수 있을 것입니다.

인간은 무엇을 정의하는 존재가 아닙니다.

아리스토텔레스는 본질의 문제에 대해 얘기했습니다. 철학적으로 여러 가지 뜻이 있는데, 그것은 무엇인가라는 정의로부터 "너는 누구냐?" 라고 물으며 한번 생각해보는 것입니다. "나는 누구일까" 생각하면 답은 없습니다. 그 질문에 흔들리는 게 중요합니다. "넌 뭐하는 사람이냐?"고 물으면, "나 뭐하는 사람이지..."라며 한번 흔들립니다. 누가 시키지 않아도 흔들립니다. 그 흔들림이라는 것이 처음엔 당혹스럽지만 나중에는 재미있습니다.

중세에 오면, 신의 본질은 그 존재와 구별 될 수 없다고 합니다. 신은 본질 자체가 존재이기 때문입니다. 실존주의에서는 본질과 존재가 구별됩니다. 이 자기 동일성이라는 것들을 유지하게 되는 어떤 것들이 본질이라는 개념과 가깝습니다. 본질은 하나도 어려운 것이 아닙니다. 상대에게 질문을 던졌을 때, 대답을 못한다고 바보가 아닙니다. 그 대답을 못하고 흔들리는 상태에 주목해야 합니다. 그 이유는 다음과 같습니다.

인간은 무엇을 정의하는 존재가 아닙니다. 너의 본질이 무엇이냐, 인간에게 삶의 의미가 뭐냐, 이렇게 묻는 것은 잘못된 질문입니다. 인간은 그런 질문에 대답할 수 없는 존재입니다. 우리는 단지 이것과 저것의 차이를 알 뿐이죠. 친구나 부모 등 어떤 사람에 대해 설명해줄 이들은 많습니다. 그러나 그 사람에 대해 정확하게 설명할 수는 없습니다. 자기 자신도 자기를 설명 못하는데 어떻게 타인이 설명할 수 있겠습니까.

여러분은 고등학교 때 시를 배웠습니다. 시가 무엇이냐고 질문하면 정말 답하기가 어렵습니다. 50년 동안 시를 쓴 사람도 시가 무엇인지에 대해 말하기 어렵습니다. 하지만 시와 소설의 차이가 무엇이냐고 물으면 답을 할 수 있습니다. 인간의 구조가 그렇게 되어 있습니다. 사전에서 단어를 엉망진창으로 정의해놓은 것 봤죠? 정의 내리는데 굉장히 불리한 체계가 인간이라는 존재입니다. 우리는 단지, 이 사람과 저 사람의 차이를 알 뿐입니다. 인간은 정의를 내릴 수 없고 그것은 신만이 할 수 있습니다.

여기서 언어의 불가능성이 나옵니다. 인간은 왜 정의를 내릴 수 없을까요? 인간의 언어체계가 불완전하기 때문입니다. 개미는 먹이를 발

견하면, 페로몬을 교환해 동료에게 먹이가 있는 위치정보를 완벽하게
알려줍니다. 정보를 받은 동료는 먹이를 갖고 오면 됩니다. 인간은 '저
기에 아주 예쁜 여자가 있어'라고 말해도, 저기 건물 옆에 나무가 있고
그 곳 어디에 있다고 위치 정보를 다시 설명해야 합니다. 그렇게 하다
보면 이미 여자는 어딘가로 가버리고 없습니다. 이 언어의 불가능성에
서 인간 인식의 한계가 나옵니다. 여기서 말하는 언어는 내가 말로 하
는 언어도 되고 이미지로서의 언어도 됩니다. 아주 드물게 이미지로 사
고하는 사람이 있습니다. 어떤 연상되는 이미지들을 연관시키면 논리
적 연관성을 띠게 됩니다. 어떤 사람은 그것을 직관이라고 하지만, 직
관하고는 좀 다른 이미지의 논리적인 연관성입니다.

　우리는 하이데거 이후 인간은 언어로 존재한다고 배웠습니다. 언어
는 존재의 집이며, 인간은 언어로 사유하는 것에 익숙합니다. 자기가
언어로 사고한다는 것을 압니다. 하지만 이미지로 사고하는 사람도 있
습니다.

　언어의 불가능성은 무엇인가요? 고양이와 개의 사진을 보며 사진 속의 이미지가 어떻게 고양이와 개라는 것을 알죠? 고양이에 대해 설명해볼 수 있는 사람이 있나요? 어떤 게 고양이인가요? 유연하고, 네발로 걷고, 동네에도 많이 살고, 음식물 쓰레기를 잘 먹으며, 개의 친구라고 말 할 수 있을 것입니다. 그런데 사람도 완전히 술에 취하면 네발로 걸어다는 경우가 있습니다. 그렇게 되면 언어로 뭔가를 설명할 때 개나 인간이나 고양이나 다 똑같습니다.

작은 떨림 속에서 이해가 더 빛나며 세계에 대한 통찰이 가능합니다.

　최근 알파고와 이세돌의 바둑경기에서 4판째에 이세돌이 승리했습니다. 이세돌이 둔 한 수가 알파고를 흔들리게 했습니다. 거기서 알파고가 수를 생각해내느라고 4분 정도를 소요했습니다. 그 후 행보가 흐트러지며 나중에 집니다. 사람들은 알파고와 이세돌의 게임을 두고 인간이 이기느냐, 기계가 이기느냐의 두 개 구도로 놓고 생각했습니다. 하지만 그 둘의 바둑은 엄밀히 말하면, 인간의 한계가 아니라 언어의 한계입니다. 인공지능의 한계는 곧 언어의 한계입니다. 앞에서 그림속의 고양이와 개를 가리키며 무엇이냐고 했을 때 고양이와 개라고 구분했죠? 하지만 인공지능은 구분하지 못합니다. 고양이를 고양이로 인식하지 못하고 개를 개로 인식하지 못합니다. 인공지능이 무식해서가 아니라 인간의 언어가 개와 고양이를 구분 지울 수 없기 때문입니다. 인공지능에 그 능력을 불어 넣어 줘야하는데 구분할 수 없는 언어적인 한계가 있어서 인공지능에 적용할 수 없습니다. 그래서 인공지능의 한계는 인간의 한계가 아니라 인간이 쓰고 있는 언어의 한계입니다.

언어의 한계를 계속 이야기하는 데는 이유가 있습니다. 수학, 물리, 경제가 너무 어렵다고 할 때 그 어렵다고 느끼는 모든 생각의 이면에는 언어의 한계가 있습니다. 이 한계를 감히 돌파하려는 데서 오는 한계, 무엇인가를 정의하고자 꾸준히 노력하는 책의 한계가 여러분에게 그대로 전해지고 있는 것입니다. 하지만 인간은 절대 무언가를 정의할 수 없습니다. 고양이조차도 정의 할 수 없습니다. 나조차도 정의할 수 없는데 모두를 정의하려고 하다 보니 모든 게 어려워집니다. 그러니 정의를 하지 말고 차이와 구분에 각별히 주의하면 개와 고양이의 차이를 알 수 있습니다. 고양이 눈은 촛불처럼 생겼고 개는 동심원으로 생겼다. 이렇게 구분할 수도 있죠. 고양이의 수염과 개의 수염의 차이에 대해서도 이야기할 수 있습니다. 이 차이를 인공지능이 인식하게 하려면 정의를 내려줘야 하기 때문에 굉장히 어렵습니다. 여러분은 디지털 세계에 함몰되어 01010…로 많은 이야기를 할 수 있으니 대단하다고 하지만, 01010…로 모든 이야기를 하는 것은 불가능합니다.

또한 그런 오류 외에 공부를 어렵게 하는 것은 독립된 실체가 있다는 믿음입니다. 그러나 이런 존재의 양태는 없습니다. 화이트헤드가 모든 실제는 우주의 나머지 것들과 함께 짜여 진다는 관점에서만 이해될 수 있다고 했습니다. 우리가 공부하는 가장 중요한 목적은 무엇인가요? 취직이 공부의 목적이 될 수 있죠. 그런데 여러분이 취직하려고 공부하면 취직한 다음에 살 수가 없습니다. 제가 시를 쓰지만 등단하기는 쉽지만 등단 이후 시인으로 살아남는 것은 정말 어렵습니다. 여러분이 취직을 목적으로 공부할 수는 있지만, 취직한 다음에 그 직장에서 얼마나 영광스럽게 살아남느냐는 다른 문제입니다. 여러분의 공부가 이 우주의 나머지 것과 함께 짜여 있습니다. 이 세계에 대한 이해 없이, 꾸준히 이해하려는 욕망 없이는 아주 단편적으로 처리될 수밖에 없습니다.

여러분의 부모세대들은 여러분들 때문에 소중한 무엇을 포기한 분들일 수 있습니다. 아침마다 꾸역꾸역 직장에 다니며 자신과 세계에 대한 이해를 놔버렸을 수 있습니다. 더 소중한 것을 위해 덜 소중한 것을 포기한다는 것은, 세계에 대한 이해 없이 공부를 했기 때문입니다. 공부를 하는 목적은 내가 지금 여기에 살고 있는 존재라는 것을 알고 이 시간들을 좀 더 잘 이해하기 위해서입니다. 물리학도 마찬가지입니다. 그러면 실제를 이해하는데 굉장한 도움이 되죠. 무엇인가를 물었을 때 답하기 전의 작은 떨림에서 이런 것들이 생겨납니다. 오히려 답보다는 떨림 속에서 이해가 더 빛나며 세계에 대한 통찰이 가능합니다. 우리는 그 짧은 시간 속에서, 답하기 전의 1초라는 짧은 시간 동안 세계를 배웁니다. 그런데 우리는 그 대답만 중시하고 떨림의 순간은 무시합니다. 이것은 굉장히 잘못 됐습니다.

정의 내리는 공부가 아니라, 깊이 들여다 볼 줄 아는 떨림의 공부가 중요합니다.

금융감독원에서 받아 온 자료를 바탕으로 지금의 청년세대를 정의해보면 여러분은 에코세대이고 부모님은 베이비붐 세대입니다. 베이비붐 세대는 한국전쟁이후 1955~63년 사이에 태어났습니다. 이들이 대한민국의 산업과 민주화를 이끌어낸 386세대입니다. 지금 여러분의 부모님 중 대다수가 이 연배에 있을 것입니다. 한국전쟁이후 출산 붐이 일었습니다. 그 붐의 메아리로 존재하는 세대라고 해서 여러분을 에코세대라고 합니다. 사회학적으로 에코세대라는 말로 정의해놨습니다. 에코세대는 재벌이라고 불렸던 대기업들의 수출 중심 정책이 성공해 혜택을 본 세대입니다. 성장과정에서 급성장기 경제를 겪고 자랐고 글로벌 금융위기도 같이 겪었습니다. 부모세대인 베이비붐 세대는 부를 축적해 자녀교육을 적극 지원했고 그 덕분으로 에코 세대의 대다수가 대학교육을 받은 정도로 많은 교육혜택을 입었습니다. 교육은 나중에 세대 간에 굉장히 중요한 차이를 낳게 됩니다.

에코세대의 부모는 부동산 투기를 많이 했고 그래서 어떤 학생들은 이사를 자주했을 겁니다. 부모세대는 자기 집을 갖기 위해 평생을 바친 데 비해 젊은 세대는 전·월세도 괜찮다고 생각합니다. 가치관이 달라진 거죠. 내 집 마련을 위해 고생하기보다 쾌적하면 전월세도 괜찮다는 생각으로 바뀐 것입니다. 자녀교육에 대한 양상도 달라졌습니다. 은퇴자금을 교육에 양보할 수 있느냐에 대한 것도 부모세대는 찬성률이 높지만 여러분 세대는 낮습니다. 자녀보다는 본인을 중요하게 생각한다는 것이죠.

자녀가 취직하기 전까지 부모가 돌봐줘야 한다는 생각의 비율은 에코세대도 높습니다. 여러분이 부모세대로부터 이런 혜택을 받았으니까요. '자녀를 위해서'라는 가치는 물려받지 않았지만 그래도 자식을 경제적으로 돌봐줘야 한다는 건 동의하는 거예요. 다시 말해, 여러분은 부모가 돌봐주지 않으면 화를 낼 수도 있는 세대입니다.

에코세대는 인터넷이나 스마트폰은 말할 것도 없고 여가와 취미활동에 중요한 비중을 둡니다. 부모님들은 여러분과 여행하는 것을 너무 좋아합니다. 베이비붐 세대의 부모는 가족과 여행한 적이 없기 때문에 가족 여행을 중요시하고 좋아합니다. 반면 여러분은 싫어하고 귀찮아하죠.

에코세대들이 마주하는 가장 중요한 문제는 취업난입니다. 학력 미스매치 현상으로 아르바이트로 연명하는 사람들이 많아지고 있습니다. 일하지 않고 일할 의지도 없는 청년 무직자를 뜻하는 신조어인 니트족이 바로 여러분입니다. 대학이 기업화되며 일어나는 현상입니다. 대학이 많은 학생을 받은 결과 공급 과다로 취업난을 겪게 되고 아르바이트로는 학자금 대출 상환이 불가능해지면서 주거난으로 이어집니다.

에코세대의 결혼지연으로 인구가 감속되면서 내수침체의 장기화, 고령화 사회로 세대 간 일자리 갈등문제가 심화됩니다. 유럽에서는 고령자들이 청년들의 일자리를 빼앗아간다고 생각해 길거리에서 나이 많은 사람을 폭행하는 사건도 일어나고 있습니다. 자녀가 오랫동안 취직을 안 하고 알바하며 부모세대를 갈취합니다. 그러면서 같이 가난해지는 이런 상황을 이미 당하고 있는 것입니다. 여러분이 정의 내린 교육으로는 도저히 이 상황을 뚫고 나갈 수 없습니다. 노는 공부, 떨림의 공부가 중요한 이유가 바로 이 때문입니다. 백날 취직을 목적으로 공부해봐야 이 상황에서 빠져나갈 수 없고 직장에서 살아남을 수가 없습니다. 시험성적으로 뽑아서 키워준다? 천만의 말씀입니다. 그건 신입사원 받을 때만 일어나는 일이고 그 후에는 전혀 다른 공부를 하게 됩니다. 적응하지 못하면 바로 떨어져 나갑니다. 어떤 사람은 아프니까 청춘이라고 합니다. 하지만 여러분은 '아프면 환자지!'라는 말에 공감하면서도 왜 아파야하는지 모릅니다. 무언가에 정의 내리는 공부가 여러분을 아프게 하여 환자로 만듭니다. 그래서 깊이 들여다볼 줄 아는 떨림의 공부가 중요합니다.

흔히들 꿈이 뭐냐고 묻습니다. 인간이 꿈이 있어야지라고 이야기하죠? 이때 꿈은 되고 싶다는 것인데 여러분은 무엇이 되고 싶다는 구체적인 게 없습니다. 그냥 막연하게 된 이유는 인간 언어의 한계 때문입니다. 꿈은 그 한계를 그대로 투사합니다. 저기 예쁜 여자가 있다고 한다면 언어는 그 대상에 무한히 접근 할 뿐이고, 바로 적시하지 못합니다. 흔히들 말하는 '상상'이라는 말은, 구체적 대상을 생각하는 것입니다. 다른 말로 하면, 그림을 갖고 있다는 것이며 자기가 그려놓은 그림과 현실을 일대일로 대조해보는 것입니다.

제가 어렸을 때 기계체조 선수였습니다. 훈련할 때 코치는, 왼쪽발로 회전을 걸어 철봉을 넘는 것을 계속 상상하게 했습니다. 공중에서 떨어졌을 때 내 몸이 어떻게 되어야 하는지 계속 상상하게 합니다. 그렇게 상상을 계속 하면 철봉에서 실제로 했을 때 상상처럼 됩니다. 내 몸이 내가 상상한 것을 그대로 적용받습니다. 그래서 몸이 그대로 움직입니다. 내가 생각했던 걸 적용했을 때 실행되는 것이 상상입니다.

그냥 꿈만 꿔서는 안 됩니다. 예전에는 꿈이 뭐냐고 하면 대통령이라고 답하는 경우가 많았습니다. 그런데 최근에 제 친구 아들에게 꿈이 뭐냐고 물었더니 중2인 그 아이는 정규직이 꿈이라고 했습니다. 그건 꿈이 아닙니다. 꿈은 어떤 상상을 하며 그림을 계속 그려 나갈 수 있는 것이며 그렇게 하면 공부가 맞춰서 가게 되어 있습니다. 구체적이지 않더라도 뭔가를 계속 반복하면 됩니다. 꿈이라는 것과 상상한다는 것의 차이를 구분해야 합니다. 제 친구 아들은 피디가 꿈이라서 고등학교 때부터 영상을 만든다고 하더군요. 저는 친구에게 그렇게 하면 실패한다고 말했습니다. 그 아이는 대학 영상학과에 갈 계획을 세우겠지만 대학 가는 것에서도 공모전에서도 숱한 실패를 겪을 것입니다. 그러면서 피디가 되고 싶다는 꿈이 나중에 보니 자기 욕망이 아니라는 것을 언젠가 깨달을 수도 있습니다. 그때가 제일 무섭습니다. 그건 어머니가 불어넣어준 것일 수도 있고 선생님이 그랬을 수도 있습니다. 자기가 꾸는 꿈이 진정 자기 것인지 정확히 알아야 합니다. 여러분 꿈이 아버지의 것일지도 모릅니다.

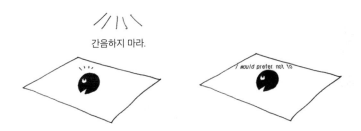

간음하지 마라.

I would prefer not to

　내 꿈은 무엇인지 고민하기 앞서 나는 누구인가를 생각하지 않을 수 없습니다. 그러나 앞에서 말했듯이 인간은 내가 누구인가를 생각할 수 있는 존재가 아니기에 이런 생각을 할 필요가 없습니다. 우리는 어떤 떨림의 공부를 해야 합니다. 거기에서 우리 공부가 상상하는 데로 나아갈 수 있어야 합니다. 삶의 의미는 그냥 개나 줘버리고 여러분은 살아있음의 경험을 느껴야 합니다. 앞에서 한 학생에게 누구냐고 물었을 때 답보다는 망설이는 1초의 순간이 매우 중요합니다. 왜냐하면 그 1초 동안 살아있음을 느꼈기 때문입니다. 답을 내놨을 때는 이미 경험에서 벗어나 있습니다. 이 세계에 대한 이해는 그 떨림 속에 있고 이를 통해 우리가 살아있다고 느낄 수 있는 것입니다. 그래서 그 공부가 중요합니다.

여러분의 저항 방식은 못한다가 아니라, 부정을 긍정으로 이야기해야 합니다.

허먼 멜빈이 쓴 『필경사 바틀비』라는 책이 있습니다. 이 소설에서 주인공 바틀비는 필경사입니다. 필경사는 불러주면 그대로 글로 쓰는 사람입니다. 변호사가 그 사람에게 일을 시키면 바틀비는 "나는 그것을 안 하는 것을 선호합니다."라고 말합니다. "하기 싫어요."가 아니라요. "나는 그것을 하는 걸 선호하지 않습니다."라고 부정적 표현을 하는 게 아니라 긍정문으로 표현합니다. 하느님이 간음하지 말라고 하니까 "I wold prefer not to"라고 합니다. 우리말로는 "나는 그렇게 안 하는 것을 하고 싶습니다." 라고 하는 것이죠. 그렇게 안하고 싶다는 의지를 긍정문으로 표현했습니다. 문장의 어순이 바뀌면 전혀 다른 의미가 됩니다. 떨림에 대한 공부를 하려면 이런 저항이 필요합니다. 안하겠다는 저항은 이미 통하지 않습니다. 에코세대는 이대로 가다간 다 망합니다. 여러분의 저항 방식은 못한다가 아니라, 부정을 긍정으로 이야기해야 합니다. 나는 안하고 싶다는 적극적인 행동을 부정문이 아니라 긍정

니다. 그리고 그 꽃을 빨아 시가를 태우며 살아갔습니다. 회색신사들은 남의 시간을 태워서 살아가는 존재였습니다. 사람들이 아무 일도 안하니까 뺏을 시간이 없고 태울 것도 없어 회색신사는 사라집니다. 그리고 콜로세움에는 평화가 찾아오는 것이 결말입니다.

호라박사가 아무것도 하지 말고 너에게 의미 있는 시간을 찾으라는 것은, 때를 찾으라는 것입니다. 어른들이 다 때가 있는 법이라고 하잖아요. 바로 그 '때'는 카이로스의 시간입니다. 기독교적으로 이야기하면 하나님이 역사하신 때라고 할 수 있습니다. 평범하게 흘러가는 시간은 크로노스의 시간이고 우리에게 추억으로 남아있는 시간은 카이로스의 시간입니다. 그리스신화에서 크로노스는 태어나는 아들들을 족족 잡아먹습니다. 카이로스는 대머리입니다. 시간이 빨리 지나가서요. 중요한 건, 당신이 누구냐고 물었을 때 떨리는 1초의 시간입니다. 이 카이로스의 시간은 변화하는 시간입니다. 3차원적인 평면에서 무언가가 확장되어 다차원적인 시간을 이루는 시간입니다. 이런 변화가 바로 위상기하학입니다.

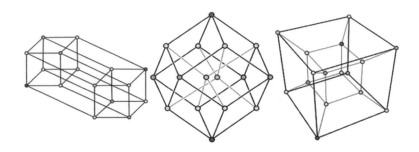

그게 바로 역易의 시간이라는 것입니다. 중국 사람들은 이 세상에 변하지 않는 것은 없다고 생각했고 그 변화를 언제든지 수용할 준비가 되어있습니다. 여기에서 시간은 변화의 시간, 카이로스의 시간입니다. 공부하며 살아있음을 느끼고 그것을 연장해서 세계에 대한 인식으로 나아가야 합니다. 그렇게 인식해야 하는 이유는 우리에게 필요한 시간을 온전히 자신의 것으로 하기 위해서입니다. 시간 도둑에게 시간을 빼앗기며 바쁘게 사는 것보다 아무것도 하지 않고 변화하는 시간을 맞으며 살아있다는 것을 느끼는 것이 중요합니다. 이것을 경험을 하는 것이 우리가 공부해야 하는 목적이라고 생각합니다.

묻고 답하기

건축 전공을 하셨는데 어떻게 문학이랑 철학을 하게 되셨나요?

저는 시도 쓰고 공연 기획도 하고 미술도 하고 전시기획도 합니다. 건축설계도 하고 문학비평도 합니다. 저의 어른들, 에코세대의 할아버지는 한 우물을 파라고 합니다. 한 우물만 파기도 힘든데 왜 여러 우물을 파냐고 했습니다. 본능적으로 그 말이 싫었습니다. 그래서 어른들의 말을 무시하며 살았습니다. 하지만 이대로는 안 되겠다고 생각해서 준비한 게 있습니다. "당신들이 한 우물 파는 것처럼 나도 한 우물을 파고 있다. 그렇게 한 우물을 파다보니, 신석기 지층도 나오고 중생대 지층도 나오고 구석기 지층도 나오고 그렇더라."라는 답변입니다.

내가 만약 한 우물을 판 게 정확하다면 그 한 우물 속에서 그런 게 다 나와야 합니다. 그런데 우물만 파라는 사람의 우물을 보니 구석기 지층만 나옵니다. 저는 그 사람들의 우물이 무언가 잘못 됐다고 확신했습니다. 적어도 건축을 팠으면 당연히 거기엔 철학이 낄 수밖에 없습니다. 고딕철학과 스콜라철학을 따로 떨어뜨릴 수 없듯이. 고딕건축을 공부하려면 스콜라철학에 대한 이해가 있어야 합니다. 르네상스 건축을 설명하는데 서양미술사를 통과하지 않고서는 불가능합니다.

　현대건축을 설명하려면 민주주의, 실존주의에 대한 이해가 있어야 합니다. 근대의 철과 유리, 콘크리트, 이 3재료가 추구하는 이데아가 있습니다. 그런 이데아가 있는데 그것을 모르고서는 사용할 수 없는 것이죠. 그래서 당연히 저들의 우물이 이상하다고 느꼈습니다. 저는 이것 저것 공부한 게 아니라 항상 한 우물만을 팠다고 생각합니다. 거기에서 걸려든 여러 지층과 조우해 행복했습니다. 그리고 그런 것들이 나에게 질문을 던졌을 때 진정 기뻐하고 그 질문의 답을 찾으러 다녔습니다. 물론 무지와 읽어야할 책은 많아지고 공부할 것도 많았습니다. 하지만 나름대로 행복한 시간이었습니다. 지금도 계속 그렇게 하고 있습니다.

정체성은 동일성이라는 이야기를 하며 나는 미디어, 부모, 가치, 국가일 수 있다고 하셨습니다. 만약 이민을 가서 국가를 바꾼다고 해도 '나'라는 정체성이 바뀌는 것은 아닙니다. 제가 생각하는 정체성은 동일성보다 본질이라고 생각합니다. 어떤 것이 바뀌더라도 내가 나일 수 있는 것이 정체성인 것 같아 선생님의 동일성 설명이 잘 이해되지 않았습니다.

　나라는 것은 내 안에 있는 것이 아니라 내 바깥에 있을 수도 있습니다. 본질이 더 와 닿았다고 했는데, 제가 그 이후에 과연 그 본질이 있는가에 대한 의문을 이야기했습니다. 그리고 그 본질이 어떤 정의를 요구하는 것인지도 이야기했습니다. 제가 궁극적으로 이야기하고 싶은 것은 나라고 하는 것은 내 바깥에 있는 것이고 그것들이 나를 규정한다는 사실입니다. 그래서 내가 만약 캐나다에 산다면 나는 캐나다라는 문화를 어쩔 수 없이 이해해야 합니다. 거기서 어떻게 보면 한국인도 아니고 캐나다인도 아닌 그런 독특한 동일성, 연결성이 생길 수도 있습니다. 그걸 디아스포라Diaspora라고 합니다. 경계인이라는 뜻이죠.

인간은 본질적으로 '나'라는 존재가 있으면 더 이상, 카이로스의 시간, 역易의 시간으로 변하지 않습니다. 운명론적인 것을 믿으면 어쩔 수 없지만, '나'라는 본질, 존재의 엑기스가 있으면 나는 변화될 수 없습니다. 저는 그런 동일성 속에서 순수한 자기의 욕망을 찾는 것이 중요하다고 한 것입니다. 그래서 identity를 본질보다는 동일성으로 번역하는 것이 좋을 것 같다는 것입니다. 저는 '나'라는 존재가 변해야한다고 생각합니다. 정체성은 본질보다 동일성으로 번역하는 것이 더 알맞다고 생각해서 논리적으로 그것을 채택했을 뿐입니다. 내가 너무 좋아서 변하지 않았으면 좋겠다고 생각한다면 identity를 다르게 번역해도 됩니다. 그건 자유입니다.

언어의 한계에 대해 말한 것이 인상적입니다. 혹시 언어의 한계를 극복하기 위한 방법은 무엇이고 언어가 어떻게 변할 것이라고 생각하시는지요?

우리에겐 분명 언어의 한계가 있습니다. <흐르는 강물처럼>이라는 영화에서 맥클레인 목사의 마지막 설교에 이런 말이 나옵니다. "우리는 가장 가까운 사람에게 이해받지 못한다." 여러분 한번 생각해보세요. 여러분에게 상처 주는 존재는 여러분과 무관하지 않습니다. 여러분은 박근혜 씨에게 상처받지 않습니다. 친구, 부모, 형제 이런 사람들에게 상처받습니다. 우리는 상대방을 완전하게 이해할 수 없습니다. 언어의 불가능성, 인간의 한계 때문입니다. 남을 완벽하게 이해할 수 없지만 우리는 그 사람을 완전하게 사랑할 수는 있습니다. 이건 인간만이 갖고 있는 아주 특이한 모순입니다. 인간의 언어에는 한계가 있어서 상대방을 완전히 이해할 수는 없지만 그럼에도 불구하고 그 한계를 뛰어넘는 건 그 사람을 완전히 사랑할 수 있기 때문입니다.

'나는 안하는 것을 선호한다.'는 표현이 색다르다고 생각했습니다. 그렇게 표현을 바꿔서 무엇이 달라지는지 궁금합니다.

저항의 방식에서 표현의 방식으로 바꿔보자는 것이죠. 사회의 고정관념들과 여러분을 억누르고 있는 억압들과 싸워 나가야 합니다. 국가를 예로 들면 국가는 얼굴이 없습니다. 그래서 국가는 때로는 무자비한 폭력을 행사하기도 합니다. 그 폭력은 세월호나 거창양민학살 같은 것일 수도 있습니다. 에코세대들의 곤란한 상황도 국가 폭력의 일종일 수 있습니다. 그런데 거기에는 얼굴이 없어서 거대한 담론으로 진행할 수 없습니다. 국가라는 것은 워낙 크기 때문에 거기에서 눈코입을 알 수 없습니다. 얼굴 없는 국가에 대항할 수 있는 가장 적절하고 정확한 방법은 개인의 디테일입니다. 그 개인이 할 수 있는 디테일로서 다른 표현 방식을 제시한 것입니다.

개인의 디테일이라는 것은 남이 아닌 내 이야기입니다. 여러분은 자기 이야기를 잘 할 수 있을 것 같지만 30분 정도 지나면 이야기할 거리가 다 떨어질 것입니다. 나머지는 주절주절 하게 됩니다. 이 자기 이야기는 개인의 디테일입니다. 얼굴 없는 국가와 싸울 수 있는 가장 정확한 무기는 개인의 디테일입니다. 그런 의미에서 『필경사 바틀비』를 예로 든 것입니다. 바틀비 개인의 이야기이고 화법이지만 소설을 읽어 보면 그 개인의 화법이 소설을 얼마나 크게 흔들고 있는지 알 것입니다. 나중에 그 사람 때문에 변호사는 사무실을 옮깁니다. 일을 안 해서 그런 사태까지 벌어집니다. 바로 그 흔들림, 개인의 디테일로 전체를 흔들려 버리게 하는 것들이 중요하다는 의미였습니다.

에코세대는 극심한 취업난을 겪고 있습니다. 선생님이 살아오시며 가장 힘들었던 시간은 언제이고 어떻게 극복하셨는지 노하우가 궁금합니다.

저는 노는 것을 엄청 좋아하고 호기심도 많습니다. 막내여서 별로 책임지지 않는 삶을 살았습니다. 지금도 될 수 있으면 책임을 안 지려고 합니다. 그렇게 살아왔는데, 제가 가장 힘들었던 때는 저의 몸값을 정할 때였습니다. 건축 설계를 하면서 독립을 했습니다. 서울의 월드컵 경기장을 회사 대표로 가서 설계했는데 떨어졌습니다. 그때가 IMF때였는데 회사에서 책임지라고 해서 나와서 독립해 사무실을 차렸습니다. 고객들에게 제가 설계비를 불렀는데 너무 비싸다며 가버렸습니다.

처음 독립을 했고 사무실 처음 내서, 나는 이정도 충분히 받을 수 있다고 생각했는데 사회에서는 내 역량을 알아주지 않았습니다. 하지만 저는 사람들이 올 때마다 같은 가격을 불렀고 사람들은 가버렸습니다. 그걸 3년 하니 월세가 몇 달이 밀리고 쌀이 떨어지고, 집사람은 녹초가 되었습니다. 그래도 물러서지 않고 버텼습니다. 나중에는 월세 낼 돈이 없어서 낮에 사무실 공간을 쓸 사람을 구했습니다. 일도 없으니 저는 거기서 날이 새도록 글을 엄청 썼고 책도 냈습니다.

3년을 그렇게 버텼는데, 예전에 저를 취재했던 모 신문사 기자가 그동안 주구장창 불렀던 설계비를 받아들였습니다. "넌 그렇게 받아도 돼"라면서요. 그때부터 일을 하기 시작했습니다. 3년 동안 나만 알고 있는 내 몸값이 그 일을 통해 사회적으로 통용됐고 계속 일을 하게 됐습니다. 그때가 가장 힘들었고 그렇게 극복했습니다. 극복에는 방법이 없습니다. 그냥 버티는 것입니다. 사회적으로 통용이 될 때까지 그냥 버텼습니다.

임병덕

서울대학교와 KAIST에서 기계공학으로 각각 학사, 석사 학위 과정을 이수하고 KAIST에서 음
향학 분야의 연구로 박사 학위를 받았다. 한국표준과학연구원에서 책임연구원을 역임하고 현
재 영남대학교 기계공학부 교수로 재직 중이다. 영국 사우샘턴대학교 음향진동연구소(ISVR)
와 미국 웨인주립대학교에서 연구를 수행했다. 진동과 소리, 물체의 운동 등의 분야를 연구하
고 있다.

자연과 생물모사공학 Biomimetics

오늘날 융합이 학문 세계의 중심 단어가 되고 있습니다. 자연과학에서 본 인문학, 인문학에서 본 자연과학은 거리가 먼 듯하지만, 밀접한 관계가 있는 만큼 사람들의 관심이 많습니다. 저는 자연과학과 전공적합성 두 가지를 이런 측면에서 이야기를 하고자 합니다.

첫 번째로 자연과학에서 여러 가지 현상을 자세히 관찰한 다음 현실적으로 어떻게 이용되는지 일부를 소개하겠습니다. 이런 것(관찰-이용)을 위해서는 여러분이 지금 배우고 있는 분야뿐만 아니라 옆에 있는 학문분야도 들여다볼 줄 알아야합니다. 여러 가지 학문이 결합되어 학문과 학문 사이의 경계에서 좋은 결과가 나오는 것을 학제적이라고 합니다.

두 번째로 많은 학생들이 대학에 들어와서 한동안 방황하고 고민하고 있는 것이 전공적합성입니다. 여러분은 전공적합성에 대해 지금까지 배운 것과 앞으로 선택할 것들이 남아 있는데 그런 것들을 어떻게 생각해야 하는지, 아직까지 전공적합성에 대해 자신이나 확신이 없다면 어떻게 극복하면 좋을지에 대해서도 살펴보고자 합니다.

자연을 관찰하여 이용하는 한 예로서 우선 Biomimetics라는 분야를 소개하고자 합니다. Biomimetics는 생물모사공학입니다. mimetic

은 영어의 mimic이라는 단어와 연관되어 있습니다. mimic은 모방하는 것이기에 mimetic은 모사학이라고 이야기할 수 있는데, 흉내 내보는 것입니다. 바이오는 생명, 생물이므로 Biomimetics는 생물의 현상을 모방해보는 것입니다.

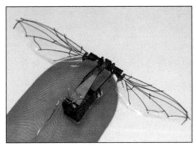 

출처: http://wyss.harvard.edu/ bioinspired-robotics

여기 잠자리 사진이 있는데 이 잠자리는 로봇입니다. 이 로봇 잠자리를 장난감이라고 생각할 수 있지만 그렇지 않습니다. 사람의 검지 끝마디에 올려져있는 잠자리이니 얼마나 작은지 알 수 있겠죠. 이 작은 잠자리 안에 모터가 있습니다. 작은 것을 만드는 대표적인 제조 방법이 반도체를 만드는 공정입니다. 좁쌀 크기만 한 칩 속에 전기회로가 수천만 개가 있습니다. 그런 반도체의 공정으로 만들어진 것이 로봇 잠자리입니다. MIT에서 제작해 몇 년 전에 신문기사에도 크게 나왔던 내용입니다.

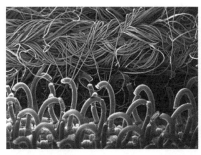

  이 사진에는 두 가지가 나와 있습니다. 하나는 방한용 장갑입니다. 그 옆이 장갑에 부착된 찍찍이라고 부르는 벨크로(Velcro는 회사명)를 현미경으로 확대한 사진입니다. 벨크로의 원리는 쭉 배열되어 있는 갈고리처럼 생긴 것들이 섬유질과 결합한 것입니다. 옷에 벨크로가 붙어 있으면 두 개가 어떻게 연결되는지 유심히 살펴보세요.

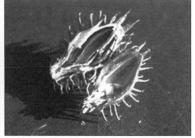

  이 벨크로의 구조, 이렇게 두 개를 접합시키는 원리는 도꼬마리라는 식물에서 나왔습니다. 가을에 야외에 나가면 따끔따끔 달라붙어서 우리를 귀찮게 하는 식물이 도꼬마리입니다. 이 식물의 열매를 확대해 보

면 갈고리가 있어서 옷에 달라붙으면 잘 안 떨어집니다. 우하어느 정도 힘을 주어야 떨어지겠죠? 이것을 구조적으로 재생한 것이 벨크로입니다. 우리는 자연, 특히 생물에서 굉장히 많은 상상력과 응용을 얻습니다. 이것이 생물모사공학이라는 분야입니다.

출처: https://en.wikipedia.org/wiki/Biomimetic_architecture

스페인의 바르셀로나에 있는 유명한 성당 아시죠? 가우디가 설계한 사그라다 파밀리아Sagrada Familia 성당입니다. 앞으로 한 5년 정도 있으면 준공된다고 합니다. 착공부터 준공까지 120년 정도 걸렸고 아직까지 진행 중입니다. 이 사진은 성당의 내부 사진인데 잘 보시면 나무입니다. 밑에서부터 줄기가 뻗어나가 위에는 꽃처럼 되어 있습니다. 가우디의 건축물을 보면 굉장히 많은 부분에서 자연과 유사형태를 보이고 있습니다. 가우디의 설계들은 아름다운 곡선들로 이루어져 있는데 상당 부분 자연으로부터 아이디어를 얻었던 것입니다. 이런 것들을 몇 가지 더 살펴보겠습니다.

자연계에서 배우는 공학

　자연계에서 배울 수 있는 것들을 보겠습니다. 식물로부터는 첫 번째, 화학적으로 에너지를 바꾸거나 에너지를 저장할 수 있는 능력을 배울 수 있습니다. 예를 들면 태양에너지를 광합성을 통해 탄수화물로 변환 시킬 수 있습니다. 그래서 탄소를 고정(대기 중의 이산화탄소를 유기물질로 바꾸는 과정)하는 역할을 합니다. 이게 중요한 이유는 자원의 순환과 밀접한 관계가 있기 때문입니다. 에너지나 자원은 덩어리져 있을 때는 쓰기 쉽습니다. 잘 모여져 있는 물은 세수하거나 마실 수 있지만 바닥에 흩뿌린 물을 주워 담기는 어렵듯이 에너지도 마찬가지입니다. 석탄, 석유 등 집중되어 있는 에너지원들을 사용해서 에너지로 쓰는 것은 쉬운 과정입니다. 하지만 아주 작고 흩어져 있는 에너지를 긁어모아서 유용하게 사용하는 것은 굉장히 어려운 기술입니다. 그런데 놀랍게도 식물들은 에너지에 크게 욕심을 내지 않고 작은 에너지(태양광)를 긁어모아서 인간이 쓸 수 있는 에너지로 모으는 역할을 잘 해냅니다. 이런 화학적 에너지 변환을 어떻게 우리 삶에 적용하면 어떨까요.

　오늘날 우리는 하루라도 전기가 없으면 살 수가 없죠. 우리나라에서 전기를 생산하려면 원자력 발전을 확대하거나 화석 연료를 더 쓰거나 두 가지 중에 하나입니다. 요즘은 태양광발전이나 풍력이 있지 않느냐 라고 할 수 있지만 한계가 있습니다. 첫째, 태양 에너지나 풍력 에너지 로는 한꺼번에 많은 양의 에너지를 만들 수 없습니다. 우리나라는 바람의 질이 그렇게 좋지 않아서 풍력 에너지를 전기로 충분히 바꾸려면 많은 투자가 필요합니다. 태양광도 마찬가지입니다. 아직까지는 화석 연료에 비하면 단가가 높습니다. 두 번째는 흩어져 있는 에너지이기 때문에 모아야합니다. 단독주택에 사시는 분들은 지붕 전체를 태양 전지로 바꿔도 생산되는 전기량이 집에서 쓰기 충분하지 않습니다. 결국 작은 에너지를 긁어모으는 기술이 더 발달해야 우리가 싫어하는 원자력 에너지나 화석 연료 발전을 피하고 여유 있게 전기를 사용할 수 있습니다.

식물로부터 배울 수 있는 두 번째 특징은 초·소수성superhydrophobicity 입니다. hydro는 물과 관련되어 있는 단어에 붙는 접두사입니다. phobic은 '혐오'의 뜻을 갖고 있습니다. 그래서 초·소수성은 '극도로 물을 싫어하는 특성'이라는 뜻입니다. 이것도 굉장히 중요합니다. 예를 들어 비 오는 날 비옷을 입으면 두 팔이 자유로워서 편할 것 같은데 바람이 안 통해서 답답하고 덥습니다. 바람이 통하면서 물은 극도로 배제할 수 있는 표면이 있다면 우리 일상생활에 도움이 많이 될 것입니다.

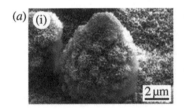

출처: Bharat Bhushan Phil. Trans. R. Soc. A 2009;367:1445-1486

소수성 뿐 아니라 먼지를 달라붙지 않게 하는 성질이 있다면 굉장히 좋겠지요. 예를 들면, 아파트 유리창 닦는 건 위험하고 귀찮죠? 거기에 어떤 코팅을 살짝 하면 한 십 년이 지나도 유리창에 먼지가 없게 할 수 있습니다. 이런 것들은 연과 같은 식물에서 찾아낼 수 있습니다. 그림

몇 가지를 보겠습니다.

앞 면의 그림 ⓐ(i)에서 오른쪽 아래에 보이는 막대의 길이가 2μm(마이크로미터)입니다. 2μm는 1mm의 1000분의 2라는 것입니다. 머리카락 굵기가 100μm 정도 되니까 그것보다도 50분의 1 정도 작은 것이죠. 2μm의 스케일로 봐도 굉장히 많은 점이 있습니다. 이것은 연잎 표면을 확대한 사진입니다. 연잎에 빗방울이 떨어지면 퍼지지 않고 또르륵 굴러 갑니다. 그림 ⓐ(ii) 그래서 물에 젖지 않습니다. 이 구조는 조금 전에 이야기한 소수성의 대표적인 것이라고 할 수 있습니다. 어떤 물질의 표면에 이와 같은 구조를 만들어낼 수 있다면 절대 젖지 않습니다.

소수성과는 반대로 물과 아주 친밀한 성질을 갖는(친수성) 식물이나 접착성을 가진 식물이 있습니다. 이것은 파리지옥이라는 식물의 촉수를 확대한 것입니다 그림(b). 파리지옥은 파리들이 좋아하는 이상한 냄새를 풍겨서 파리를 끌어 모읍니다. 파리들이 그 안에 있는 것을 먹으러 갔다가 미끄러져 들어가면, 서서히 단백질을 녹

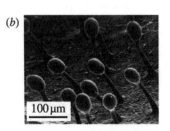

(b)

출처: Bharat Bhushan Phil. Trans. R. Soc. A
2009;367:1445-1486

이는 액체를 분비해서 파리를 잡아먹습니다. 이 내부에 파리가 한번 접촉하면 도저히 헤어 나올 수 없도록 하는 접착제 성분이 있습니다. 식충식물의 접착액을 이용하면 매우 좋은 접착제를 개발할 수 있는 것이죠. 접착제는 지금도 그렇지만 앞으로도 굉장히 중요한 산업입니다. 3M이라는 회사 있죠. 이 회사는 접착제만 갖고도 많은 돈을 벌고 있습니다.

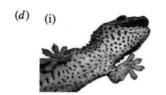

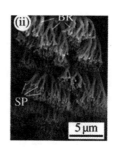

출처: Bharat Bhushan Phil. Trans. R. Soc. A
2009;367:1445-1486

곤충이나 거미, 개구리, 도마뱀도 소수성이나 가역적 접착성(건조한/습한 표면)을 갖고 있습니다. 이 그림은 도마뱀입니다 그림(d)(i). 동남아시아나 필리핀에 가보신 분들은 알겠지만 도마뱀이 어디나 잘 붙어있습니다. 차창에 붙어서 시속 60km/h 정도로 달려도 잘 떨어지지 않습니다. 도마뱀은 유리창에 붙어있다가도 자기가 필요하면 다른 데로 이동할 수 있습니다. 우리가 보통 사용하는 접착제는 그렇지 않죠. 한번 달라붙으면 계속 붙여져 다시 떼기가 힘듭니다. 도마뱀은 자기가 달라붙고 싶을 땐 달라붙고 떼고 싶을 땐 뗍니다. 이것을 가역적 접착성이라고 합니다. 붙였다가 떼었다가를 마음대로 할 수 있는 것입니다. 요즘 표면이 유리로 되어 있는 건물이 많습니다. 거기에 기어 올라가는 기계를 만든다고 해봅시다. 붙이는 건 쉬운데 떼는 것은 어렵습니다. 떼는 것이 쉬워지면 붙는 힘이 약해집니다. 떼고 붙이는 것을 적당한 강도로 마음대로 하고 싶으면 도마뱀의 발바닥 구조를 흉내 내면 됩니다 그림(d)(ii). 이것이 몇 년 전에 미국에서 각광 받은 스탠포드 대학의 연구 결과입니다. 이 원리를 이용해서 도마뱀 로봇을 만들었습니다.

출처: Bharat Bhushan Phil. Trans. R. Soc. A 2009;367:1445-1486

생체 에너지를 만들어내는 문제도 살펴볼 수 있습니다. 특별히 전기를 생산하는 물고기 종류가 여러 가지 있습니다. 도대체 전기를 어떤 식으로 생산해낼 수 있는지 힌트를 얻을 수 있겠죠. 새들로부터는 양력, 즉 비행기를 띄우는 힘, 그림(f)이나 위장술을 배울 수 있습니다. 새들은 가벼우면서도 단열, 전기 절연이 잘 되는 몸의 구조를 갖고 있습니다. 이런 구조를 우리가 어떻게 사용할 수 있을지 생각해볼 수 있습니다. 우리들이 겨울에 따뜻하게 보내기 위해 거위들이 고생을 많이 하고 있죠. 이불이나 파카를 만드는데 아직 상당히 많은 부분을 거위 털에 의존해야 합니다. 이런 것들이 어떤 구조라서 단열이나 전기 절연 성질을 갖는지 살펴볼 수 있습니다. 조개류나 뼈, 치아 같은 것은 중량에 비해 강도가 매우 강합니다. 구조를 어떻게 만들면 같은 무게로 튼튼하게 될 수 있는지가 공학 분야의 숙제입니다.

 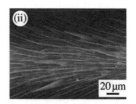

출처: Bharat Bhushan Phil. Trans. R. Soc. A 2009;367:1445-1486

이 그림은 소금쟁이입니다 그림 (c)(i). 소금쟁이는 놀라운 것이, 발의 면적이 넓지도 않은데 물 표면에서 그냥 가뿐가뿐하게 얹혀 있습니다.

표면장력을 이용한 것인데요. 소금쟁이의 발, 그림(c)(ii)이 어떤 구조로 되어 있기에 표면장력을 최대한으로 얻을 수 있는가는 굉장히 중요한 부분입니다. 물 위에 띄워놓는 물체를 설계할 때 유용하게 사용할 수 있을 것입니다.

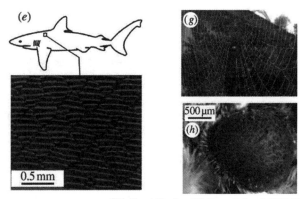

출처: Bharat Bhushan Phil. Trans. R. Soc. A 2009;367:1445-1486

물고기 같은 수서동물의 유체저항을 살펴봅시다. 물속에서 배나 잠수함이나 사람이 수영을 할 때 표면에서 저항이 큽니다. 반면에 특정한 물고기들은 유체저항이 적습니다. 물속에서 비교적 힘을 안 들이고 잘 움직이더라는 겁니다. 그런 구조를 어떻게 만들 수 있을까요? 상어는 물속에서 굉장히 빠른 속도로 이동하는데 유체역학적으로 보면 몸 주변에서 유체저항이 적다는 것을 발견할 수 있습니다. 상어의 피부는 사진을 찍어 놓으면 매끄러워 보이지만 확대해보면, 미세하게 골이 나 있었습니다 그림(e). 저런 걸 이용하면 물속에서 저항을 줄일 수 있지 않을까 생각해볼 수 있죠. 옛날에 수영선수들이 제모를 하고 나갈 정도로 유체저항에 신경을 많이 썼는데, 얼마 전까지 전신 수영복을 입은 선수들의 모습을 볼 수 있었죠? 이것이 바로 상어의 피부와 유사한 구조로 만들어진 것입니다. 상어의 유동 저항이 작아지는 현상을 잘 관찰해 적용한 것입니다. 가벼우면서도 질긴 거미줄 그림(g)의 성질이나 나방의 눈 그림(h)이 빛을 잘 반사시키지 않는 특징도 유용하게 응용될 수 있습니다.

청년기와 뇌과학

이세돌과 알파고의 바둑 대결은 바둑을 잘 모르는 사람들도 관심이 많았습니다. 알파고는 기본적으로 신경망이라고 하는 시스템입니다. 우리 뇌는 모두 신경 세포로 이루어져 있습니다. 신경 세포에서 어떤 일이 벌어지고 있을까요? 신경세포가 격자 모양으로 쫙 배열되어 있다고 합시다. 신경 세포에는 핵이 있고 축색이 있습니다. 그 다음에 축색의 끝이 있습니다. 반대쪽에는 수상돌기가 있습니다. 수상은 받아들이는 쪽입니다. 축색의 끝은 정보를 내보내주는 것입니다. 우리 뇌 속은 한쪽은 받아들이고 한쪽은 내보내는 연결로 되어 있습니다. 이 연결하는 현상 속에서 여러 가지 단계를 거쳐 기억도 하고 생각도 합니다. 이 것을 시냅스라고 합니다.

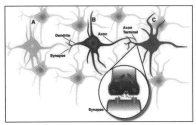

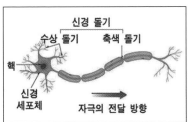

출처: https://octaviansima.wordpress.com/tag/   출처: http://cafe.never.com/onggal/
     neural-networks/

축색과 수상돌기가 아주 미세하게 간격을 두고 가까이 붙어 있는데 그 둘 사이에서 칼륨이온과 나트륨이온이 서로 농도가 변함으로써 정보가 전달됩니다. 기본적으로 신경이 이런 구조로 되어 있다면, 여러 신경이 모여서 신호를 전하는 강도가 결정됩니다. 여기서는 한 개와 한 개만 연결되는 것을 보여드렸는데 사실은 이 신경 하나가 굉장히 많은 신경들과 연결되어 있습니다. 우리가 기억을 한다, 생각을 한다는 것은 이런 신경들 사이의 굉장히 많은 연결 중에 어떤 연결을 강조하고 어떤 연결을 생략해버릴지를 선택하는 문제입니다.

뇌 신경망을 인공으로 어떻게 구현해내는지를 살펴보겠습니다. 이 것이 신경망이라고 하는 개념의 그림입니다. 입력 신호를 만들어주는, 사람으로 따지면 감각 기관 같은 단계가 있다고 합시다. 여기서부터 정보가 중간에 다른 신경 세포로 전달이 됩니다. 그 다음에 최종적으로 결론을 냅니다.

예를 들면, 어떤 말소리를 듣거나 무엇을 보면 이 청신경이나 시신경으로부터 많은 신호들이 여러분의 뇌로 들어갑니다. 귀로 듣거나 눈으로 보는 것은 한 부분에서 결정되는 것이 아니고 여러 부분을 통과

하면서 최종적으로 이것은 어떤 말소리다, 어떤 모습이다 라는 것을 알게 되는 것입니다. 말을 어떻게 배웠나요? 어머니 뱃속에서부터 말을 하면서 나오는 사람은 없죠. 우리는 성장하면서 말을 배웁니다. 성장하면서 말을 배운다는 것은 우리 뇌 속의 신경들 사이에서 말을 관장하는 부분의 연결이 강화된다는 것입니다. 신경들 사이에 연결이 생기면 최종적으로 이 결과가 맞다, 틀리다는 것은 부모가 학습시켜 줍니다.

엄마가 아이에게 말을 가르쳐줄 때 아이가 똑바로 '엄마'를 말할 수 있도록 여러 번 반복시켜주는 것이죠. 아이가 생각했던 최종 결론이 맞는지 틀리는지를 엄마가 수정해주는 것입니다. 그러면 아이는 말소리를 들은 것 중에서 어떤 신호들 사이의 연결 관계가 강해지면 정답을 맞히게 된다는 것을 학습하게 됩니다. 알파고의 무서운 점은, 이런 훈련을 스스로 할 수 있다는 것입니다. 알파고를 만든 데미스 하사비스 Demis Hassabis는 원래 뇌과학을 공부한 사람입니다. 인공신경망이라고 하는 것은 단순한 법칙이 지배하는 영역에서는 활발하게 사용될 수 있을 것 같습니다.

뇌세포들은 개수가 거의 정해져 있습니다. 개수가 10의 10승 정도이니까 100억 개 정도입니다. 그런데 유감스럽게도 뇌세포는 조금씩 사라져갑니다. 30세 이후에는 하루에 한 10만개 정도가 못 쓰게 됩니다. 여러분은 저보다 뇌세포를 많이 갖고 있습니다. 저와 여러분은 나이차가 있으니 저의 뇌세포가 더 적겠죠. 사실 100억 개 중에서 매일 10만개씩 없어진다고 해도 그 양은 그렇게 크게 바보가 될 정도로 적어지는 것은 아닙니다. 그러나 이 뇌세포들 간의 연결은 여러분이 아주 어렸을 때와 지금은 굉장히 달라져 있습니다. 사춘기에는 전두엽이 제일 많이 변합니다. 뇌를 옆에서 봤을 때 뇌의 이마 쪽 방향에 있는 것을 전두엽이라고 합니다. 전두엽은 사고(생각)를 관장하는 부분입니다. 이 전두엽의 피질, 껍데기, 바깥쪽 부분에는 주로 뇌의 세포들이 자리 잡고 있습니다. 신경 세포와 신경 세포의 연결은 그 밑에 있는 백질이라는 곳에 분포되어 있습니다. 사춘기 때는 이 백질이 커지는데, 신경 세포들 간의 연결이 강화되어 한 마디로 똑똑해집니다. 사춘기 때 똑똑해지면 축색 돌기, 수상 돌기가 결합해서 뇌세포간의 정보를 서로 주고받는다고 했는데, 이게 활발해지면 생각의 속도도 증가하고 생각의 양도 많아집니다. 그래서 사춘기가 굉장히 중요한 시기입니다. 사춘기는 방황의 시기가 아니고 정말 큰 성장의 시기입니다. 인격적으로도 그렇고 생물학적으로도 그렇습니다.

전두엽 피질에서 시냅스는 신경과 신경의 연결입니다. 연결이 필요한 것은 강화되고 불필요한 것은 차단합니다. 예를 들어 우리에게는 유희를 통해 쾌감을 느끼고 싶거나 몸을 청결히 하는 것을 싫어하는 편하고 게으르고 싶은 본성이 있습니다. 하면 안 된다는 것을 억제하는 것, 그 연결을 약화시키는 것, 그런 본성에 따라 행동하려는 것을 약화시키는 성장은 사춘기 때 이루어집니다. 이 솎아내기를 통해서 통제력, 사고력이 성장하게 되는데, 이것을 전두엽이 재구조화된다고 합니다. 그래서 사춘기 때는 좀 힘들지만 그 시기를 지나고 나면 철이 듭니다. 철이 드니까 주의력이 좋아지고 의사결정력도 향상되고 반응 억제 기술이 생깁니다. 분노, 슬픔이 있더라도 화내고 울어버리는 것이 아니라 속으로 삭이는 힘들이 생기는 것이죠.

어렸을 때는 한 번에 한 가지 일만 시켜야 순조롭게 해낼 수 있는

데, 사춘기를 지나면 여러 가지 일들이 앞에 놓여 있어도 동시에 수행할 수 있는 능력이 향상됩니다. 이런 과정을 거치며 자아의식이 높아집니다. 내가 누구인가 생각하게 되고, 나라는 존재가 남에게 인정받기를 원하고, 부모로부터 독립을 해야겠다는 생각이 커집니다. 간섭을 싫어하고 비판적이고 부정적인 태도를 갖게 됩니다. 하지만 현실감각이 조금 떨어집니다. 아직 현실은 충분히 접해 보지 못했는데 사고만 늘어나기 때문입니다. 또 자기가 말한 대로 잘 하지 않습니다. 내가 알아서 공부할게 라고 해놓고 방에 들어가 보면 컴퓨터 게임을 하고 있습니다. 이게 말하는 대로 잘 되지 않습니다. 아직도 연결이 덜 되어 있는 부분이 있으므로 통합적인 사고가 잘 되지 않아서 그럴 수 있습니다.

지금까지 두뇌발달과정을 살펴보면서 여러분의 스무 살은 지금 어떤 위치에 있는지 생각해보면 좋겠습니다. 여러분들의 나이에는 전두엽이 충분히 발달하고 자의식도 갖게 됐고 통제력과 주의력, 실천력 등이 생겼습니다. 그러면 정위 즉 위치를 정하게 됩니다. 몸이나 생각의 위치, 자세를 능동적으로 정하는 것을 정위라고 합니다. 스무 살의 인생에서 내 위치는 어디인가, 나는 무엇을 해야 하는가를 고민하고 있을 것입니다. 사춘기 이후를 청년후기라고 할 수 있는데, 자신의 요구와 사회의 요구를 동시에 들여다봐야 할 시기입니다. 내가 하고 싶은 것과 사회가 나한테 요구하는 것을 둘 다 충족하고 싶은 욕구들을 갖고 있을 것입니다. 그래서 라캉은 인간은 타자의 욕망을 욕망한다고 했습니다.

자신의 의견과 타인의 의견 간에 대립·갈등이 생기지만 이런 것들을 통해 자아의식이 확립되어 갑니다. 이렇게 볼 때 신경망은 여러분 자신입니다. 여러분 자신의 변화에 신경망이 이제 확실하게 자리 잡은 것이죠. 따라서 좋은 신경망이 만들어져야 합니다. 그래야 알파고처럼 이세돌을 이길 수 있습니다. 여기에서 중요한 것은, 나는 누구인가, 나는 지금 어떤 위치에 있고 어떤 길로 가야하는가라는 질문이 나올 수 있다는 것입니다. 상당수 학생들이 이런 고민을 하는데 자기 주도적으로 해결하는 것은 어렵습니다. 그 다음으로 학생들의 창의력이나 전공적합성, 등의 이야기를 많이 듣는데, 청년 후기를 지나면 이런 것들이 정립되어 갑니다.

전공적합성과 진로

이제부터 할 이야기는 진로 선택과 관련된 주제입니다. 많은 학생들이 대학에 들어와 보니 속았다는 얘기를 많이 합니다. 진로에 대한 꿈을 가지고 자신이 원하는 것을 배우려고 대학에 왔는데 생각했던 것과는 다르더라는 것입니다. 특히 2, 3, 4학년이 되면 점차 전공적합성이라는 문제를 고민하고 있는 많이 학생들이 있습니다. 고등학교에서 대학교로 진학할 때 여러분에게 충분한 지식이나 조언이 주어졌는가, 고등학교 때까지 배운 교과목과 선생님들과의 관계, 그때까지의 간접적인 경험들, 이런 것에 의해 전공을 선택하지 않았는가 스스로 생각해 보아야 합니다.

지금으로부터 한 이십 몇 년 전쯤의 일입니다. 요즘은 대학교에도 학부모님들이 지도교수를 만나겠다고 찾아오시는 경우가 가끔 있지만 당시만 해도 대학생 학부모가 지도교수를 찾아오는 경우는 학생이 큰 사고를 냈거나 학교생활에 큰 문제가 있을 때입니다. 그해 오월경에 한 학부모가 저를 찾아 와서 대뜸 우리 애 좀 살려달라고 했습니다. 이야기를 들어보니 학생이 한 달 동안 자기 방에서 나오지 않고 있다고 했습니다. 그 학생이 4학년 2학기였던 때입니다. 취업이 잘 되는 기계공학부에서 전공에 대해 고민한다는 것에 대해 통상적으로는 이해가 잘 안되죠. 학점이 나쁜 것도 아니었습니다. 부모님이 겨우 설득을 해서 그 학생이 제 연구실로 찾아왔습니다.

부모님에게 들은 것은, 그 학생이 그림을 매우 잘 그려서 미술 대학에 가고 싶어 했고 공부도 못하지 않았다고 합니다. 그 학생에게 아주 가까운 친척이 고등학교 선생님이셨는데 학과를 선택해야 할 때 그 분이 무슨 미술이냐고 하는 소리에 진로를 기계공학부로 정해 자기가 원하지 않는 학과로 들어왔던 것입니다. 그 학생은 아주 순종적이고 말수도 없고 착한데 그렇게 억지로 대학에 온 것입니다. 4년 동안 대학을 다니고 군대도 다녀와서 기계공학으로 취업진로를 정하려고 하니 갑갑했던 거예요. 그래서 도저히 기계공학을 못 하겠다고 부모님께 선언하고는 학교를 안가고 자기 방에서 두문불출한 것입니다. 한 30분을 같이 앉아 있는데 저는 계속 이야기하고 학생은 한 마디도 안 했습니다. 부모님이 자꾸 교수님을 만나보라고 하니까 앞에 억지로 앉기는 했는데 그냥 오늘만 잘 참고 지나가면 또다시 나는 기계공학이랑은 이제 작별이다 이렇게 생각했던 것 같습니다. 그래서 그 학생에게 제 이야기를 하기 시작했습니다.

저도 대학의 학과를 결정할 때, 조금 전의 이 학생의 친척처럼 제 주변에도 취업이 잘 되는 학과에 진학하라고 조언하시는 분들이 있었습니다. 사실 공대나 상대보다는 인문 계열 쪽으로 공부하고 싶지만, 그 당시만 해도 취업에 대한 부모님의 걱정이 심하셔서 기계공학과에 들어갔습니다. 대학교 1학년이 되니까 고등학교 때 배운 거랑 별 차이가 없더라고요. 1학년 때는 그럭저럭 성적을 받았는데 2학년이 되니까 관심도 별로 없고 수업도 한 두 번씩 빠지기 시작하니까 성적도 곤두박질 치고 점점 더 기계공학이 재미없어 졌습니다. 저는 대충 졸업하고 군대를 갔다 와서 취업을 해야겠다고 생각했습니다. 4학년 5월 달쯤 아버지께서 저에게 대학원 공부를 했으면 좋겠다고 말씀하셨습니다. 그때 저희 아버지께서 건강도 별로 안 좋으실 때라 고민이 되더라고요. 그래서 눈 딱 감고 2년만 공부를 더 해보기로 했습니다.

저는 음악 듣는 것을 참 좋아하는데요. 대학원에 갔더니 외국의 기계공학과에서 음향학을 강의하더라고요. 음향학은 한 마디로 소리의 과학입니다. 기계공학은 구체적인 응용만 다룰 것 같지만 어떤 부분에서는 순수과학과도 연결되는 학문분야입니다. 유체역학, 열역학, 재료역학, 동역학, 기계진동 이런 과목들을 결합하면 소리를 설명할 수 있는 도구가 되더라고요. 이때부터 제 전공이 소리가 됐습니다. 소리를 공부하며 대학원 공부가 재미있어지고 지금 제 전공이 되었습니다.

이 이야기를 그 학생에게 해줬습니다. 고개를 푹 숙이고 이야기를 듣던 학생이 갑자기 눈물을 뚝뚝 흘렸습니다. 그 학생이 겪고 있던 마음의 고통이 제가 4학년 시절에 겪었던 것과 똑같았던 것입니다. 제가 너 미술을 좋아했으니 기계공학과 미술을 접목할 수 있는 길을 생각해보자고 제안 했습니다. 다시 대학 입학시험을 치는 것은 무모한 것이니 일단 대학 졸업을 하고 학사 편입을 하자고 했습니다. 기계공학에서 배운 재료역학이나 기구학과 결합해서 건축을 한번 공부해보라고 했습니다. 디자인적인 요소와 역학적인 요소, 즉 구조물의 안전을 생각하는 분야를 결합하는 것이 가능하기 때문입니다. 그 친구는 기계공학부를 졸업하고 2년 뒤에 건축공학과의 학생이 되어 캠퍼스에서 반가운 얼굴로 저를 만났습니다. 졸업하고 건축설계사무소에 취업을 했고 그 이후에 직업을 2번 바꿔서 지금은 3번째 직업을 가지고 있습니다. 지금은 공학하고는 전혀 관련이 없는 직업에 가 있는데 아주 놀라운 변화죠. 여러분이 어려움을 겪고 있다면 그 원인이 무엇인지 잘 생각해보고 그게 진로나 전공적합성과 관계있다면 현재까지 갖고 있던 것을 충분히 활용할 수 있는 길이 있다고 생각합니다.

공과대학 교수가 바라본 인문정신

인문학 강의에서 공과대학 교수가 무슨 이야기를 할 수 있을까를 고민하면서 인문이란 무엇인가 한번 생각해봤습니다. 인문이라고 하는 것은 사람으로서 사람답게 생각할 줄 아는 것 입니다. 젊은 청년들이 앞으로 맞닥뜨리게 될 문제는 정답이 없는 것들입니다. 누구나 다 정답이 될 수 있고 누구나 다 책임을 져야하는 문제입니다. 이 문제들을 해결하기 위해서는 독립된 인간으로서 생각하는 것을 대학 시절에 훈련받아야 됩니다. 첫 번째는 자립, 그 다음은 자존입니다. 자존은 내 스스로 생존한다는 것과 나의 품위는 내가 지킨다는 것의 두 가지 뜻이 있습니다. 자신의 인격적인 품위는 자신 말고 지켜줄 사람이 없습니다. 인격적으로 성숙되고 배양되어야 하는 시기가 대학생의 시기라고 생각합니다.

생각의 틀과 도구에 관심을 가지고 어떻게 하면 좋은 생각을 하고 어떻게 하면 건전하게 생각을 엮어나갈 수 있는지 생각해보기 바랍니다. 그렇게 하려면 첫째, 부모님이 챙겨주는 것으로부터 독립해야 합니다. 그래서 자기 책임, 자기 관리가 습관화되어야 합니다. 둘째, 모색입니다. 모색은 사전에 '좋은 방법이나 돌파구를 이리저리 생각하여 찾는 것'이라고 나옵니다. 모는 더듬는다는 뜻입니다. 또 하나는 좋은 본을 받는다는 모범의 뜻도 있습니다. 모색은 이리저리 눈감고 더듬어 찾는 것, 멀리 보는 것이 아니라 여러분 가까이에서 뭔가를 찾아내는 것입니다.

그 다음에는 흉내 내는 것입니다. 앞에서 Biomimetics를 이야기 했죠. 굉장히 좋은 아이디어는 모방과 모사를 통해 나옵니다. 좋은 모범을 따라서 해보는 것이 중요합니다. 이 훈련에 도전하는 것을 무서워하지 않으면 여러분의 시야가 확장됩니다. 도전하면 시야가 확장됩니다. 셋째, 진입장벽을 넘어가는 용기와 끈기가 있어야 합니다. 새로운 걸 도전하려고 하거나 현재 상황에서 겪고 있는 어려움을 이겨내려면 진입장벽을 넘는 힘이 있어야 합니다.

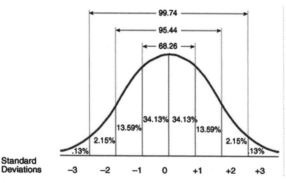

통계학이나 자연과학을 한 사람에게는 너무나 유명한 가우스의 분
포곡선입니다. 이 곡선을 산이라고 생각해보세요. 처음에는 평탄한 길
로 가다가 점점 경사가 급해집니다. 여기를 지나 계속 가면 점차 완만
해지다가 정상에서는 거의 평지에 가까워집니다. 가장 경사가 급한 영
역이 정상높이의 0.6~0.7배 정도 되는 높이의 위치입니다. 이것을 7부
능선이라고 합니다. 이 힘든 경사가 여러분에게 상당히 많은 진입장벽
입니다. 저것을 넘어가야 합니다. 그 벽을 넘어가기 위해서는 용기와
끈기가 있어야 합니다. 이 벽을 못 넘어가면 재미없지만 한 번 넘어가
면 재미있어 집니다.

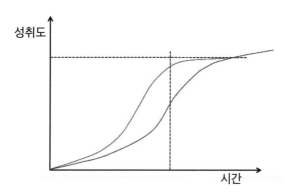

사람마다 시간에 따라 성취도가 올라가는 성장 곡선이 다릅니다. 한
국 교육의 비극은 특정한 시기에만 성취도를 평가한다는 것입니다. 어
떤 나라에서는 대학 입학시험의 기회가 여러 번 있고 몇 단계가 있기
도 합니다. 개인마다 성장곡선이 다르니까 기회를 주는 것입니다. 그런
데 우리나라는 딱 한번 밖에 없습니다. 이 그림에서 두 개의 성장곡선

은 각각 특정 개인의 성장을 나타냅니다. 한 사람은 특정한 시기에 좋은 결과를 얻은 것처럼 보이지만 다른 사람은 성장곡선이 현재 시점에서 낮은 것 같고 매우 힘든 상황입니다. 산으로 이야기하면 7부 능선쯤에 있는 사람이 그것을 박차고 나가면 나중 시점에는 특정한 시기에 앞섰던 사람의 성장곡선을 올라서는 상황이 되겠죠. 지금 있는 시점에서 차이를 볼 것이 아니고 7부 능선을 넘어가서 장기적으로 성장할 수 있는 사람이 되면 좋겠습니다.

알파고를 성공시켜서 유명해진 데미스 하사비스의 연구 업적 중에 중요한 것은 기억을 관장하는 부분에서 상상과 창의성이 나온다는 것입니다. 과거에는 기억을 관장하는 부분과 창의성이 나타나는 부분에 차이가 있을 것이라고 생각했는데 사실 기억의 종류가 다를 뿐이지 기억과 상상은 많은 부분이 연관되어 있는 것으로 밝혀졌습니다. 지금까지 배운 것을 토대로 앞으로 쌓아 가면 됩니다.

여러 해 전에 제가 친구 집에 모임이 있어서 갔더니 고등학교 3학년인 친구 아들이 학원을 안 가고 저를 만나겠다고 기다리고 있더라고요. 요새 공부 잘 되냐고 물었더니 이과인데 수학하고 물리 점수가 너무 안 좋아서 고민하고 있다고 했습니다. 어떻게 공부하는지 물었더니 요즘도 제일 많이 보는 수학 참고서, 수학의 정x을 보고 있다고 했습니다. 제가 고등학교 다닐 때도 그 참고서가 있었습니다. 그런데 정x은 특히 점수가 낮은 사람은 봐서는 안 될 책입니다. 수학의 정x은 예제, 유제, 연습문제, 실전문제 식으로 구성되어 있고 한 가지 주제만 깊이 파게 만듭니다. 그리고 문제를 굉장히 많이 풀게 만들고 문제의 구조를 생각하게 하는 것에는 약한 책입니다. 친구 아들에게 수학 성적이 나쁘면 수학의 정x을 보지 말고 참고서 중에 문제가 제일 적고 난이도가 낮은 것을 가져오라고 했습니다. 수학 교과서를 갖고 오라고 해서 보니 거의 펼쳐보지 않아서 새 책 그대로였습니다. 수학과 물리를 교과서와 가장 난이도가 낮은 책으로 공부하라고 권하고 두 단원 정도만 코치를 해줬더니 물리 성적이, 30점대에서 70점대로 뛰었습니다. 영어도 마찬가지입니다.

우리 과 학생 중에도 수학기초가 없는 학생들이 간혹 있습니다. 기계공학 대부분의 과목은 수학이 바탕이 되기 때문에 수학 기초 지식이 없으면 전공 공부를 하기 힘듭니다. 이런 학생들이 교과서로 중학교 수학부터 고등학교 수학까지 교과서를 가지고 한 1년 정도 공부하면 (교과서만 공부하면 1년에 가능합니다) B학점 정도의 성적을 받을 수 있다고 자신 있게 말할 수 있습니다.

성인이 된 여러분은 필요한 역량 가운데 부족한 부분을 스스로 진단할 수 있어야 하며 겸손하게 자신이 모르는 것에서부터 출발해야 합니다. 글쓰기가 잘 안된다든지, 영어공부에 쏟는 시간에 비해 토익점수가 잘 안 나온다든지, 다 마찬가지입니다. 남들의 방법, 옆 사람의 진도를 따라가려고 하지 말아야 합니다. 자신의 위치를 파악하여 여러분이 지속할 수 있는 발걸음의 속도를 찾아야 합니다. 단기간의 성과에 실망하지 않는 끈기가 중요하지만 목표와 방향이 제대로 설정되었을 때만 끈기가 의미 있을 것입니다. 방향은 출발점과 목표지점의 위치가 정확해야 정해질 수 있습니다. 그러므로 자신을 성찰할 줄 아는 사고력이야말로 여러분이 이루고자 하는 목표를 달성하게 만드는 정신적인 기본 체력이 아닐까요?

유전자공학으로 유명한 김빛내리 교수가 대학 입학식에서 "치열하게 공부하고 질문하고 상상하라."고 했습니다. 대학 생활에 굉장히 중요한 세 가지가 아닌가 싶습니다. 치열하게 공부하고 질문하고 상상하십시오.

묻고 답하기

사물을 보는 눈이라는 강의 주제가 정확히 어떤 의미인지요?

요즈음 자주 언급되는 창의적 사고는 특별한 방법을 따르거나 몇 번의 강의를 듣는다고 발달되는 것이 아닙니다. 우리 주변의 많은 사물들에 관심과 호기심을 갖고 보면 예상치 못한 발견, 깨달음, 새로운 인식 등이 축적되어 창의적인 생각이 떠오르게 됩니다. 사람마다 관점이 다르고 사물에 대해 아는 정도도 다르기 때문에 재미있는 발상이 가능합니다. 창의성에 가장 중요한 것은 관심, 호기심, 그리고 지치지 않고 붙잡아 그것을 파헤치는 끈기입니다. 이것이 "사물을 보는 눈"이라는 주제로 말씀 드리고자 하는 내용입니다.

예를 들어 소리의 현상을 다양한 측면에서 생각해 봅시다. 물리적인 측면도 있고, 심리적인 측면도 있고, 음악의 관점에서 생각할 수도 있고, 청각학이나 뇌과학적인 차원에서도 생각해볼 수 있습니다. 그런 유사한 사례들을 일상의 사물을 통해 살펴봤습니다. 도마뱀이나 거미줄이 왜 저럴까, 저거 한번 응용해볼 수 없을까라는 관심사들이 여러분의 생활을 실제로 많이 바꾸고 있습니다. 그래서 그런 쪽의 이야기에서부터 출발해서 인공지능 이야기까지 사물을 보는 눈에 대한 이야기를 했습니다.

인공지능 이야기를 하며 제가 덧붙이고 싶었던 이야기는 여러분의 사고가 어떤 과정으로 성장했느냐는 것입니다. 뇌가 생성된 이후로 인간은 끊임없이 뇌신경들 간의 연결을 통해 사고 능력과 기억 능력이 향상됩니다. 여러분 인생 중에 가장 핵심적인 과정 가운데 하나가 사춘기입니다. 사춘기를 지나온 여러분은 어떻게 살고 어떻게 공부하면 좋을지 고민합니다. 그 중에 특별히 두 가지 주제를 이야기했습니다. 첫째로는 아직도 내가 공부하고 있는 전공에 재미를 못 느끼거나 의미를 잘 모르는 사람들을 위해, 여러분이 겪고 있는 전공적합성에 대한 회의가 끝은 아니라고 얘기했습니다. 거기에서부터 다양한 방법으로 앞으로의 인생이 펼쳐져나갈 수 있는 기반이 될 수 있는 길을 찾으면 좋겠습니다.

두 번째는, 7부 능선을 올라가고 있는 많은 학생들에게 도움이 되었으면 하는 이야기입니다. 좋은 방법을 잘 찾아내지 못하고, 스스로가 지금 어떤 위치에 있는지 진단도 잘 못하면 그런 어려움이 배가됩니다. 열심히 노력은 하는데 효과적으로 극복을 못하기 때문입니다. 시간을 투자하고 공부해도 안 되는 일이 있지만 극복해야 합니다. 그렇게 극복하는 과정 자체가 여러분에게 큰 힘이 됩니다. 제가 제 주변에 몇몇 학생들을 지도하면서 봤던 실제 사례들을 이야기해드렸습니다. 젊은이들이 자신의 삶을 개척해 나갈 때 이런 것들이 도움이 되었으면 합니다.

김재진

조선일보와 영남일보 신춘문예, 작가세계 신인상 등에 소설과 시, 중편소설이 당선되었다. 시집 『누구나 혼자이지 않은 사람은 없다』, 『한 번쯤 다시 살아볼 수 있다면』, 『백조는 죽을 때 단 한 번 운다』, 『삶이 자꾸 아프다고 말할 때』, 동화 『잠깐의 생』, 『나무가 꾸는 꿈』, 『엄마 냄새』, 에세이집 『사랑할 날이 얼마나 남았을까』, 『나의 치유는 너다』 등을 펴냈다. 현재 방송을 통해 마음을 치유하는 인터넷방송 유나(una.or.kr)를 만들어 세상에 널리 평화를 심는 일을 하고 있다.

**주의 깊게 들을 수 있는 사람이 자기가 만족할 수 있는 것을 찾고, 그것
을 성취하는 힘을 가지게 됩니다.**

"네 멋대로 살아라" 참 좋은 말입니다. 여러분은 멋대로 살고 있나
요? 저는 돌아보면 제 멋대로 살았습니다. 원래 기악과를 전공해 첼로
를 하다가 PD를 했고, 몇 개의 방송국을 옮겨 다니기도 했습니다. 첼
로를 하던 대학 시절 갑자기 쓴 시가 신춘문예에 당선해 21세에 시인
대우를 받기도 했으며 지금은 글 쓰는 일을 할 뿐 아니라 그림도 그리
며 전시회도 합니다. 아마 제가 젊었던 그 시절에는 멋대로 사는 게 가
능했지만 지금은 멋대로 살기가 쉽지 않을 지도 모릅니다. 왜 그럴까
요? 사회적 상황이나 제도의 탓도 있겠지만, 사실은 여러분 각자의 책
임도 없지 않습니다. 멋대로 살고 싶지만 멋대로 사는 것이 어떤 것인
지도 정확히 모르는 사람도 많습니다. 멋대로 사는 것과 방탕하게 사는
것은 다릅니다. 멋대로 사는 것과 남에게 피해를 주며 사는 것도 물론
다릅니다. 그렇다면 어떻게 사는 게 멋대로 사는 것일까요? 멋대로 살
면 행복할까요? 여러분이 고등학교 다니던 시절엔 아마 좋은 대학 가
야 한다며 공부하라는 소리를 가장 많이 들었을 것입니다. 이제는 어떤
가요? 좋은 직장을 구해야 한다는 생각에 대학에 입학하자마자 이른바

스펙 갖추기에 스트레스를 받는 사람들이 많지요. 저는 자식들에게 공부하라는 소리는 안했고, 네 멋대로 살아라는 이야기는 합니다. 그런데 멋대로 살라고 자유를 줘도 그렇게 하지 못하는 까닭은 마음속에 만들어 놓은 생각의 틀에 묶여있기 때문입니다. 어떤 길로 나아가야 성공을 할 수 있다, 어떻게 해야 행복을 얻을 수 있다, 등의 통념이 우리를 가두어 놓기 때문입니다. 그 통념에서 벗어나지 못하기 때문입니다. 멋대로 살지 못하고 전전긍긍하는 사람들을 향해 당신은 무엇을 하고 싶은가, 라고 물어봐도 선뜻 대답을 못합니다. 자기가 진정으로 하고 싶은 것이 뭔지도 모르고 있는 것입니다. 멋대로 살기 위해서는 먼저 그 멋이라는 게 뭔지 알아야 합니다. 내가 정말 하고 싶은 것이 뭔지를 알아야 한다는 말입니다. 내가 정말 하고 싶은 것이 뭔지를 알기 위해서는 통념에서 벗어나야 합니다. 미래에 대해 계산하지 말아야 합니다. 그 말은, 사회의 통념이 만들어 놓은 틀 속에서 하는 계산은 미래의 나를 보장하지 않는다는 말입니다. 미래는 불투명합니다. 그러나 그 미래는 지금의 나 자신으로부터 시작됩니다. 자신을 묶어놓고 있는 사회적 통념으로부터 벗어나 뭔가를 설계하고 추진할 때 내 멋대로 살 수 있다는 말입니다.

그렇다면 자신이 하고 싶은 전공을 선택해 대학을 졸업하고 사회에 나갔을 때 먹고 사는 문제를 해결할 수 있을까요?

물론 해결할 수도 있고 그렇지 않을 수도 있겠지요. 하고 싶은 전공이라는 것도 막상 그 전공 속으로 들어가보면 내가 짐작했던 것과는 다르기 십상입니다. 물론 먹고 사는 문제 만을 해결하기 위해서라면 마음에 들지 않는 전공이라도 열심히 해서 직장을 찾아 볼 수도 있겠지요.그러나 그렇게 찾은 직장이 우리에게 만족을 줄 수 있을까요?

우리는 경쟁 위주의 교육을 받고 항상 정해진 답이 있어서, 그 답을 찾는 공부를 공부라 여기며 학습해왔습니다. 그런데 사회를 나와 보면 정해진 답이란 게 없습니다. 예를 들어 시험이란 것을 칠 때 문제지라는 것이 아무것도 적혀있지 않은 백지를 주고 마음대로 쓰라고 하면 사람들은 대부분 무엇을 쓸지 몰라 당황하거나 머뭇거립니다. 뭘 써야 할지를 몰라 주위를 두리번거리거나 맥놓고 앉아있을지도 모릅니다. 그런 순간 자기 멋대로 쓸 수 있는 사람이 성공할 수 있는 사람일지 모릅니다. 이 말은 정해진 답을 찾지 말고 답을 스스로 만들어 나가는 사람이 성공할 수 있는 사람이라는 뜻입니다. 물론 성공의 개념이 어떤 것인지는 보는 시각에 따라 다르겠지만, 경력이 화려하고 사회적으로 높은 자리를 차지하는 것들이 과연 성공일까요? 저는 한 번도 그게 성공이라고 생각해 본 적이 없습니다. 오히려 화려한 경력과 높은 지위에 있는 사람들을 보면 실소를 흘릴 때가 많았습니다.

성공과 성취는 개념이 다릅니다. 자신이 원하는 것을 성취했을 때의 만족감, 어쩌면 이게 행복인지도 모릅니다. 그러나 사회의 기준과 부모님들의 기준은, 내가 원하고 만족해하는 것을 성공이 라고 여기기 보다 많은 수익과 높은 지위를 성공이라고 정의내리는 경우가 많습니다. 부모님들은 좋은 대학에 가기를 원하지만 그런 대학을 나와도 이제 별 볼 일 없는 시대가 오고 있습니다. 학점을 아무리 잘 받아도 일할 자리가 없는 세상에선 당연히 취직하기가 쉽지 않습니다. 좋은 스펙과 높은 학점인데도 취직하기가 힘들면 어떻게 살아야하죠?

저는 자신이 진정으로 좋아하는 것, 그리고 진짜 잘 할 수 있는 것을 찾아 거기에 모든 걸 쏟아 부으라고 말합니다. 그것이 설령 지금 당장 돈으로 환산할 수 없는 어떤 것이라 해도, 가장 잘할 수 있고 좋아하는 것을 찾아 거기에 모든 걸 쏟아 붓는 사람에게 미래는 그만한 댓가를 보상할 것입니다.

듣는 것하고 주의 깊게 듣는 것은 차이가 있습니다. 주의 깊게 들을 수 있는 사람이 자기가 만족할 수 있는 것을 찾고, 그것을 성취하는 힘도 가지게 됩니다. 지금 제가 마이크를 들고 이야기하지만 여러분 머릿속에는 제 말의 내용과는 다른 것들이 들릴 수도 있습니다. 아무런 주의도 기울이지 않고 이야기를 듣고 있다면 그때의 듣기는 흘러가는 물처럼 그냥 흘러가는 것일 뿐입니다. '주의 깊게 듣는다'라는 말은 커다란 가능성을 가지고 있는 말입니다. 주의 깊게 듣는 것으로부터 새로운 내용을 발견하고 그 새로운 내용을 통해 사회적 통념을 넘어서는 힘을 얻게 됩니다. 뭔가를 사랑하면 사랑하는 그 대상에 주의 깊게 관심을 기울이게 됩니다. 좋아하는 어떤 것이 있다면 좋아하는 그것을 주의 깊게 들어야 합니다. 주의 깊게 들으면 사랑하는 그것이 그 어떤 것이건 간에 여러분께 말을 걸어올 것입니다. 말을 걸어오는 순간 일방적인 사랑은 상호 간의 사랑으로 바뀌고 그런 사랑은 결실을 맺게 됩니다.

공부하는 것을 재미있다고 느끼는 사람이 있나요? 저는 열심히 공부를 해본 적이 없습니다. 그러나 열심히 살긴 했습니다. 열심히 산다는 이야기는 제가 하고 싶어서 시작했던 음악을 위해 미친 듯 열정을 쏟아부으며 오로지 그것만 하고 살았다는 말입니다. 젊은 시절 우연히 PD를 하겠다고 시험을 쳤을 때 막강한 경쟁을 뚫고 들어갔습니다. 공부를 열심히 해 본 적도 없고, 한번도 PD를 하겠다고 생각해본 적이 없었으니 행운이 갑자기 내게 온 것이지요. 그런데 그런 행운 뒤엔 내가 좋아하는 것에 일찌감치 미쳐있던, 미래에 대한 현실적 계산없이 내 멋대로 살던 젊은 날의 경험이 커다란 공헌을 했습니다. 음악 전문 PD를 채용하는 뜻하지 않은 기회가 그때 그 시험이었던 것입니다. PD라는 직업을 갖고 난 뒤에도 행운은 계속되었습니다. 우연히 갖게 된 이 직업이 제 적성에 맞았던 것입니다. 직장이라는 틀에 묶여있긴 하지만, 자기가 담당하는 프로그램 속에선 나름대로 창조성을 발휘할 수 있는 PD라는 직업이 '네 멋대로 하라'는 삶과 근접한 일이었습니다.

자기가 좋아하고 잘 할 수 있는 일을 할 때 우리는 그 일에 주의를 기울여 주의 깊게 하게 됩니다. PD를 하던 시절에는 어디를 가든지 방송만 귀에 들렸고, 어떤 대상이나 상황을 만날 때도 어떻게 하면 저걸 방송화 시킬지 부터 생각하며 살았습니다.

제가 그랬듯이 어떤 사람이라도 자기가 좋아하는 것을 하면 거기에 미치게 됩니다. 지금은 책을 쓰는 작가로서, 시인으로서 삶을 사는 저는 책을 펴내는 시점이 되면 그야말로 밤낮으로 책 쓰는 일만 생각하며 삽니다. 생각이 떠오르면 길을 가다가도 차를 멈추고 폰의 메모장에다 쓰고 쓴 걸 바로 출판사로 보내기도 합니다. 에세이집 한 권을 보름 만에 쓴 적도 있습니다. 시집도 한 달 만에 한 권을 썼던 적도 있습니다. 그럴 때면 마치 신이라도 내린 사람처럼 자다가도 깨어나 쓰고, 밥을 먹다가도 쓰고, 길을 가다가도 씁니다. 오로지 그것에 미쳐 모든 것을 다 잊어버리고 몰두한다는 말입니다. 갑자기 그림을 그리기 시작한 요즘은 미친 듯이 쓰고, 미친 듯이 그립니다. 2016년 1월 26일에 최초로 그림을 그리기 시작했고, 2016년 3월 17일부터 매일 그림을 그리기 시작했습니다. 그것또한 미친 듯이 한 일이라 2016년 7월에 첫 전시회를 열었습니다. 매일 그림을 그리기 시작한지 4개월 만에 전시회를 열었고, 놀라운 일인지 웃기는 일인지 모르지만, 그 전시회에서 46점의 그림이 팔려나가는 흥미로운 일이 생겼습니다. 그 뒤 제가 그린 그림이 나도 모르는 사이 네 번이나 네이버의 메인 화면에 나왔고, 전 세계 2만 5천 명의 작가가 그림이나 사진을 올리는 '그라폴리오'라는 인터넷 공간에 올라간 제 그림은 검색 순위 베스트 3위까지 올라가며 그림 하나를 2만 명이 넘는 사람들이 검색해서 보는 이변을 연출했습니다.

이 모든 것이 '내 멋대로 살겠다'는 젊은 날의 내 생각의 결과라고 생각합니다. 멋대로 살라는 것은 내가 미칠 수 있는 일을 찾아 그것에 미친 듯이 열정을 쏟아부으라는 이야기입니다.

어떻게 하면 먹고 살까 하는 문제에 매달려 젊은 시간을 허비하지 말고, 긍정적인 것에 모든 걸 걸고 좋아하는 한 가지 일에 미치라는 것입니다.

미치도록 하고 싶은 것은 대학생활에서 찾아야합니다. 강의 듣고 좋은 학점 받는 게 중요한 것이 아닙니다.

제 큰아들이 어릴 때 모자를 거꾸로 쓰고 이상하게 다니더라고요. 욕실에 들어가면 씻는 건지 뭘 하는 건지 안에서 뭔가를 계속 중얼거리는 소리가 들렸는데 알고보니 랩을 연습하고 있는 것이었습니다. 군대에 가서도 제대를 하고 나면 친구들을 모아서 대학가요제에 나갈 거라고 노래도 만들어서 들려주곤 했습니다. 그런 아들을 저는 입대하기 전까지는 까맣게 모르고 있었습니다. 그런데 입대하기 이틀 전에 녀석은 자기가 보고 싶을 때 들으라며 직접 작사 작곡한 랩을 CD로 만들어 그걸 저한테 던져주고 갔습니다. 제가 음악PD출신이니 들어보면 감이 오지요. 그 CD를 방송국의 부장으로 있는 후배PD에게 보냈는데, 돌아온 답은 "음악 시켜야겠네요."였습니다. 하지만 그 길이 얼마나 힘든 일인지 알고 있는 내 입장에선 노래를 시키고 싶지 않았습니다. 자기가 미쳐서 하겠다면 어쩔 수 없는 일이지만, 처음으로 공부나 하지라는 생각을 했습니다. 그런데 제대하고 나서 철이 든 건지 녀석은 노래한다는 소리가 쑥 들어가고 공부를 하더라고요. 아들은 자기 말에 의하면, 군대 가기 전 없는 학점이 없다고 했습니다. 말하자면 A부터 F까지 없는 학점이 없다는 말이겠지요. 그런데 저는 그 말이 참 좋았습니다. 없는 게 없다는 건 두루 경험했다는 말이니까요. 저는 한번도 아이가 모범생이 되기를 원했던 적이 없습니다. 그건 아마 제 자신이 대학시절에 18학점의 성적을 F로 받았던 적이 있기 때문에 그랬던 건지도 모릅니다. 요즘 학사 관리 같으면 아마 제적이 되었겠지요. 결과적으로 유급이 되어 제 때 졸업을 못했지만, 수업 시간에 들어가지도 않고 연습실에 앉아서 계속 악기 연습만 했던 그 시절이 결코 후회되지 않습니다.

내가 한 곳에 미쳐 거기에 빠져 있을 때 그 대상은 정말 내게 길을 열어주고 말을 걸어오게 됩니다.

그렇게 내가 미쳐있는 대상이 내게 문을 열어 줄 때 내 인생이 바뀝니다. 뭔가를 주의 깊게 듣고 좋아하는 것에 깊이 빠져들어 그것에 미칠 수 있는 것도 하나의 능력입니다. 그 능력은 실제로 누구에게나 있는 것이지만, 누구나 실행할 수 있는 것은 아닙니다. 자신에게 그런 능력이 있는지 조차 모르고 살고 있기 때문입니다.

사물이나 대상에 미친 듯이 빠지면 그 사물이 내게 반응을 하기 시작합니다. 그게 음악이든 문학이든 아니면 꽃이든 미용기술이든, 한 곳에 미친 듯이 빠졌을 때 그 대상이 나에게 말을 걸어오고 문을 열어준다는 말입니다.

우리가 같은 클래스 속에 한동안 함께 있다 보면 누가 나를 좋아하고, 싫어하는지 말하지 않아도 느낌으로 알게 되죠. 내가 누군가에게 주의를 쏟으면 그게 느껴지는 것입니다. 그런 것과 마찬가지로 내가 좋아하는 어떤 것에 마음을 보내고 주의를 쏟으면 그 대상은 반드시 내게 반응합니다.

강연도 그렇습니다. 좋은 청중들이 좋은 강의를 만든다는 것은 청중의 반응이 강의를 하는 내게 하나하나 와 닿고, 그 반응이 내게 내 안에 있는 모든 것을 끌어내도록 만든다는 말입니다. 여러분들이 제게 보내는 반응이 저의 강연을 만듭니다. 아무런 생각 없이 어떤 상대를 바라볼 때는 그 상대가 내게 반응하지 않습니다. 신호등 앞에서 신호를 기다리고 있을 때를 생각해 보면 수많은 사람들이 기다리다가 건너서 저쪽으로 가잖아요. 그 가는 와중에서도 나를 바라보는 시선, 기분 나쁜 시선, 끌어당기는 시선이 있으면 돌아보게 됩니다.

내가 느껴서 보내는 '주의'가 정말 아무런 감정이나 판단이 없으면 그 사람을 자극하지 않습니다. 그건 자극이 없는 파동의 상태입니다. 거기에 내가 감정을 실어서 보내면 우리의 감정은 '욕망' 아니면 '저항'이 되지요. 내가 어떤 대상, 사람, 물건을 갖고 싶다는 건 '욕망'이고

'저항'은 싫다는 것입니다. 나에게 잘해주면 욕망으로, 잘해주지 않으면 저항으로 갑니다. '욕망'하는 것은 이끌리고 '저항'하는 것은 내칩니다. 상대를 그냥 가만히 바라보지 않고 욕망이나 저항을 담아서 보내면' 반드시 상대는 거기에 '반응'을 보입니다.

지나가는 사물, 보이는 사물을 아무런 주의 없이 바라보며 그냥 무심코 지나칠 때는 우리의 일생에서 아무런 기적도 일어나지 않습니다. 우리가 뭔가에 미쳐있을 때, 거기에 온전히 주의가 집중될 때 지금까지 보이지 않던 다른 어떤 것들이 보이게 됩니다. 내가 오른쪽, 왼쪽, 천장, 바닥에 주의를 보내면 주의가 내 몸의 모든 부분으로 사방팔방으로 뻗어나갈 수 있습니다.

우리가 지금 마주치고 있는 현실은 내 '주의'가 미치는 곳까지 입니다. 내 주의가 닿지 않는 곳은 현실이 아닙니다. 여러분들이 여기서 제 강의를 듣고 있는 척 하지만 주의가 딴 데로 가 있을 수도 있습니다. 그러면 현실은 지금 여기 있지 않고 다른 곳에 가 있습니다. 자신의 주의가 다른 곳에 가 있을 때, 내게 주어진 이 현실에서 성공하기가 쉽지 않습니다. 공부하면 공부를 하고, 놀면 놀고, 노래를 하면 노래를 하는, 온전히 내 '주의'가 거기에 집중되어 있을 때 그것을 성취할 수 있습니다.

성취하기 위해서는 미칠 수 있고, '주의'를 집중시킬 수 있는 대상을 찾아야 합니다.

태생적으로 어떤 것에 잘 미치는 사람이 있습니다. 잘 빠져들고 잘 미치는 자신의 특성을 삶에 최대한 활용해야 합니다. 우리가 미쳐서는 안되는 마약이나 도박 같은 것 외에는 어떤 것이라도 좋습니다. 종이접기를 잘 한다면 미친 듯이 해야 합니다. 그러면 종이접기를 통해 인생이 구원될 수 있습니다. 대부분의 사람들은 높은 자리, 안정된 직업, 보장된 수입을 성공이라고 생각합니다. 하지만 그렇게 해서 성공했다는 사람들이 방송에 나와 하는 이야기를 듣고 만나서 취재도 해봤지만 행복한 사람들은 별로 없었습니다. 그들은 성공과 행복을 같은 것으로 생각하지 않았습니다.

성공하면 행복해야 하잖아요. 사회적으로는 성공했는데 개인이나 집안에서 문제가 있는 사람들이 부지기수입니다. 그럼 성공이란 무엇일까요? 행복이란 무엇이죠? 행복이란 지금 이 순간 내가 만들어 내는 내마음의 창조라고 생각합니다. 커피가 절반이 있을 때, 어떤 사람은 반이나 남았다고 하고, 어떤 사람은 반밖에 없다고 말합니다. 마음의 상태가 어떠한지에 따라 반밖에 없는 커피가 되고, 반이나 남은 커피가 되기도 합니다.

여러분이 처해있는 상황이 어떤 현실이든지 간에 뭔가를 배워 그걸로 성장할 수 있는 계기로 삼으십시오. 그렇게 할 수 있는 사람은 지금 처해있는 상황이 아무리 심각하더라도 그 현실을 통해 행복해질 수 있습니다. 지금 처해있는 현실이 객관적으로 아무리 좋은 현실이라고 하더라도 만족하지 못하는 사람이 있죠. 금 숟가락을 입에 물고 나와도 매사에 부정적이고 늘 불만인 사람이 있습니다. 그런 사람에게는 아무리 행복한 상황이 주어져도 만족하지 못하기 때문에 행복하지 못합니다. 내가 행복할수 있는 길은 뭔가에 빠져 미칠 수 있는 길을 찾는 겁니다. 그게 무엇이든 간에 그렇게 되기 위해서는 주의 깊게 보고 듣는 것이 필요합니다.

음악을 들으면 음악에만 집중해야 합니다. 그런데 집중에는 어떤 한계가 있습니다. 일 분 정도를 한 가지 대상에만 집중해보세요. 일분이라는 시간동안 온전히 선택된 대상 하나만 뚫어지게 볼 수 있다면 상당한 집중력을 가진 사람입니다. 일 분 동안 침묵하며 대상을 바라보고 있으면 평소에는 안 들렸던 소리가 들립니다. 평소에는 몰랐던 생각이 지나갑니다. 얼마나 많은 생각이 일어나고 사라지며, 얼마나 많은 소음에 둘러싸여 살아가고 있는지 단 1분만 한 가지 대상에 주의를 집중해보려 해도 온전히 그렇게 하기가 쉽지 않다는 사실을 우리는 깨닫게 됩니다.

언젠가 여러 사람과 함께 음악회를 다녀와서 "피아노 연주가 참 좋았지"라며 이야기를 했습니다. 그런데 그중에 한 사람이 피아노 연주를 언제 했느냐며 깜짝 놀라더군요. 피아노 연주를 하는 동안 딴 생각을 한 것이지요. 그는 때로 목욕탕 욕조에 들어가서도 졸 때가 있다고 합니다. 내려야 하는 정유장을 지나쳐서 종점까지 버스를 타고 갔던 적도 있고요. 병원에 가보니 기면증이라고 했습니다. 몸에 순환이 잘 안되니까 순간적으로 의식이 없는 상태가 되는 거예요. 눈 뻔히 뜨고 있으면서도 우리는 때로 잠든 때와 마찬가지로 살 때가 있습니다. 주의가 엉뚱한 곳에 가 있으면 현실은 환상이 되고 맙니다. 어떤 상황 속에서 무심코 봤던 것은 기억에 남지 않습니다. 학교에서도 강의를 주의 깊게 듣지 않는다면 아무것도 남는 것이 없습니다.

내가 어떤 것에 완전히 미치고 어떤 것을 주의 깊게 바라볼 때, 그리고 그 대상을 사랑할 때, 그 대상이 내게 문을 열어줍니다. 대상이 내게 문을 열어주는 순간 내 삶이 바뀐다는 것을 기억하세요. 여러분이 어떤 대상에 몰두해서 빠져있을 때 그 대상이 내게 문을 열어주는 그런 때를 만들어 보라는 말입니다. 어떤 때, 꿈속에서 너무나 좋은 시가 떠오를 때가 있습니다. 그런데 그렇게 좋았던 시를 깨고 나면 잊어버립니다. 그래서 한동안은 필기도구를 머리맡에 두고 자기도 했습니다. 자나깨나 좋은 시를 써보겠다고 원하는 간절한 마음이 그렇게 머리맡에 필기도구를 두게 했던 것이지요. 그렇게 한 가지에 빠져있을 때, 그게 시라면 그 시가 나한테 문을 열어줍니다. 그런 경험을 갖도록 인생을 살아야 합니다.

여러분이 대학에 와서 배워야 하는 것은 학문적인 것보다는 어딘가에 미치는 것입니다. 미치는 방법이 있다면 그 방법을 배우는 것입니다. 대학은 사회에 나가서 살아가기 위한 하나의 준비과정입니다. 그 준비과정 속에서는 놀아도 미친 듯이 놀아야 합니다. 놀았는지 안놀았는지, 공부를 했는지 안 했는지도 모르는 어중간한 상태는 어중간한 인생을 창조할 뿐입니다. 뭔가를 봐도 주의 깊게 보며 대상이 내게 문을 열어주는 그 상태까지 미치라는 것입니다. 우리가 존경할만한 예술가나 사업가는 다 뭔가에 미쳐있었던 사람입니다.

생각이 바뀌면 관점이 바뀌고, 그 관점이 바뀌면 해석이 바뀌고, 내가 경험하는 세상이 달라집니다.

아무런 생각 없이 주의를 보낼 때는 판단이나 감정을 실어 보내지 않으니 상대를 자극하지 않는다고 했죠. 우리는 마음속에 있는 어떤 경험으로 상대를 판단하려 듭니다. 예를 들어, 예스맨을 긍정적인 사람이라고 평하는 사람이 있는가 하면 어떤 사람은 줏대 없는 사람이라고도 합니다. 직장에 가서 보면 될 법한 일도 아닌데 상사가 시키니까 무조건 yes라고 하는 사람이 있습니다. 직장상사는 그런 사람을 긍정적인 사람이라고 볼 수 있겠죠. 그뿐 아니라 예스맨은 어려운 일이라도 내가 하겠다고 나서니 신뢰할 수 있는 사람으로 평가될 수도 있어요. 그런데 그런 예스맨을 보는 주변의 직장동료들은 예스만 하는 줏대없는 사람이며 간신이라고 평하는 경우도 있습니다. 같은 예스맨이 보는 사람에 따라서 전혀 다른 사람이 되는 것이죠.

내 마음속에 가지고 있는 생각에 따라 사람이 다르게 보입니다. 내가 가지고 있는 생각을 바꾸면 내게 경험되는 인생이 달라집니다. 생각에 따라 대상이 완전히 다른 식으로 해석되므로 생각이 바뀌면 관점이 바뀌고, 그 관점이 바뀌면 해석이 바뀌고, 마침내 내가 경험하는 세상이 달라진다는 말입니다. 나는 어떤 사람인지, 사물과 인생에 대해 어떤 생각을 갖고 있는지 잘 살펴보십시오. 그 해석이 부정적이라면 끝없이 부정적인 일들이 찾아올 것입니다. 행복한 삶을 원하면 행복한 생각을 많이 해야 합니다. 이런 걸 흔히 긍정의 힘이라고 합니다만 똑같이 주어진 조건에서 어떤 사람은 커피가 반 밖에 안 남았다고 결핍을 경험하고, 어떤 사람은 반이나 남았다고 풍요를 경험합니다. 결핍을 경험할지 풍요를 경험할지의 많은 부분이 생각에 따라 달라질 수 있습니다. 여러분은 지금 어떤 생각을 갖고 있습니까? 내가 가진 생각이 풍요를 끌어당기는 생각인지, 결핍을 끌어당기는 생각인지 살펴보세요.

내가 어떤 대상에 묶여 있을 때는 거기에서 벗어나기 힘듭니다. 어딘가에 묶여 있는 상황은 우리에게 고통을 줍니다. 젊은 시절이 꿈 많은 아름다운 시절이 되지 못하고 고통스러운 시절이 되는 이유는 어딘가에 묶여 있기 때문입니다. 사회적 통념이라는 여러분을 묶어두는 생각으로부터 벗어나십시오. 벗어나 '멋대로 살기 위해' 노력하십시오. '나'라는 대상을 객관적으로 볼 수 있겠죠. 힘이 생길 때 고통으로부터도 빠져나올 수 있습니다.

고통이 무엇으로 구성되어 있는지 아십니까? 예를 들어 주먹으로 맞는 고통은 물리적인 것이라 아프죠. 우리가 성인이나 위인이라 부르는 어떤 깨달은 이도 물질적인 몸을 가지고 있는 동안은 때리면 아픔을 느낍니다. 그러나 그들이 우리와 차이가 나는 것은 단련을 통해 고통스러운 상황에 대한 마음의 저항을 줄이거나 없도록 했던 겁니다. 고통은 '물리적인 고통'+'그 고통에 대한 나의 심리적 저항'이 그 몸체를 이룹니다. 그런데 물리적인 고통은 어쩔 수 없다 하더라도 심리적인 저항을 뺄 수만 있다면 고통은 크기가 조금 줄어듭니다.

그러나 젊음이란 시간이 여러분에게 있는데 그 시간에 기쁨만 있고 고통이 없다면 그건 잘못된 일입니다. 여러분은 지금 젊음이라는 공간으로부터 언젠가 벗어나 미지의 어떤 공간으로 이동해야 하는 시기이니 그 미지에 대한 두려움이 아픔이 될 수도 있습니다. 그러나 그 아픔이 미래를 위한 가능성이나 경험이 되도록 해야 합니다.

혼돈의 시기는 달라질 수 있습니다. 발전하기 위해, 성장하기 위해 고통을 받는 시기라고 여기십시오. 어떤 사람들은 고통의 무게에 눌려 앞으로 더 나아가지 못하고 그 고통 속에 영원히 주저앉아 버립니다. 그러나 고통에 대한 저항을 떼놓고 물리적인 고통을 묵묵히 받아들이며 그것을 성장의 경험으로 받아들일 수 있는 힘이 바로 공부입니다. 그것이 진짜 공부이며 인생 공부입니다.

묻고 답하기

선생님이 쓰신 책 중에 『누구나 혼자이지 않은 사람은 없다』를 굉장히 좋아합니다. 이 시집에 있는 같은 제목의 시를 쓰시게 된 계기가 궁금합니다.

그 시는 고통과 관련해서 쓴 시입니다. 제목처럼 누구나 혼자이지 않은 사람은 없습니다. 그 책이 나왔을 때가 1997년이니까 그때쯤 여러분이 태어났겠죠? 그때 저는 잘 다니던 직장에서 일종의 필화사건 비슷한 억울한 일을 겪고 퇴사를 하게 되었습니다. 많은 사람을 만나고 공개적으로 많은 일을 하는 그런 직업이었습니다. 그러다가 직장을 그만두고, 한 6개월 쯤은 좋았는데, 점점 만날 수 있는 사람은 줄어들고 갈 곳도 없이 혼자가 되었을 때 정말 고통스러웠습니다. 그때 누구나 혼자이지 않은 사람은 없다라는 제목이 떠올랐고 그 제목으로 시를 쓰게 되었습니다.

현재 치유와 위안을 전하는 방송을 한다고 하셨는데 선생님은 살면서 어떤 방법으로 치유를 하는지 궁금합니다.

제가 사는 집 근처에 서울에서 신의주까지 가는 경의선 철도가 지나갑니다. 그 철도에 앉아 열차가 오면 뛰어들지 말지를 고민하던 시절에 잠깐의 생』이라는 책을 썼습니다. 그런 시절이 지나간 뒤, 고통스러운 순간에 자기를 딛고 일어설 수 있는, 작은 힘이라도 주겠다고 만든 것이 유나방송입니다.

You & I 방송이라고해서 유나방송입니다.

저를 지키고자 했던 수행이 한 가지 있습니다. 숨을 크게 들이마셔

보세요, 내쉬고 다시 들이마시고 내쉬고. 죽는 게 뭡니까. 이것만 안하거나 문제가 생기면 죽는 겁니다. 그럼 이번에는 들이마실 때 들이마시는 숨에다가 주의를 집중하며 들이마심이라고 이름 붙이고, 내쉴 땐 내쉼이라고 이름 붙여 보세요. 들이마심, 내쉼. 이걸 혼자서 한 1분만 해보세요. 제가 고통으로부터 벗어나기 위해 가장 간단하게 하는 방편입니다. 이것도 하나의 집중으로서 주의가 그곳에 머물도록 하는 겁니다. 그 도구로 호흡을 사용한 것이지요.

근심과 걱정은 어디서 일어납니까? 근심과 걱정은 100% 과거와 미래의 일입니다. 지금 이 순간의 일이 아니에요. 취직이 될까라는 생각은 미래지요. 오지도 않은 일 때문에 힘들어 할 필요는 없습니다. 현재에 충실하며 그 충실함 속에서 행복함을 찾아보세요.

집착은 과거의 일입니다. 옛날에 있었던 어떤 일을 놓지 못하고 계속 분하고 밉고 괴롭죠. 그런데 과거나 미래로 가있는 나를 지금 여기로 데려오는 게 들이마심, 내쉼입니다. 내 주의를, 나를 여기로 데려오는 순간 근심이나 불안이 사라집니다. 우울증이나 정신적, 신경적인 문제를 가진 사람도 도움을 받을 수 있습니다. 내 마음이 지금 이 순간, 여기에 머물도록 하라는 말입니다. 미리 연습을 해서 체득하는 게 중요합니다. 마음의 병이 깊어지면 집중을 하지 못하니 그나마 이런 방법도 사용하지 못하게 됩니다.

우리는 시간이 과거, 현재, 미래라고 배워왔고, 강물처럼 저 어딘가 과거부터 흘러와서 미래로 간다고 생각합니다. 그러나 그건 착각입니다. 시간이란 순차적으로 일어나는 어떤 사건이 아니라, 그냥 병렬되어 있는 사건이고 경험입니다. 그 경험 속에서 어떤 것을 끌어당길 것인지는 자신이 선택합니다. 내가 긍정적인 생각을 하면 긍정적인 미래를 경험하는 겁니다. 시간은 지금 이 순간밖에 없습니다. 예를 들어 여러분이 우연히 서울에서 저와 만났다고 합시다. "선생님, 안녕하세요."했는데 제가 여러분을 몰라서 "누구세요"라고 하면 지금 우리가 함께 말하고 듣는 이 순간은 그냥 흘러가 버린 겁니다. 내가 그 순간을 기억 못하면 과거가 되는 거죠. 과거는 실제로는 없는 시간입니다. 신라가 망하고 고려가 들어서고 망하고 조선이 건립되고, 일제강점기가 오고 이런 내용이 역사책 속에는 있지만 실제로는 없는 거예요. 그 말은 지금 이 순간 만이 현실이라는 말입니다.

여러분이 이해하기 힘든 것일 수도 있지만 과거 현재 미래가 같이 흘러가고 있습니다. 용한 점쟁이들은 미래를 맞힙니다. 대부분 우연이겠지만, 정말 알아맞히는 사람도 있어요. 과거를 알아맞히는 사람도 있습니다. 이것을 역행인지력이라고 합니다. 역행해서 안다는 뜻이죠. 전생도 알고 있습니다. 그건 왜 그럴까요? 과거 현재 미래가 같이 굴러가기 때문에 특별한 능력이 있는 사람이 그걸 보는 것입니다. 그러나 미래가 걱정된다면 지금을 잘 살면 됩니다. 현재와 미래가 같이 굴러가기 때문입니다. 내가 지금 잘 살면 잘 살고 있는 미래가 계속 되는 겁니다.

주의를 집중할 경우 고통에 빠지는 경우가 생길 수도 있다고 생각합니다. 예를 들어 한 대상에 주의를 집중하고 몰두했을 때 이성간에는 집착이라는 게 생길 수도 있을 것같습니다.

그것은 집중이 아니라 집착입니다. 집착인걸 알면서 내가 빠져나오지 못하는 것이지요. 요즘은 첫사랑이 없는 사람도 많지만 우리 시절에는 대부분 첫사랑이란 걸 가지고 있는 사람이 많습니다. 그 첫사랑을 만났던 적이 있습니다. 첫사랑이라 해서 못 만날 건 뭐가 있나요? 하지만 첫사랑으로서 애틋했던 감정이 다 사라졌습니다. 늙어서라고 말할 수도 있겠지만, 늙어도 있을 건 다 그대로 있습니다.

집착이라는 것은 집중이 아닙니다. 지금 집착을 하는 이성이 있다고 가정해 봅시다. 그녀가 시간이 지난 후에 지금의 모습처럼 보일 것 같나요? 전혀 그렇지 않습니다. 내가 그 사람을 사랑하는 게 아닙니다. 사랑이라는 것은 내 안에 있는 능력이고 마르지 않는 샘과도 같아요. 사랑이란 것도 알고 보면 내가 만들어놓은 신념을 상대에게 뒤집어 씌우고 있는 거예요. 사랑하는 게 아니라 사랑한다고 믿고 있는 것이란 말입니다. 나는 a라고 생각하는데 그 사람은 a가 아니라고 할 때 내 신념을 고집하면 그건 사랑이 아닙니다. 사랑은 자유로운 겁니다. 언제든지 그만둘 수 있는 게 사랑입니다.

상당히 모순 같지요? 그러나 사랑은 소유하는 게 아닙니다. 사랑은 그 사람을 배려하고 응원하고 좋아하는 것을 하도록 허용하는 것입니다. 정말 사랑하면 그 상대가 내게 문을 열어 줄 것입니다. 서로가 소통하는 것입니다. 집착을 사랑으로 착각하지 말기를 바랍니다.

무엇인가에 미쳐야한다고 말씀하셨지만 많은 대학생들이 자신이 원하는 분야를 찾기가 쉽지 않습니다. 어떻게 하면 그것을 잘 찾을 수 있을까요

제가 학생들에게 좋아하는 게 무엇인지를 물어보면 "선생님, 좋아하는 게 뭔지 잘 모르겠어요."라고 합니다. "그래도 너 좋아하는 것 있잖아."라고 하면 "연예인을 좋아해요."라고 합니다. 연예인 좋아하는 건 좋아하는 게 아닙니다. 그건 좀 심하게 이야기하면 하나의 쾌락입니다.

내가 연예인이 되겠다는 것과 연예인을 좋아하는 것은 다릅니다.

내가 정말 미쳐서 가치를 창출해 낼 수 있는 걸해야 합니다. 그 가치가 세속적인 가치가 아니더라도 머릿속에 있는 것을 하기 위해서는 부모님 말을 듣지 않아도 됩니다. 여러분이 부모님께 가장 많이 듣는 이야기가 공부하라는 거죠? 그것은 부모님의 불안으로부터 비롯된 겁니다.

부모님의 이야기를 듣지 말라는 것은 사회 제도가 만들어 놓은 고정관념 속에서 나 자신을 다른 사람이 좋아하는 기준으로 찾지 말라는 것입니다. 사회가 생각하는 것과 다른 것을 생각하도록 스스로 한번 찾아보십시오.

제가 미치고 싶은 것은 춤입니다. 하지만 미치는 것만으로는 아무것도 할 수 없다고 생각합니다. 요즘은 잘 하지 않으면 의미가 없다는 생각을 많이 합니다.

미치는 것만으로는 아무것도 할 수 없다는 말은 굉장히 잘못된 겁니다. 그건 덜 미쳤기 때문에 그런 겁니다. 춤추고 있을 때 행복합니까? 그러면 거기에 더 미쳐야합니다. 정말 미치면 내가 그 춤을 더 잘 추고 춤을 개선하기 위해 프랑스를 가든 누구를 찾아가든 하겠죠. 천만 배우 오달수도 극단에서 배달하다가 배우가 됐다고 합니다. 그는 우리가 보통 생각하는 잘생긴 배우가 아닙니다. 못생겼다고 배우가 못 되는 게 아닌 것처럼 춤을 못 춘다고 정말 못 추는 게 아닙니다. 정말 미쳤다면 온갖 방법을 동원해야 합니다. 프랑스에서는 한국 할머니들의 막춤이 열풍인데 보셨나요? 그냥 한국 할머니들이 추는 막춤을 무대에 올려놨

을 뿐인데 선풍을 일으켰습니다. 춤이란 게 뭔지, 그 개념이 뭔지 생각
해보세요.

　누구보다 제가 가진 재능을 사랑하지만 나보다 더 늦게 시작한 사람
이 짧은 시간에 나를 앞질러 가는 것을 보면 재능의 한계가 느껴져 허
무함을 느낍니다.

　저도 첼로를 아주 늦게 시작했습니다. 고등학교 2학년 어느 날, 대구
의 오래된 음악 감상실에서 첼로음악을 듣고 저걸 시작해야겠다고 생
각했습니다. 우리 아버지가 미쳤다고 했지만 그래도 음악대학을 갔습
니다. 지금 학생이 이야기한 것처럼 너무 늦게 시작했고 현악기는 어릴
때부터 골격이 형성돼야하기에 재능이 없다는 것도 깨닫고 그만 뒀습
니다. 그런데 정말 첼로에 미쳐있고 음악에 미쳐있고 춤에 미쳐있다면
다른 길이 생깁니다. 저한텐 그게 PD였습니다.

　꼭 춤추는 것만이 춤이 아닙니다. 인생의 모든 게 춤입니다. 이건 내
이야기가 아니라 라지니시의 이야기입니다. 미친 듯이 춤만 추는 거예
요. 그리고 지브랄토라고 아무 소리나 막 떠듭니다. 그것도 춤입니다.
우주 자체가 우주의 춤이에요. 오달수가 배달하다가 배우가 된 것처럼
춤에 미쳐서 추는 거면 춤과 관계되는 다른 일들이 자기에게 생겨요.
아직 덜 미쳐서 그런 겁니다. 이제 시작입니다.

　춤을 10년 했던, 나이가 22살에 시작해서 2년이 됐던 이제 시작인거
에요. 앞으로 내 나이까지 살려면 적어도 40년 가까이 살아야 하잖아
요. 저는 21살에 신춘문예에 당선됐습니다. 올해가 딱 40년째입니다.

　이제는 그림을 새로 그립니다. 40년 동안 글을 쓴 것이 헛되지 않았
고 그림에 투영되더라고요. 앞으로 40년 동안 당신이 어떻게 될 것인

지 모르겠지만 더 미쳐야 합니다. 부모님이 뭐라던 관계없습니다. 자신의 인생은 자신의 것이니까요.

방송국의 PD를 하겠다고 꿈꾸신 것도 아니고 전공을 언론 쪽으로 하신 것도 아닌데 어떻게 오랫동안 PD생활을 하셨나요?

언론을 전공한 사람이 PD가 되어야한다고 누가 그렇게 정해놓았죠? 누가 그렇게 가르쳐줬죠? 고등학교 때까지 교육이 잘못 됐습니다. 뭘 전공하면 뭐가 돼야 한다. 첼로 지휘하는 장한나는 전공이 철학입니다. 그런 음악가들이 너무나 많습니다. 철학을 하고 음악을 하면 우리는 이상하게 생각하죠. 저랑 같이 강의를 한 음악가도 철학을 전공했습니다. 음악가인데 악보를 볼 줄 몰라요. 그런데 이화여대 음악대학 대학원에서 음악의 결정판인 오케스트라 편곡, 작곡하는 강의를 했습니다. 그는 아무한테도 배운 적이 없고 독학으로 했다고 합니다. 장인표라는 분입니다.

PD를 하려면 신문방송학과 출신이어야 한다는 생각을 많이 하는데 저는 PD하면서 신문방송학과 출신들을 별로 못 만나 봤습니다. PD의 좋은 점은 전공에 상관없이 시험 치면 될 수 있다는 것입니다. 지금은 시험을 쳐도 되는 게 힘듭니다. 제가 아들에게 그냥 방송국PD하면 어떻겠냐고 했는데 직장을 때려치우고 벤처사업을 하더라고요. 그리고 아들이 "아빠, 사업이 바로 PD야."라고 했습니다. 춤에서도 PD가 필요합니다. PD가 기획하고 제작하는 사람이잖아요. 아이디어 뱅크입니다. 음악을 전공했다고 음악에 대한 아이디어만 떠오르라는 법은 없어요.

28살이라 취업을 위해 스펙을 여러 가지 만들어놨고 또 준비해야 합니다. 제가 정말 좋아하는 것은 축구 게임입니다. 미치고 싶은 것과 현실의 괴리는 어떻게 하면 좋을까요?

지금 스펙 다 만들어놨다고 하지만 그것으로는 98% 취직이 안 될 겁니다. 학생의 스펙이 부족하다는 이야기가 아니라 스펙이 대단한 사람들이 많다는 것입니다. 옛날에 자리가 100개 있었다면 지금은 2개, 3개뿐입니다. SKY 대학들의 좋은 과를 졸업해도 취직이 안 됩니다. 그러니까 그 스펙은 다 헛 스펙입니다. 왜 만드는지 모르겠어요. 있으면 덜 불안할 뿐이죠? 불안하다면 차라리 항우울제를 복용하세요. 그게 낫지 스펙은 불안의 해결책이 안 됩니다. 그것보다는 축구게임을 미치도록 하세요. 좋아한다면 성공할 수 있습니다.

제가 아는 29살짜리 친구는 아주 희귀한 스핑크스라는 고양이를 키우는데요. 털이 없어요. 이 친구는 어미를 데리고 오면 새끼를 잘 낳게 만드는 겁니다. 한 마리에 300만원씩 하는데 이 친구한테 가면 몇 마리씩 새끼를 낳습니다. 면접에서 이런 친구랑 스펙을 열심히 쌓은 친구 둘 중에 선택하라고 하면 저는 이 친구를 뽑을 겁니다. 직장에 스펙 좋은 사람들 들어가면 뭐합니까. 과장해서 이야기하면 그냥 복사만 하는 거예요. 층층시하의 조직 속에서 갓 입사한 신입직원이 할 수 있는 일이 없습니다. 우리나라 기업들은 그게 바뀌어야하는데 잘 안되죠. 스펙에 투자하지 말고 자기 인생에 투자하고 축구게임에 투자하세요.

돈이나 좋은 직장보다는 자기가 좋아하는 것을 미치도록 하라고 하셨는데, 만약 진짜 좋아한다면 돈이 없어도 하는 게 맞다고 생각하는지 궁금합니다.

질문한 학생 일어서보세요. 돈이 없는 노숙자 같지는 않죠. 저는 한 달에 돈 100만원만 생겼으면 좋겠다고 생각했던 적이 있습니다. 가족을 먹여 살려야 하니까요. 직장을 그만두고 그 당시 꼬마였던 아들에게 아빠 일이 잘되면 피아노 사줄게, 학원 보내줄게 하던 시절이 있었습니다. 솔직히 말하면 저는 돈이 별로 없었습니다. 그렇다고 돈 때문에 내가 미치고 싶은 일을 못하는 것은 아닙니다. 정말 미치면 돈이 눈에 안 보입니다. 덜 미친 사람이 돈이 눈에 보이지. 정말 미치면 돈이 따라옵니다. 그게 제가 살아온 인생경험입니다.

당장 뭔가 이뤄졌으면 좋겠다고 생각하지 마세요. 완전히 미치면 누구에게나 보상이 찾아옵니다. 저와 친하게 지내는 아르헨티나인은 밥도 안 먹고 물도 안마시고, 우주의 공기만을 마시며 사는 사람이에요. 패러글라이딩을 하다가 떨어져서 척추를 다쳐 다리가 완전히 못 쓰게 됐습니다. 병원에서 살아난 게 기적이라며 다신 걷지 못할 거라고 했는데 6개월 만에 척추가 복구되고 2년 만에 다리가 돌아왔어요. 그 사람에게 당신에게만 일어날 수 있는 기적이 아니냐니까 누구에게나 일어나는 기적이라고 말했습니다. 미치면 돈이 따라오는 것은 여러분 모두에게 해당되는 겁니다. 미치는 일을 찾지 못했거나 덜 미쳤거나 혹은 미치는 과정일 것입니다. 미치는 것의 단계를 밟아가는 과정이니 단계를 건너뛰려고 하지 마세요.

미친다는 일은 듣기만 해도 신나는 일이고 무엇에 미친 사람을 보면 돈이 없어도 멋있잖아요. 정말 미치고 사랑하면, 그것이 여러분에게 말을 걸어올 것이라는 말을 기억해 주기를 바랍니다.

고미숙

고전평론가. 지식인 공동체<수유+너머>를 거쳐 현재는 인문의역학연구소 <감이당>에서 활동하고 있다. 주요저서로 『열하일기, 웃음과 역설의 유쾌한 시공간』『동의보감, 몸과 우주 그리고 삶의 비전을 찾아서』『몸과 인문학』『고미숙의 로드클래식』『고전과 인생 그리고 봄여름가을겨울』외 다수가 있다.

새로운 삶의 길 찾기, 로드클래식

로드 클래식이라고 명명한 전 세계 여행기 고전을 통해서 청춘과 인생, 에로스와 로고스 등을 탐구해 보려고 합니다. 여행기 고전을 주목하게 된 첫 번째 이유는 10년 전에 세계 최고의 여행기인 「열하일기」를 읽고 인생에 대해 완전히 다시 생각하게 되면서부터입니다. 고전이 현실의 삶을 어떻게 바꾸는가를 체험하게 되었죠. 그 후 다른 여행기가 궁금해 살펴보니, 각 대륙 최고의 고전은 모두 여행기라는 놀라운 사실을 발견하게 되었습니다. 「그리스인 조르바」, 「허클베리 핀의 모험」, 「돈키호테」, 「걸리버 여행기」, 「서유기」 등이 그러합니다.

사람들이 모두 알지만 잘 읽지 않는 것이 고전이기도 합니다. 마치 읽지 않아도 읽은 것 같기 때문입니다. 그것은 이미 지성사에 문화적 유전자가 되었다는 뜻이기에 하나의 고전을 읽는다는 것은 그 고전이 탄생한 시공간을 만나는 것과 같습니다. 「그리스인 조르바」를 알기 위해서는 20세기 초 유럽의 역사를 알아야 하고 「허클베리 핀의 모험」에서는 노예해방 이전, 미국의 풍속과 정치사를 만나게 됩니다. 「돈키호테」에서는 16세기 유럽 역사를, 「걸리버 여행기」에서는 18세기 영국과 대항해 시대를, 「서유기」에서는 중국 당나라 시대를 만나게 됩니다. 그러므로 하나의 책을 만난다는 것은 하나의 세계를 만나는 것입니다.

　로드 클래식이 중요한 이유는 '인생이란 무엇인가'를 생각해 보면 인생도 하나의 길이라는 사실 때문입니다. 20대 젊은이들도 '어떻게 살아야겠다'라고 스스로 정한 길이 있을 것입니다. 그런데 대부분 대학생들은 졸업에서 취업, 결혼, 출산으로 이어지는 뻔하게 끝나는 길이고 그 후에 '어떻게 살 것인가'에 대한 고민은 없는 것 같습니다. 만약 그게 있다면 굉장한 지성을 가지고 있는 겁니다. 이미 정해져 있고 잘 닦여져 있는 길은 누구나 생각합니다. 취직하고 결혼해서 애도 낳고 집을 더 크게 늘이고, 애들을 예쁘고 똑똑하게 키워 명문대를 보내 결혼시키면 그 다음에 무엇을 하나요? 누구나 갈 수 있고 뻔히 뚫려 있는 길은 길이 아니라 감옥입니다. 우리가 감옥에서 살 수는 없죠. 인생은 그 감옥을 나오면서 시작합니다. 고령화 사회가 되면서 일본의 노인들은 감옥에 가기 위해 일부러 절도죄를 짓는다고 합니다. 너무 외롭기 때문에 나중에 고독사가 눈앞에 있게 되면 차라리 감옥에라도 가고 싶어하게 되는 겁니다. 감옥에 가면 좋은 시설에 급식도 잘 나오고 간수나 죄수들과 이야기도 할 수 있잖아요. 그러니 이젠 홀로 산다는 것이 감옥만도 못하게 되었습니다.

　인생은 혼자 사는 것에서 시작합니다. 요즘은 대부분 좋은 집과 TV, 승용차, 많은 돈을 가지는 쪽으로 길이 뚫려 있습니다. 돈이 많아서 수시로 백화점에 갈 수 있다고 해도 그것만으로는 살지 못합니다. 산다는 것은 누군가와 같이 밥을 먹고 이야기를 나누고 함께 어딘가로 가는 것입니다. 인생은 상품이 아니기에 정해진 매뉴얼이 없습니다. 누구를 만나 어떤 말을 하고 어디를 갈지 각자가 알아서 고민해야 합니다. 그때부터 인생이 시작됩니다. 부모님, 기성세대가 닦아놓은 길은 감옥입니다. 그 길이 끊어졌을 때부터 비로소 진정한 나의 인생이 시작됩니다. 그래서 인생과 길은 같은 의미입니다. 길을 간다는 것은 여행하는 것이기도 합니다. 지금 여행은 상품과 이미지에 갇혀서 멋진 곳을 다녀와도 길이 열리지 않습니다. 길이 아니라 수많은 사진이 남습니다. 거기에 아무리 아름다운 것들이 찍혀 있다고 해도 그것은 삶이 될 수 없습니다.

어떤 여행을 해야 인생이라는 길을 만날 수 있을까? 우리는 이것을 고민해야 합니다. 저도 20대에는 정해진 길을 열심히 달렸습니다. 쭉 그렇게 살 수 있을 것 같았는데, 30대 후반부터 이 길이 아닌 것 같다는 생각이 들기 시작해서 40대, 50대에는 단 하나도 예정대로 살아지지 않는 삶이 펼쳐졌습니다. 인생에는 정해진 길이 없다는 것을 왜 어렸을 때부터 배우거나 가르쳐주지 않았을까, 참으로 안타깝고 억울하기도 했습니다. 그래서 여행과 길이 하나가 되는 고전을 찾아 헤맸고 그걸 많은 사람과 공유했으면 좋겠다는 생각에서 책을 쓰게 된 겁니다. 지금부터 고전에 나오는 사람들의 여행을 탐색해 보겠습니다.

나는 아무 것도 바라지 않는다. 나는 아무 것도 두려워하지 않는다. 나는 자유다.

니코스 카잔차키스의 「그리스인 조르바」에 나오는 조르바는 65세

노인입니다. 주인공이 크레타 성으로 가는 항구에서 조르바를 만나게 됩니다. 조르바는 그 나이가 되도록 길 위에서 계속 떠돌고 있었습니다. 길 위에서 30대 중반의 젊은이와 60대 노인이 친구가 되어 크레타 섬에서 보낸 우정과 지성의 향연이 담겨 있는 작품이 바로 「그리스인 조르바」입니다. 20세기의 작품 중 불멸의 작품이라 할 수 있습니다.

이 작품의 작가인 니코스 카잔차키스는 고국인 그리스는 물론 유럽, 모스크바를 비롯해 일본과 중국까지 여행했습니다. 이 작가는 50세가 되어서야 장기 투숙할 수 있는 집이 생겼을 정도로 평생을 길 위에 있었습니다. 길 위에서 글도 쓰고, 출판사도 운영하고, 결혼도 하고 다른 사람을 사랑하기도 했습니다. 막막할 것 같지만 길 위에서 삶이 다 이루어진다는 것이 중요합니다. 길 위에서 청년은 조르바라는 노인을 만났고 그 이야기를 담은 게 바로 「그리스인 조르바」입니다.

조르바가 태어날 당시 그리스는 독립운동을 하고 있었습니다. 그러다보니 젊은 시절 조국을 위해 총을 들고 열심히 싸우다가 자신이 죽인 반대편 국가의 아이들이 길가에서 구걸하는 걸 보게 됩니다. 조르바는 이때 자신이 가진 돈을 아이들에게 다 주고 총을 버리고 도망 다니기 시작합니다. 그때부터 그는 조국과 돈과 신으로부터 도주하기 시작했습니다. 몸만 떠돌아다니면 노숙자가 되기 쉽죠. 그러지 않기 위해서는 정신이 살아 움직여야 했는데, 움직이는 정신이 곧 지성입니다. 조르바는 조국을 위해 싸우는 것이 진리라고 생각했지만, 구걸하는 어린 아이들을 보면서 자신이 믿었던 진리가 허무한 것이었음을 깨닫고 버려야 했습니다. 나는 왜 조국을 위해서 남을 죽이는 일을 하는가 생각해 보니 뒤에 신이 있었던 겁니다. '신의 이름으로' 그래서 조르바는 신으로부터도 도망갔습니다.

조르바는 평범한 사람입니다. 자신이 살아가는 동안 한없이 길을 걸으며 매 순간 "이것이 정말 진실인가?"라는 질문을 합니다. 우리는 항상 질문하지 않고 모든 것을 믿어버리는 습관이 있습니다. 그렇게 만들어진 이미지의 감옥 안에서 너무도 많은 우상을 떠받들고 삽니다. 그러나 조르바는 질문합니다. 내가 믿는 신이 나와 다른 존재를 죽이라고 했을까? 그것이 과연 신일까? 하느님은 이런 걸 하는 것일까? 라고 질문하는 순간 종교 제도 안에 있는 신으로부터 도망갈 수 있습니다. 그렇게 해서 조르바는 자연과 생명, 우주를 만났고, 얽매이는 것이 없었기에 자유로웠습니다. 여성을 사랑하는 것 또한 에로스의 화신이라 할 정도로 자유로웠습니다.

책에 나오는 재미있는 대사가 있습니다. "나는 절대 숙식을 걱정하지 않는다. 어떤 마을에 가도 과부가 있기 때문이다." 여자들을 만나는 순간 사랑에 빠질 수 있다는 것이 중요합니다. 젊고 예쁘고 날씬해서가 아닙니다. 홀로 사는 여인을 만나는 순간 조르바에게는 사랑의 자비심이 샘솟습니다. 이 여인들을 너무도 행복하게 해줘서 하룻밤만 조르바의 사랑을 받으면 주름살이 펴진다는 표현이 나옵니다. 사랑이란 그런 것입니다. 이상향을 만나서 그것이 주는 쾌락을 소유하는 건 사랑이 아닙니다. 현대인들은 "저 사람이 주는 쾌락이 얼마일까?" 이것을 사랑이라고 생각해서 이상향을 찾습니다. 그러면 사랑이라는 사건에서 나는 상대와 만나서 쾌락을 소비한 것밖에는 없게 되는 겁니다.

에로스라는 것은 생명과의 교감입니다. 그렇기에 60대 노인이 사랑해도 절대 추하거나 억지로 느껴지지 않습니다. 그게 바로 사랑과 삶이 하나가 되는 길입니다. 그런 에로스적 신체니까 누구에게도 얽매이지 않습니다. 그래서 조르바는 혁명, 공화주의, 민주주의 등 정치에 대한 환상에서도 다 떠났습니다. 오로지 생명과 자연, 사랑과 우정을 아는 사람이 되었습니다. 그는 매일 아침 눈을 뜰 때, 삶의 신비를 느끼는 존재가 되었습니다. 노동할 때는 갈탄광과 한 몸이 되어 갈탄광의 혈맥을 몸으로 느끼는 사람이 되고, 노동이 끝나고 포도주와 음식을 먹을 때는 충만감을 느끼는 사람이 된 것입니다. 바로 이것이 인간이 궁극적으로 걸어가야 하는 길이라고 할 수 있습니다.

카잔차키스는 조르바를 만난 이후에 엄청나게 많은 길을 떠돌아다닙니다. 그는 스스로 지은 묘비명을 남겼는데 '나는 아무것도 바라지 않는다. 나는 아무것도 두려워하지 않는다. 나는 자유다.'입니다. 그가 평생 추구한 자유는 두려움과 충동으로부터의 자유입니다. 두려움과 바라는 것이 삶을 힘들게 만든다는 사실을 깨닫고 뭔가를 두려워하고 있다면 그것이 죽음이든 도덕이든, 사회제도든 그 어떤 것과도 대결해야 한다고 말합니다.

이처럼 질문을 하는 것이 바로 지성을 작동시키는 힘입니다. 그만해야 한다고 생각하면서도 참을 수 없다면 그것의 노예가 됩니다. 스마트폰을 놓으면 수전증이 일어난다면 중독이죠. 술 없이는 대화할 수 없고 잠을 잘 수 없다면 술의 노예가 된 겁니다. 쇼핑하지 않아 허전하고 쓸쓸하다면 쇼핑중독입니다. '지금은 안 해도 돼.'라고 생각이 들 때 멈출 수 있다면 내가 그것의 노예가 되는 것이 아니라 그것을 지배하게 됩니다. 조르바는 어릴 때부터 그것을 연습했습니다. 그는 버찌를 너무 좋아해서 아버지의 돈을 훔쳐 한 소쿠리의 버찌를 삽니다. 개울가에 앉아서 버찌가 목에 차오를 때까지 먹고는 몽땅 토해버렸습니다. 그리고 나서 "나는 버찌로부터 해방되었다. 절대로 버찌가 나를 들뜨게 하고 끌고 다니는 것을 용서할 수가 없다."라고 당당히 얘기합니다.

고향을 그리워하는 향수병이 들면 그리움이 목젖에 올라올 때까지 밀고 가서 토해버립니다. 그래서 조르바는 많은 여인을 사랑했지만 사랑에 중독되지 않았습니다. 조르바에게 사랑은 생성이었지 너밖에 없고 너 없으면 못 산다고 매달리는 중독이 아니었습니다. 생명이라고 하는 것을 길 위에서 만난 것입니다. 이것이 바로 카잔차키스 묘비명에 '나는 아무것도 바라지 않는다. 나는 아무것도 두려워하지 않는다. 나는 자유다.'라는 화두를 던져준 작품입니다.

생명은 타자를 만날 때 작동합니다.

「허클베리 핀의 모험」은 위 작품과 달리 12살짜리 어린아이의 여행기입니다. 이 작품을 쓴 마크 트웨인이 다닌 길이도 하지요. 노예 해방 전이므로 수레나 기차, 말을 타고 미국 전역을 다녔는데 낭송 순회코스였습니다. 군중을 모아 놓고 「톰 소여의 모험」, 「왕자와 거지」 등의 자기 작품을 쇳소리 같은 목소리로 낭송했습니다. 키도 작고 악동처럼 생긴 아저씨가 나와 이야기를 읽어주면 남녀노소가 열광하고 기립박수를 수없이 받았다고 합니다. 이게 바로 미국의 낭독문화인데 지금도 도서관이나 작은 카페에서 낭독회가 수시로 열리고 있습니다. 마크 트웨인은 낭독문화가 일상화된 미국에서 낭독을 통한 수입으로 생활을 영위했습니다. 그는 대공황 때 상당한 빚을 졌지만 빚을 갚아주겠다는 부자의 제의를 거절합니다. 그 후 유럽 전역을 돌며 낭독을 해서 빚을 다 갚았을 정도로 대단한 노익장을 과시한 분입니다. 길 위에서 수많은 사람을 만나 얘기하는 것이 자신을 젊게 만드는 최고의 양생이라고 말하기도 했습니다.

이렇듯 생명은 타자를 만날 때 비로소 작동합니다. 스마트폰으로 사진만 찍고 침묵하면 생명력이 살아나지 않습니다. 지금 청년들이 외모는 예쁜데 이미지의 감옥에 갇혀서 생명력이 꼼짝을 못하는 것도 출산력이 현저히 떨어지게 된 원인입니다. 저출산 문제는 청년들이 돈이 없어서가 아니라 생명력이 없기 때문입니다. 앞으로 인류문명을 위협하는 큰 난제는 핵이나 미세먼지가 아니라 저출산입니다. 자신의 삶을 예쁘게 가꾸려고만 하지 말고 생명력이 살아 움직이게 해야 합니다. 그렇게 하려면 타자를 만나서 신체가 열려 있어야 합니다. 돌아다닐수록 생명력이 활발해진다는 사실을 로드 클래식이 보여주고 있습니다.

2500년 전 공자도 백수였지만 노나라를 떠나서 17년 동안 떠돌아다녔습니다. 길 위에서 지성을 연마하면 누구나 공자가 될 수 있습니다. 우리가 살아 있다는 것은 움직이고 말하는 것이지 아주 좋은 집에서 안전하게 이미지 사진을 찍고 있는 게 아닙니다. 삶의 형태를 바꾸지 않는 한 인류는 핵무기보다 더 무서운 출산 장벽에 갇히게 될 것입니다.

마크 트웨인은 그 자신을 주인공으로 해서 「허클베리 핀의 모험」이라는 작품을 썼는데 미국 문학사에서 전무후무한 작품이 되었습니다. 「톰 소여의 모험」에서 톰 소여는 뺀질뺀질하고 세련된 악동인데, 이 작품에 카메오처럼 나오는 악동이 허클베리 핀입니다. 허클베리 핀의 어머니는 그가 갓난아기일 때 일찍 집을 나가버렸습니다. 아버지는 술주정뱅이였기에 많은 트라우마와 사회적인 문제를 갖고 있었을 것이지만, 한편으로는 자유로운 유년기를 갖게 됩니다. 학교에 가고 싶으면 가고 아니면 길거리에서 온갖 새로운 놀이를 하며 마음껏 지냅니다. 잠은 통나무에서 잡니다. 미국 근대문명의 초석이라는 가족의 보호, 교회, 학교라는 제도의 시스템에서 모두 벗어나 있게 됩니다. 그래서 아이들에게는 우상이었지만 모든 어머니에게는 공적의 대상이 되었습니다. 허클베리 핀은 결손가정에서 태어났지만 오히려 그 안에 해방구가 있었던 것입니다.

요즘 우리 사회를 살펴보면 아이들이 부모님으로부터 많은 배려를 받고 살아가는 스위트홈들이 있는 한편 지독한 아동학대도 빈번하게 일어나고 있습니다. 어떻게 이런 잔혹한 일이 일어날 수 있는지 이상하지 않나요? 마더 테레사가 현대 부자들은 자식을 잘 교육하고 키워야 한다는 두려움 때문에 아이를 죽이기도 한다고 얘기했습니다. TV매체를 보면 부모들이 아이에게 올인 하도록 만드는데, 오히려 아이들에게 해가 됩니다. 아이는 생명 그 자체로 충분합니다. 아이는 예쁘고 똑똑하고 말도 잘 들어야 한다는 이미지는 미디어가 계속해서 만든 것입니다. 이런 미디어에 노출된 젊은 부모들이 자기 아이가 잘못하는 게 보이면 분노가 치미게 됩니다.

대소변을 못 가려 두들겨 맞고 비참하게 죽은 아이들의 공통점을 보면 엄마들이 게임중독자인 경우가 많습니다. 무언가에 중독된다는 것은 타자와의 공명 능력을 잃어버리는 것입니다. 그건 도덕이 아니라 생리입니다. 쇼핑이나 게임에 빠진 부모들이 아이가 대소변을 못 가리면

할 수 있는 행동이 때리는 것입니다. TV에 나오는 애들은 안 그렇잖아요. 이게 바로 핵가족의 비극입니다. 인간은 예쁜 것을 다 모아 놓으면 행복할 거라는 거대한 착각 속에서 몇 백 년을 살다가 지금은 그 판타지가 깨어지고 있습니다.

「허클베리 핀의 모험」을 읽으면 우리 안에 있던 유년기의 모습을 알게 됩니다. 주인공은 부모에 대한 불만도, 상처도 없었습니다. 자기가 억압받은 것이 없으므로 성격도 굉장히 원만했습니다. 허클베리 핀은 보물섬 찾기 놀이를 하다가 진짜 보물을 발견하게 됩니다. 돈을 많이 갖게 되면서 마을의 모든 사람이 개입해 과부의 아들로 입양됩니다. 하지만 그곳은 감옥이었습니다. 자기 안에 있는 생명 에너지를 다 발산시킬 수 없었기 때문이죠. 가령 욕을 해야 스트레스가 풀리는데 교양 있는 가문에서는 욕을 할 수가 없었기에 자기 전에 다락방에서 욕을 한 시간 정도 하고 잤을 정도였습니다.

말이라는 것은 에너지를 토해내는 것인데, 이게 밖으로 안 나오면 안에서 독이 됩니다. 말을 해야 몸이 성장한다고 느끼는데 예쁜 말을 해야 하고 더러운 말은 하면 안 된다고 제한하면 선천적인 정기는 인형처럼 가두어집니다. 그래서 현대인들이 인공지능을 두려워하는 것인지도 모릅니다. 인간이 지닌 생명 에너지가 가두어진 상태에서 연산능력을 비롯해 여러 능력을 갖춘 인공지능이 오면 인간이 열등한 존재가 되기 때문입니다. 생명과 기계는 절대 대비할 수 있는 것이 아닙니만 우리는 이미 생명이라는 것을 믿지 않게 되어버렸습니다.

허클베리 핀은 자신이 불행해진 이유가 돈 때문이라고 생각해 과부에게 돈을 다 줘버리고, 보이지 않는 감옥에서 탈출하여 자유롭게 살기 위해 집으로 돌아왔습니다. 하지만 아버지의 술주정이 심해지자 견디지 못하고 미시시피 강에서 뗏목을 타고 탈출하는 과정에서 노예로 팔려가는 흑인 아저씨를 만납니다. 어린 허클베리 핀은 가족과 교육의 감옥에서 탈출하는 중이고, 흑인 노예는 남부로 팔려 가지 않으려고 스스로 해방을 위해서 탈출하려고 합니다. 이 둘은 나이 차이가 크게 나지만 함께 탈출하는 동안 너무나 애틋한 우정을 나누게 됩니다.

당시 모든 미국인들은 흑인은 재산이라고 뼈에 사무치게 믿었습니다. 흑인 노예가 도망가는 것을 도와주는 것은 남의 재산을 절도한 게 아닐까 하는 양심의 가책을 느낄 정도였습니다. 지금은 흑인 노예가 얼마나 비인간적이고 잔혹한 제도인지 알고 있습니다. 하지만 그 당시 사람들은 교회와 성경, 역사에도 그렇게 되어 있어서 노예제도를 완벽한 진리라고 믿었습니다. 이처럼 지금 이 시대의 진리라고 여겨지는 것에 대해서도 끊임없이 질문해야 합니다.

무식한 꼬마도 흑인을 해방하는 일을 해도 될까 갈등하다가 흑인 노예 짐을 주인에게 돌려주기로 하고 주인에게 편지를 씁니다. 뗏목을 타고 오면서 흑인 노예 아저씨와 나누었던 우정이 파노라마처럼 지나가면서 자기 양심과 대결한 후 친구를 위해 "그래 지옥에 가자."라고 선택합니다. 그때는 상식을 어기면 지옥에 간다고 믿었기 때문입니다. 흑인 노예 짐을 구출하기 위해 온 몸을 던지는 모험담이 뒤에 나옵니다.

과연 자유는 무엇일까요? 아버지가 부자면 자유롭습니까? 아닙니다. 화폐의 노예일 뿐입니다. 자유라는 것은 내가 어떤 가치에도 억눌리지 않는 것입니다. 비록 그것이 하느님이고 진리고 지옥이라 할지라도 말이죠. 이런 야생성이 우리 안에 있고 유년기에 이미 경험했습니다. 이게 마크 트웨인의 유년기입니다. 그래서 이 작품은 한 부랑아의 가출이 아니라 흑인 노예는 해방되어야 한다는 전 인류적인 가치를 표현한 것입니다. 그 뒤 남북전쟁이 일어나서 노예해방이 되었습니다. 내가 자유로우면 타인의 해방을 위해서 싸울 수 있습니다. 인생과 길과 역사, 자유, 해방, 혁명 이런 것들은 길 위에서 일어나지 집에서 일어나지 않습니다. 허클베리 핀이 집에 있었으면 톰 소여처럼 뺀질뺀질한 모험을 좀 하다가 중학생, 고등학생이 되면서 누구나 가는 뻔한 코스를 밟아가는 반복을 했겠죠.

도전과 매혹, 상상력을 표현한 돈키호테와 걸리버 여행기

「돈키호테」는 50대 후반의 걱정거리가 하나도 없는 유복한 사람이 기사도 소설을 읽고 기사가 되겠다고 하는 이야기입니다. 젊은이들은 나이가 들어 재산이 있으면 안정되고 여유 있게 산다고 생각하는데 그렇게 살아지지 않습니다. 그래서 중년의 노인들이 뛰쳐나오는 겁니다.

「걸리버 여행기」는 황당한 내용입니다. 작가인 스위프트는 성공회 사제인데, 여성들에게 인기가 엄청 많았습니다. 「그리스인 조르바」의 조르바나 스위프트가 여성들에게 인기가 있었던 것은 절대 외모가 잘생겨서가 아닙니다. 뚱뚱하고 괴팍한 사람의 무엇이 많은 여성에게 매혹을 불러 일으켰을까요? 그는 말과 독설을 잘했습니다. 인간은 인생과 우주, 자연에 대해 전혀 생각지도 못한 말을 듣게 될 때 매혹당합니다. 청년들이 연애하려면 언어 훈련을 해야 합니다. 늘 책을 읽고 자기 스스로 새로운 언어를 만들어 내야 합니다. 이런 노력이 그 사람들에게 더할 나위 없는 매력을 쌓이게 합니다.

문학사에 등장하는 카사노바는 말로 사람을 홀렸습니다. 외모는 사실 남녀에게 매력을 끌어당기는 데 별로 영향이 없습니다. 로고스와 에로스가 같이 성장해야 어른이고 지성인이 됩니다. 걸리버 여행기가 가능했던 이유는 대항해 시대와 맞물려 있었기 때문입니다. 서양이 지중해와 아라비아 반도를 벗어나 전 세계를 정복하러 나왔습니다. 서세동점은 정복의 길입니다. 칭기즈 칸이나 알렉산더대왕, 다리우스 대왕, 진시황이 간 길은 모두 정복과 약탈의 길이죠. 서양도 동양에 문명을 전파하러 온 게 아니라 약탈하러 온 것이기 때문에 우리가 서양에 콤플렉스를 가질 필요가 없습니다.

어떻게 보면 서양이 너무 살기 어려워서 동양에 도둑질하러 온 것입니다. 그렇게 세계화라는 영역에 들어가서 동서양이 섞이고, 중남미 아메리카 대륙이 발견되면서 지금의 세계가 생겼습니다. 동양은 왜 그렇게 무력하게 당했을까요? 동양은 살 만했기에 서양에서 갖고 오고 싶은 것이 별로 없어서 그랬습니다. 하지만 타자들이 도래하고 습격하기 때문에 "나만 잘살면 돼." 이런 것은 불가능합니다. 개인도 마찬가지입니다. 동양은 아무 잘못도 없는데 서양이 총, 대포, 아편으로 같이 살자고 난동을 부리면서 우리는 다 섞인 거죠. 그 시절에 있었던 항해에 대한 상상력을 표현한 것이 「걸리버 여행기」입니다.

이 작품이 대단한 점은 스위프트가 자본주의 문명이 디지털 문명까지 갈 것을 그때 이미 예견했다는 것입니다. 성공의 섬 라푸타라는 과학이 고도로 발달한 나라에 가면 모든 것이 기하학적인 시스템으로 되어 있습니다. 인간은 손가락 하나 까딱 안 해도 되고, 사색만 하고 있습니다. 그러다 보니 눈이 안으로 쑥 들어가고 하나는 위로 올라가 있습니다. 길을 가다가 친구를 만나도 대화를 못 합니다. 상대방을 못 보는 것입니다. 하인들을 고용해서 누구를 만나면 옆에서 때려주게 합니다.

요즘에도 연애하면 상대를 보지 않고 스마트폰만 보고 있잖아요. 좋은 식당에 가면 음식을 찍고 있지 상대방과 음식의 맛을 음미하지는 않죠. 좋은 경치를 봐도 마찬가지입니다. 우리는 사람을 만나는 눈을 점점 잃어버리고 있습니다. 이 책 속에는 물건 교환을 하다 보니 이젠 말로 의사소통 할 필요성이 없어져 언어를 잃어버린 내용도 나옵니다. 걸리버가 이런 것을 체험하게 됩니다. 이걸 몇 백 년 전에 예견했다는 사실이 놀라운 일입니다.

인간이 동물에게 없는 단 하나의 능력은 진리를 향해 움직인다는 것입니다.

「서유기」는 동양이 낳은 최고의 여행기입니다. 작품 전개는 중국 당나라 때 현장법사가 24살에 서안을 떠나서 19년 동안 길을 떠났던 실제 사실에 입각합니다. 그는 당나라가 국경을 봉쇄했는데도 불구하고 법을 어기고 탈출한 불법 도망자였습니다. 실크로드라고 하는 고비사막 지대에 바람이 불어 모래가 형태를 계속 바꾸어 길을 잃게 되면 죽은 사람과 동물의 뼈를 보고 길을 찾아 나섭니다. 타클라마칸이란 곳은 이름 자체가 '간 사람은 있지만 온 사람은 없다'는 뜻을 가지고 있습니다. 국경수비대에 쫓기면서 엄청난 자연과 맞서는 길을 이 청년이 갔던 것입니다. 현장법사는 당시 당나라 최고의 천재였습니다. 그는 일찍이 불교 서적을 모두 섭렵하고 인도에 가서 직접 부처님이 남긴 말씀을 듣겠다고 다짐하여 길을 떠납니다.

진리에 대한 열망이 이런 여행을 하겠다는 마음을 내게 했습니다. 이걸 로고스라고 하는데, 그게 아니면 인간은 이런 길을 가지 않습니다. 불교를 통해서 인생과 대자연의 모든 이치를 알고자 했지만 질문할 곳이 마땅히 없었기에 그것을 탐구하고자 길을 간 것입니다. 인간의 원초적 동력이라고 할 수 있는 진리에 대한 본능 때문입니다. 인간을 인간답게 만들어주는 것은 이 본능밖에 없습니다. 다른 동물도 본능을 가지고 있고 감각기관이나 생식하는 것은 오히려 동물이 더 우수합니다.

인간이 동물에게 없는 단 하나의 능력은 진리를 향해 움직인다는 것입니다. 정복자들은 약탈과 정복을 위해 끊임없이 움직였습니다. 서양에서 동양으로 모험가들이 찾아온 것도 바로 이 때문입니다. 약탈은 재물과 여자를 빼앗는 것입니다. 여성들을 약탈해야 번식할 수 있으므로 그 대상이 되었습니다. 이것이 역사에서 보는 대장정입니다. 그런데 인류 역사에는 자기를 구원하기 위한 길도 있었습니다. 그 길은 자신을 구원하는 데서 나아가 전 인류의 해방을 위한, 진리로 향하는 순례의 길이었습니다. 이슬람을 비롯해 모든 종교는 성지순례가 중요한 행사입니다. 티베트의 경우 젊은이들이 오체투지로 6개월 동안 상단지역에서 수도 라싸에 있는 성지까지 기꺼이 갑니다. 어떠한 대가나 보상도 없지만 할 수 있는 것은 자신의 생명에 대한 응답을 원하기 때문입니다. 이것이 젊음이고 에로스고 로고스인 겁니다.

현장법사는 인도에 가서 모든 불교 서적을 마스터하고 다시 중국으로 돌아와서 19년 동안 인도 불교를 중국에 알리는 번역작업을 하다가 입적합니다. 이 한 사람이 인도 사상을 중국에 연결해 준 메신저가 됐습니다. 그때부터 지금까지 중국의 수백억 인구가 불교라고 하는 매트릭스 안에서 살게 됐습니다. 이것도 문화적 유전자가 되어 우리가 불경을 안 읽어도 불교 없이는 못 사는 신체가 된 것입니다. 보통사람들도 그로 말미암아 대승불교를 통해서 구원받을 수 있다는 사실을 알게 되었습니다.

구원이라고 하는 것에는 죽음에 대한 해석이 들어가 있습니다. 죽음이 해석되면 자유로워진다는 것을 의미합니다. 그래서 살아서 행하는 보시, 정진, 불살생 등의 윤리가 나오게 되며 이것들이 문화의 패턴을 만듭니다. 현장법사가 간 길은 보통사람들이 갈 수 있는 곳이 아닙니다. 그때는 미디어가 없었기 때문에 이야기로 전해 들었습니다. 온갖 신화와 전설, 민담 등이 있었고 도깨비, 요괴 이야기도 많았습니다. 현장법사는 이야기로만 전해지는 장소를 찾아가 체험한 결과 그동안 잠자고 있던 상상력이 폭발합니다. 이것을 삼장법사가 간 길로 연결해서 「서유기」가 나오게 되었습니다.

「서유기」는 삼장법사라는 고승과 제자인 세 명의 요괴가 함께 인도로 가는 이야기입니다. 「서유기」의 주인공은 삼장법사가 아니라 손오공입니다. 삼장법사의 이야기는 부록으로 들어간 형태입니다. 전체 10권 중에서 맹활약을 하는 건 손오공입니다. 나머지는 조연이나 엑스트라에 가깝습니다. 왜 손오공이 주인공일까요? 손오공의 내력을 보면 인간의 마음 행로를 볼 수 있습니다.

　손오공은 72가지 변신술을 익히고, 영원히 죽지 않는 몸을 가지고 있으며, 여의봉은 핵탄두급 무기입니다. 공간이동을 자유롭게 하고, 어떤 적도 다 물리칠 수 있으며, 죽지 않고 자유자재로 변신할 수 있는 인간이 원하는 신체 능력을 다 가지고 있습니다. 그런 손오공이 왜 삼장법사를 따라갈까요? 삼장법사는 불교 공부를 열심히 한다는 것 외에는 아무것도 잘하는 것이 없습니다. 손오공은 모든 것을 다 가졌지만 분노 조절이 안 되는 한계를 갖고 있습니다.

　인간이 어떤 능력을 갖추고 있으면 그 능력을 쓰고자 합니다. 쓰고자 한다는 것은 그 능력을 폭력으로 쓰는 겁니다. 손오공은 지구를 구하는 것이 아니라 지구를 파괴하는 데 자신의 힘을 쓰게 됩니다. 이러한 손오공의 모습은 오늘날 우리의 모습이나 생각과 크게 다르지 않습니다. 우리는 힘과 카리스마를 가지면 저절로 평화의 사도가 될 것이라는 착각을 하고 있지요. 힘이 넘치는 사람은 힘을 다스리는 지혜를 갖지 못해 폭력 중독자가 되기 쉽습니다. 삼장법사는 그런 능력을 갖출 필요가 없습니다. 파괴력이 없으면 저절로 자비로운 신체가 되기 때문입니다. 손오공이 가진 분노를 어떻게 조절할 것인가가 구도의 가장 중요한 핵심입니다.

　저팔계는 자존심도 없고 오로지 식욕과 성욕밖에 모르며 한 끼에 몇 말씩 먹는 채식주의자입니다. 이 인물은 우리에게 '식욕과 성욕으로 대변되는 탐욕을 어떻게 벗어날 것인가'라는 구도의 과제를 던져줍니다. 사오정은 자기가 누구이며 왜 여기 있는지조차 모르고 배고프면 사람을 잡아먹고 자책하는 어리석음과 멍청함의 대명사로 등장합니다. 손오공과 저팔계, 사오정이 가진 한계를 합쳐 탐진치라고 합니다.

불교는 인간이 자유롭고 해방되기 위해서는 타고난 탐욕과 분노와 어리석음에서 벗어나야 한다고 말합니다. 손오공은 인간이 가질 수 있는 모든 능력을 갖고 있지만 해방되지 않습니다. 이게 핵심입니다. 우리는 힘의 크기만큼의 자비를 갖지 못합니다. 그래서 모든 혁명가와 정치가가 권력을 향해 싸울 때는 순결하지만 권력을 가진 다음에는 순식간에 독재자로 바뀌게 되는 겁니다.

남녀관계는 대부분 권력관계입니다. 평등하지 않습니다. 더 사랑하면 약자인 을이 되기 쉽기 때문에 여성들은 덜 사랑하는 척하려고 애를 쓰고, 남성들은 엄청 사랑한다고 엎어지는데 사실은 언제든 튈 수 있는 자세를 가지고 있습니다. 남녀 간의 짝짓기는 저팔계가 대변합니다. 어떤 짝짓기도 저팔계의 식욕과 성욕의 범위에서 벗어나지 못합니다. 여기에서 자유로울 수 있는가는 매우 중요한 문제입니다. 자기가 누군지도 모르는데 해방될 길은 없습니다. 멍청하고 어리석다고 해서 약하거나 비련의 주인공이 되는 것은 아닙니다. 그것도 게으름과 탐욕의 화신인 거죠. 저팔계처럼 미친 듯이 먹어대는 것이 아니라 게으른 상태로 나타나는 것뿐입니다.

탐진치는 물질적인 부와 제도로는 벗어날 수 없습니다. 개인들의 자각과 실천, 결단이 필요합니다. 그래서 손오공, 저팔계, 사오정 등이 삼장법사와 함께 길을 떠납니다. 손오공같이 대단한 존재는 10만 8천 리를 하루에 50번 왔다 갔다 할 수 있지만 삼장법사의 속도로 온갖 요괴를 처치하며 따라갑니다.

이들에게 공부는 108 요괴와 만나 싸우는 과정에서 자신의 탐욕과 분노와 어리석음이 가벼워지고, 81난을 겪으면서 존재의 참을 수 없는 무거움이 하나씩 덜어지는 것입니다. 그럴 때 비로소 육신의 껍데기를 벗을 수 있습니다. 이것이 해탈입니다. 해탈은 육신이 주는 너무도 지독한 탐진치를 벗어나는 것입니다. 절대 아름답고 편안한 곳에서는 탐진치가 종식되지 않기에 모험을 끊임없이 해야 합니다.

「서유기」는 인간이 길 위에 왜 나서야 하는가를 잘 보여 줍니다. 인생이란 탐진치로부터의 자유입니다. 길에 나서서 자신을 탐진치에서 해방할 수 있어야 합니다. 수많은 요괴와 중생을 만나고 타자를 만나는 것은 탐진치에서 벗어나는 과정입니다. 그래서 누구와도 교감이 되는 신체가 될 때, 그것이 바로 불교에서 이야기하는 자비입니다. 자비의 자慈는 기쁨을 나눌 수 있는 능력, 비悲는 슬픔을 주고받을 수 있는 능력입니다.

인간은 태어날 때 몸을 갖고 태어나서 에로스와 로고스적인 생명의 에너지를 품고 백 년 안 되는 길을 걸어갑니다. 몸에서 해방되는 게 구도라면, 몸을 가짐으로써 불가피하게 내재할 수밖에 없는 욕망과 분노와 어리석음이라는 감옥으로부터 자유로워지는 것, 이것이 인생이라는 길입니다. 카잔차키스의 묘비명처럼 '두려움과 소유로부터 또는 두려움과 어떤 것에 대한 갈증으로부터의 해방, 자유' 그것이 많은 사람을 길 위에 나서게 하고 거기에서 얻은 상상력과 서사를 가지고 쓴 고전이 로드 클래식이 아닌가 생각합니다.

묻고 답하기

'길에서 길 찾기'라는 주제에서 전자의 길은 고전이 보여준 길, 후자의 길은 고전을 통해 내가 가야할 길인 것 같습니다.「열하일기」를 통해 어떤 길을 보았고 무엇을 찾으셨나요?

'길 위에서 길 찾기'는 진짜 길을 가야지만 올바른 인생의 길을 갈 수 있다는 것입니다.「열하일기」는 18세기 명문가에서 태어난 남자가 과거를 보지 않고 자유로운 백수 혹은 프리랜서로 살다가 중국을 다녀온 여행기입니다. 중년 남자가 길 위에 존재하는 모든 것들과 교감하는 능력을 보여줍니다. 살아보면 이게 쉽지 않은 일임을 알 수 있습니다. 말도 잘 못 하는데 어떻게 중국인들과 친구가 될 수 있었을까요. 박지원은 공부를 많이 해서 중국 역사를 잘 알고 있습니다. 그러면서도 그 지식으로 자기를 내세우지 않고 하인들을 비롯해 계층이 다른 존재들과 즐겁게 여행하는 지식의 향연을 펼칩니다. 문명 탐사를 하고 하룻밤에 아홉 번 강을 건널 때는 생사가 오가는 여정을 하게 됩니다. 이 과정에서 자기 안에 있는 삶에 대한 애착을 내려놓으면 죽음에 대한 공포에서 벗어날 수 있다는 도를 깨닫습니다.

또한 지성이라는 게 얼마나 유연하게 자유자재로 변형되는지를 보여줍니다. 사람을 만날 때는 우정으로, 밤새 이야기를 나눌 때는 지성의 향연으로, 길을 왔다 갔다 할 땐 죽음의 경계를 넘어가는 도의 힘으로 발현되지요. 수레나 건물 같은 중국 문명을 보면서 조선 문명과 근본적으로 어떤 차이가 있는지 알게 되어 첨단 지식으로도 지성은 뻗어갑니다. 이렇게 자유자재로 변형되는 글쓰기와 신체성이 감동적이었습니다.

우리는 살면서 그런 것을 공부하거나 설정 자체를 하지 않습니다. 공부를 많이 하면 내 이력서가 화려한 것이 되지, 지식을 사람들과 일상에서 유쾌하게 나누는 기술로 쓰지는 않습니다. 새로운 걸 배워서 얻은 지적인 환희를 가족이나 애인과 나눈 적이 있습니까? 보통 내가 아무리 대단한 걸 깨달아도 잘 나누진 않습니다. 이렇게 되면 신체와 마음이 축소됩니다. 우리는 그걸 너무 당연하게 생각하며 살아가는데 「열하일기」를 보면서 그렇지 않은 삶과 길이 있다는 것을 깨닫게 됐습니다.

길 밖으로 계속 나가서 겪어보고 느껴봐야 한다고 하셨습니다. 혼자 자기에 대해 생각해보거나 집 안에서 성찰하는 것은 필요 없는지 궁금합니다.

집 안에 있든지 길바닥에 있든지 문제가 안 됩니다. 공간의 문제가 아닙니다. 길에 나선다는 것은 일단 타인의 시선에 갇힌 내가 아니라 나의 본연의 모습과 만난다는 뜻이기도 합니다. 성찰하고 사유하는 것은 나를 새롭게 만나는 것입니다. 이런 게 가능하면 길입니다. 자기와 대화하는 시간도 필요합니다. 그렇지만 그것이 외부의 시선에 의해 해석된 것이라면 어떤 점에서 사실 자기를 들볶는 것입니다.

꿈이나 열정을 갖고 다짐하는 것이 때로는 남들이 설명해놓은 매뉴얼일 수 있습니다. 그런 매뉴얼만 갖고 있다면 그 길을 가지 못하게 되었을 땐 어떻게 살 수 있을까요? 뜻대로 되지 않았을 때, 매일 나를 위로해도 그 순간까진 위로가 되는데 계속 안 된다면 어떻게 살 것인가요? 사실 그 다음엔 길이 뚝 끊깁니다. 이런 것들에서 벗어나 있는 자신과 만나는 것은 혼자서 되지 않습니다. 그래서 길 위의 시간이 필요합니다.

제갈량처럼 초막에 앉아 천 리 밖을 보는 사람도 있었습니다. 생명과 우주의 이치를 깨달으면 굳이 나가서 많은 경험을 하지 않아도 꿰뚫어 볼 수 있습니다. 제갈공명이 유비 때문에 집 밖으로 나왔을 때, 사람의 심리를 알고 동남풍이 불지 안 불지도 압니다. 안다는 건 사람을 이해하느냐 자연의 순환을 이해하느냐, 사회 구조를 알고 있느냐 입니다. 공간적으로 여행하고 안 하고의 문제는 아니지만 집처럼 매일 있는 공간에선 잘 안 됩니다. 공자도 왜 고향인 노나라를 나왔겠습니까. 초등학교 동창부터 동네 사람을 다 알고 사돈의 팔촌까지 연결된 고향을 왜 떠나야 했을까요. 새로운 사유의 지도가 그려지지 않기 때문입니다. 익숙한 곳에서도 할 수 있지만 어렵습니다.

배운다는 건 집을 나오고 고향과 자기 나라를 떠나는 것입니다. 경제가 어려워도 해외여행을 하는데 돈을 아끼지 않습니다. 우리나라도 관광객을 잡기 위해 전력을 기울이고 있습니다. 그러면 이 세계는 떠도는 사람만 있게 되고 앞으로는 관광 산업만 남을 것입니다. 어디론가 가고 오고 하지만 상품을 따라 움직이면 집에 있는 것보다 더 나쁩니다. 상품은 딱 정해져 있으니까요. 이제 길은 단지 고향을 떠나거나 유학을 떠난다고 해결되지 않습니다. 주어진 코스로부터 벗어날 수 있는가의 문제입니다. 다른 사유의 지도를 그려야 길이라고 할 수 있습니다. 그러면 자신의 인생을 만날 수 있습니다.

길에 나서서 낯선 사람과 부딪혀야 내가 누군지 압니다. 요즘 사람들은 사오정보다 내가 누군지 모릅니다. 자기가 뭘 할 수 있는 존재이고 어떤 캐릭터인지 모릅니다. 가장 낯선 존재가 자기입니다. 나를 알려면 타자라는 거울이 필요합니다. 연애는 가장 정확한 타자를 만나는 것이며, 생활하는 것이 모두 다른 존재를 온몸으로 받아들이려고 하는 것입니다. 이걸 이미지나 쾌락으로 적당히 해버리면 자신이 누군지 모릅니다. 이렇게 연애를 하면 연애를 많이 해도 그건 레저 활동이 됩니다. 여행도 마찬가지입니다. 삶으로서의 여행은 구도라는 게 전제되어야 합니다. 인생에 대한 뭔가를 깨우치기 위해 배우러 갑니다. 이게 있어야만 타자 혹은 스승을 만나게 되겠죠. 요괴를 만나든 뭘 만나든 자신을 비춰주는 것을 만나야 합니다.

정리하면, 공간이 중요한 건 아닌데 공간의 제약을 받기 때문에 집에서 길로 나서야 합니다. 전 세계인이 떠돌아다니면 집이라는 건 진짜 허클베리 핀이 살았듯이 대충 통나무집에 살아도 될지 모릅니다. 집을 멋지게 꾸며놓으면 집이 너무 좋아서 나오지 못합니다. 나오지 못하면 감옥이 됩니다. 집 관리자로 살 것인가요? 집에 많이 투자할 필요가 없습니다. 차도 필요 없습니다. 무인 자동차가 생기면 차를 대여해서 이용하면 되지 소유할 필요가 없습니다. 문명은 소유를 불필요하게 만드는 쪽으로 가고 있습니다. 이렇게 할 때 청춘은 훨씬 자유로워집니다.

예전엔 책과 사전을 많이들 갖고 다녔는데 이제는 스마트폰 하나면 됩니다. 왜 그렇게 무겁게 삽니까? 왜 자기에게 필요하지 않은 것을 지고 다닙니까? 필요 없는 상품을 갖기 위해 왜 그렇게 자기 청춘을 소진하고 있는지 안타깝습니다. 지금은 노마드의 시대입니다. 노마드는 말안장 위에 봇짐 하나만 있으면 그 안에 다 들어갑니다. 옛날에 기술이 없을 때도 그 안에 사계절이 다 들어갔습니다. 지금은 스마트폰이 있는데 왜 이렇게 무거워야 합니까? 이것이 바로 길의 사유입니다. 그래서 집에서 길로 사유의 전환이 필요합니다.

『그리스인 조르바』에 대한 내용 중 조르바가 버찌를 최대한 많이 먹고 토한 다음에야 버찌에서 벗어났다는 내용이 있었습니다. 그건 충동으로부터의 자유라고도 볼 수 있지만 충동을 이기지 못한 것으로도 볼 수 있을 것 같습니다. 진정 충동에서 벗어난 것으로 생각하십니까?

조르바가 젊었을 때, 통제 안 되는 힘들이 자신을 지배하는 것을 못 견뎌했다는 게 중요합니다. 자신을 들뜨게 하는 것을 용납하면 안 됩니다. 왜 자신이 제어할 수 없는 힘들이 자라고 있는지 생각해봐야 합니다. 술을 굳이 끊을 필요가 없습니다. 먹고 싶을 때 먹고 그렇지 않으면 안 먹으면 되는데 무엇하러 술을 끊습니까. 왜 우리가 쓸데없이 계율을 만들어 금욕해야 합니까. 나에게 필요할 땐 하고 필요하지 않을 땐 안 하면 됩니다. 성도 연애도 다 마찬가지입니다. 교회에 가서 맹세하고 신의 도움으로 순결을 지키는데 무엇 때문에 이렇게 합니까.

조르바는 버찌를 목젖이 터지도록 먹으려 그런 상황에 대결한 했습니다. 그 후 버찌를 안 먹어야겠다는 생각을 할 필요도 없어진 것이고 해방된 것입니다. 버찌가 줄 수 있는 쾌감의 끝을 보았습니다. 자신이 어디에 막 쏠릴 때, 그 쾌감이 줄 수 있는 끝과 대결해 보아야겠다는 자세가 필요합니다. 쇼핑의 끝을 보겠다고 하면 파산해 보면 됩니다. 파산하면 싹 씻어 버려야 합니다. 그러면 그 파산은 값진 것이 됩니다. 보통은 그걸 잘 못하고 계속 남은 뭔가가 더 있을 것이라고 생각합니다. 하지만 실제로는 아무것도 없습니다.

술을 못 끊겠다면 술을 먹고 죽음 직전까지 가보세요. 그 지경이 되면 내 몸이 선택합니다. 보통 여기까지 갈 용기가 없습니다. 술을 먹으면 계속 망가지고 엉뚱한 짓을 하는 나를 용서하면 안 됩니다. 내 안의 탐욕이 내 삶인가를 생각해봐야 합니다. 이런 건 극단적인 예이고, 버찌 같은 것은 나이가 들면 사라집니다. 어렸을 땐 미친 듯이 탐했는데 나이가 들면 사라진 것들이 많습니다. 지금 나를 미치게 하는 것도 시간과 함께 허무하게 사라집니다.

길을 나서서 새로운 길을 봐도 어쩔 수 없이 돈을 생각하지 않을 수 없고 시간도 문제입니다. 경험하고 싶어도 현실적인 문제로 할 수조차 없는 사람도 많습니다. 그런 이들에게 어떤 말씀을 해주고 싶으신지요?

인류가 사회를 형성한 이후에 현실이 암담하다, 기성세대가 너무 억압적이라고 말하지 않았던 시대가 한 번이라도 있었습니까? 영화 <국제시장>의 시대, 80년대의 맨날 돌 던지고 최루탄 던지던 시대에는 현실이 없었겠습니까? 여러분만 힘듭니까? 「서유기」의 인물들은 108 요괴를 만나러 가고 있습니다. 호감은 커녕 보기만 해도 기절초풍할 인물들입니다. 누구의 호의도 받지 않고 108요괴와 81난을 겪으러 가는 게 인생입니다. 태어난 자체만으로 충분한 행복을 받았습니다. 이제 자신이 알아서 탐진치를 벗어나야 합니다. 돈이 있으면 현실이 사라집니까? 누가 돈을 줘서 어디를 갔다 오면 길이 열립니까? 장학금을 받아 유학을 가면 인생을 알 수 있습니까?

자율성과 능동성이 있어야 합니다. 자율적으로 능동적으로 움직일 수 있고 그렇게 탐구할 수 있는 길을 달라고 요구해야 기성세대와 대결이 됩니다. 이것도 하고 싶고 저것도 하고 싶으니 하게 해달라고 하는 건 돈을 달라는 얘기입니다. 그 돈이 도대체 어떤 자유를 주겠습니까. 기성세대와 당당하게 대결해야 합니다.

현실이 암담하다고 할 때, 어떤 것이 해결되면 자율적이고 능동적인 주체가 될 수 있는지를 스스로 질문해야 합니다. 현실이 문제라고 하면 움직이지 않겠다는 것입니다. 나는 가만히 시키는 대로 할 테니 내가 원하는 상품을 달라고 하면 절대 새로운 생명을 낳지 못합니다. 새로운 생명은 낯선 것과 부딪혀서 자신의 힘으로 확보한 공간에서 만들어집니다.

부모와 기성세대가 만들어 놓은 틀에서 무엇을 해달라고 한다면 어떻게 보면 길에 나가기 싫은 것입니다. 그게 젊은 세대의 비극입니다. 왜냐하면 너무 편하기 때문입니다. 마음 안에 엄청난 매뉴얼이 자리잡고 있는데 무력한 안온함으로는 이것을 다 채울 수가 없습니다. 만들어진 세계는 한정적인데 그 빈자리를 채우는 것이 꿈이고 희망이라고 합니다. 그래서 신체가 점점 무력해지는 겁니다. 저는 이걸 동의보감과 의학을 배우며 알게 됐습니다. 상처 받고 힘들다고 느끼는 건 심리의 문제가 아니라, 신체의 문제이므로 신체 안에 있는 잠재력을 끌어내야 합니다.

편한 공간에서는 자신이 무엇을 할 수 있는지 모릅니다. 길에 나서 봐야 압니다. 손오공, 저팔계도 때려 부수는 것만 할 줄 알았지 자신들이 진정 뭘 할 수 있는지 몰랐습니다. 나중에 보니까 자신이 사람을 구할 수도 있고 진리를 터득할 수 있다는 것을 안 것입니다. 그러므로 왜 대학은 이런 걸 문화적으로 북돋워 주지 않을까? 이런 질문이 생겨야지 이것도 하고 싶고, 저것도 하고 싶은데 어떻게 해야 해? 라고 물으면 답이 없습니다.

제가 20대 백수일 때는 저만 백수였습니다. 그 시대에는 대학 나오면 다 취직하는데 저는 백수였습니다. 대학에 가는 사람이 극소수였던 시대에 4년제 대학을 나와서 취업을 못 하는 것이 부모님에게 얼마나 미안했겠습니까. 지금은 다 청년 백수입니다. 이 시대가 그렇게 일자리를 못 만들어내면 무엇을 해야 하겠습니까. 그야말로 이제는 지성을 연마하면 됩니다. 저희 때는 취업을 하지 못하면 굶는 게 현실이었지만 여러분은 안 굶습니다.

옛날 유럽의 어떤 사회학자가 "지금 유럽의 청년 백수도 프랑스 루이 16세보다 더 물질적으로 풍요를 누린다."고 했습니다. 여러분, 겨울 추위에 떨어봤습니까? 살 뺄 때 말고 굶주려 본 사람은 적습니다. 여러분은 여러분 시대의 현실을 통과해야 합니다. 누가 대신해 주겠습니까. 그전 시대 사람들은 추웠고 굶주렸고 그 현실을 뚫느라 정신이 없었습니다. 그러다 기성세대가 되니까 청년 세대가 왜 괴로운지 모릅니다. 이것 또한 여러분이 처해 있는 조건이므로 원망해봐야 소용없습니다. 왜 기성세대는 그따위 생각밖에 못 하느냐며 대결하십시오.

저는 솔직히 항상 길 위에 있었기 때문에 왜 길이 두려운지 이해가 되지 않습니다. 정규직으로 들어가 몇 십 년 동안 임금 노예로 사는 것이 왜 더 좋은지 모르겠습니다. 로드 클래식을 읽다 보면 인간이 원하는 삶이 원래 이런 것이었다는 사실을 만날 수 있어 반갑습니다. 그러니 전 세계 오대양 육대주에서 로드 클래식이 나왔겠지요. 우리는 지금도 열심히 그들의 이야기를 읽고 보고 있습니다. 「돈키호테」의 이야기가 일 년에 몇 번씩 뮤지컬로 만들어지고 「신서유기」는 예능 프로그램으로도 나옵니다. 왜 아직도 고전을 이렇게 사랑하겠습니까. 정규직이 그렇게 중요하면 정규직으로 성공한 사람의 이야기를 서로 회자해야 하는 것 아닐까요.

박홍규

영남대학교 법학과와 동대학원을 졸업하고 일본 오사카 시립대학교에서 법학 박사 학위를 받았다. 하버드대학교, 노팅엄대학교, 프랑크푸르트대학교에서 연구하고, 오사카대학교, 고베대학교, 리츠메이칸대학교 등에서 강의했다. 현재 영남대학교 교양학부 교수로 재직 중이다. 『법은 무죄인가』로 한국백상출판문화상을 받았다. 주요 저서로 『내 친구 빈센트』, 『자유인 루쉰』, 『꽃으로도 아이를 때리지 마라』, 『조지 오웰』, 『아나키즘 이야기』, 『자유란 무엇인가』, 『절망 속에서도 희망을』, 『함석헌과 간디』 등이 있다.

우리는 여행을 통해 자신을 본다

여러분 체 게바라를 아십니까? 생각하기 나름이지만 그는 위험한 혁명가이기도 합니다. 요즘은 청춘의 아이콘처럼 체 게바라 셔츠를 입고 다니는 학생들도 있습니다. 게바라는 이런 이야기를 했습니다. "청춘은 여행이다. 찢어진 주머니에 두 손을 내리꽂은 채 그저 길을 떠나도 좋은 것이다." 체 게바라는 평생 여행을 한 사람이었습니다. 혼자서 외롭고 씩씩하게 여행을 떠나는 것, 그게 청춘이라고 체 게바라는 이야기합니다. 그가 쓴 여행일기를 바탕으로 만든 <모터사이클 다이어리>라는 영화가 있습니다.

체 게바라는 여러분보다 훨씬 연배가 높고 살아 있었으면 100살이 넘었을 것입니다. 그는 젊어서 혁명가로 죽었습니다. 원래는 아르헨티나의 의과대학 출신이었습니다. 대학 재학 중에 모터사이클을 타고 친구와 둘이서 불현 듯 아무런 계획 없이 여행을 떠납니다. 이 여행 전만 해도 체 게바라에게는 자신이 세상을 바꾸기 위해 혁명가로 살아야겠다고 결심을 한 적이 없었습니다. 친구와 같이 오토바이를 타고 남아메리카 전역을 누비면서 가난하고 병든 사람, 학대받는 사람을 보았고 동네 동네를 다니며 평생 자신이 해야 할 일을 자각하였습니다. 그리고 자신이 사랑해야 할 수 많은 이웃에 대해 사랑과 공감을 갖게 됩니다. 그의 인생행로를 결정한 게 여행입니다. 여러분도 여행을 통해 체 게바라와 같은 경험을 하기를 바랍니다.

쿠바에 있는 혁명광장에는 체 게바라의 거대한 네온사인 상이 있습니다. 밤이면 환하게 불이 밝혀집니다. 저는 그가 살았고 여행했던 곳을 찾아 쿠바와 멕시코 남미를 한 달 정도 여행한 적이 있습니다. 체 게바라는 친구와 함께 스물세 살 때 라틴아메리카를 무려 9개월 동안 여행했습니다. 여행하며 쓴 일기가 바로 체 게바라의 『라틴 여행 일기』입니다. 이 여행이 그가 세상의 가난한 사람들에 대해 눈을 뜨고 의사를 넘어 혁명가가 되는 계기가 됐습니다. 체 게바라는 이렇게 이야기합니다. "우리는 여행을 통해 자신을 본다. 세상과 마주 서는 법을 배우려는 자신을, 두려움을 떨쳐 버리기 위해 눈을 부릅뜨는 자신을, 세상과 마주하며 세상의 풍경을 자신의 가슴에 담아내려는 자신을." 여러분도 이런 자신을 바라보는 계기로 여행을 즐기시길 바랍니다. 세상을 봐야만 여러분 자신을 알 수가 있습니다.

고대 그리스의 유명한 철학자 소크라테스는 너 자신을 알라고 했습니다. 이것을 보통 철학의 시작이라고 합니다. 자신을 아는 방법에는 여러 가지가 있지만 가장 좋은 것이 여행입니다. 여행을 통해 타인과 만나고 남을 거울로 삼아 자신을 새롭게 발견하기도 합니다. 자신의 조국이나 남의 나라를 여행하면서 그 속에서 자신을 발견하는 것, 이게 대단히 중요한 자기발견의 방법입니다. 체 게바라도 그런 각성에 의해서 여행을 젊은 나이에 시작했고 그 여행이 자기의 생에 가장 중요한 계기가 됐다고 합니다. 모두가 체 게바라처럼 혁명가가 될 필요는 없습니다. 그러나 자신을 혁명하고 세상을 바꾸어 가기 위해서는, 변화를 주도할 수 있는 청춘이 되어야합니다. 그런 계기가 여행을 통해서 이뤄진다는 것을 우리는 게바라를 통해 알 수 있습니다.

최재목 교수가 쓴 여행기에 이런 말이 나옵니다. "유능력遊能力이 유능력有能力이다." 앞의 유자가 놀 유遊입니다. 노는 능력이란 말에는 여행까지 포함되어 있습니다. 즐겁게 놀이할 수 있는 능력이 있는 것이라는 의미로 쓰신 것 같습니다. 문장 몇 가지를 인용해보겠습니다. "삶은 노는 것이어야 하며, 노는 것이 바로 공부여야 한다." 보통 공부와 노는 것을 반대로 생각해 "놀지 말고 공부해!"라는 말을 많이 하죠. 노는 것이 공부하는 것이고 삶이라는 말에 담긴 의미를 생각해 보아야 합니다.

"노는 방법 중에 여행만큼 좋은 것이 없다. 여행은 사고의 근육을 키워주고, 영혼에 영양을 공급해준다. 지쳐있는, 때론 무기력한 우리 지식 노동자들에게 여행은 바깥의 수많은 사람과 사물과 풍경을 만나게 하면서 왜 내가 현재의 온갖 흔들림, 비틀거림을 넘고 넘어 당당히 살아야 하는지 온몸으로 느끼게 해준다. 이렇게 삶의 의미를 일깨워주고 전망을 열어주는 것으로 여행만한 것이 없다." 유럽여행을 계획하거나, 여행이 무엇인지 알고 싶다면 한번 읽어보세요. 흔하게 접하는 여행안내서와는 전혀 다른 책입니다. 그야말로 철학적으로 어떻게 여행을 하는가를 알 수 있습니다. 여행을 하면서 무슨 철학까지 하느냐고 하겠지만, 대단히 여유 있고 그러면서 일상의 놀이 속에서 삶의 진실을 찾을 수 있는 것이 진짜 여행입니다.

인간은 여행하는 존재다.

　　호모사피엔스, 인간은 생각하는 동물이다, 호모 루덴스, 인간은 놀이하는 동물이다 등 인간에 대한 여러 가지 정의가 있습니다. '인간은 여행하는 존재다'라는 정의도 괜찮은 정의인 것 같습니다. 인간은 여러 가지 DNA를 갖고 있지만 여행의 DNA를 갖고 있습니다. 여행은 인간이 지닌 가장 본연의 모습이고 본능적인 것이 아닐까요. 그냥 막연히 떠나고 싶다, 벗어나고 싶다, 여기서 나가고 싶다 이런 마음이나 느낌이 들 때가 있죠. 지긋지긋한 일상, 하루하루를 좀 벗어나고 싶은 욕망 같은 걸 가질 때가 있을 것입니다. 이게 다 DNA에서 나오는 우리들 본연의 자세라고 생각합니다.

　　떠나는 것이 본능이고 이 본능에 충실하는 것이 우리들이 삶을 가장 충실하게 살아가는 길이 아닐까요? 우리는 항상 떠날 수는 없습니다. 떠나고 싶은 욕망이 있지만 현실이라는 일상 속에서 생활해야 합니다. 떠나는 DNA의 발효가 없는 삶은 항상 잠겨버리고 썩어버립니다. 마치 흐르지 않는 물처럼 말이죠. 물이 흘러야만 청정하듯이 여행은 우리를 청량하고 새롭게 만들어주는 계기가 됩니다.

　　인류의 역사를 살펴보더라도, 무려 16만 년 전부터 인간은 여행하는 존재였습니다. 세계사 시간에 인류의 출발이 수렵채취에서 비롯되었다는 사실을 다 배웠습니다. 우리는 만주벌판을 말 달렸던 유목민의 후손이기에 마음속에 떠나는 DNA가 있습니다. 숨길 필요가 없는 우리 본연의 모습입니다. 인간이 한군데 몸을 두고 이른바 정착생활을 한 것은 인류역사 가운데 일만 년이 채 안됩니다. 한반도에 우리 조상이 처음 정착한 것도 오천 년 역사밖에 되지 않습니다. 보통 단군 이래 오천 년 역사라고 하는데 그것은 정착생활의 역사입니다. 사실 단군보다 훨씬 더 전에 우리의 조상들이 이 땅에서 유목하고 여행하며 살았습니다. 그래서 우리 몸속에는 여행의 DNA가 있습니다.

　우리 민족이 정착생활을 했다고 하는 오천 년 전부터 선조들은 여행을 특히 좋아했습니다. 선비의 덕목이 여러 가지가 있는데 그 가운데 하나가 여행입니다. 옛날 우리나라 선비들은 삼천리 방방곡곡을 다니며 여행을 많이 했습니다. 여행기와 그림을 남긴 경우도 많고 여행의 꿈, 즐거움을 항상 만끽하기 위해 사랑방이나 서재에 산수화를 그려놓고 즐겼습니다. 산수화라고 하는 동양회화의 전통은 여행의 DNA를 가졌던 선비들이 여행을 하지 못한 아쉬움에서부터 발전합니다. 사랑방이나 서재에서 여행의 즐거움을 회상하거나 여행의 기쁨을 새롭게 누리면서 선비로서의 자기수양의 방법으로 산수화를 그렸고 감상했습니다. 산수화의 의미가 여행에 있었다는 사실을 깨닫기 바랍니다. 옛날 중국에는 '독만권서 행만리로讀萬卷書 行萬里路'라는 말이 있었습니다. 만권의 책을 읽고 만 리의 길을 가라는 말인데요. 책은 만 리의 길을 가는 여행입니다. 책과 길은 통하는 이야기입니다.

　우리가 여행에 대해 이야기하는 것은 선비로서의 여행, 지식인으로서의 여행, 창조적 여행입니다. 여행에 자꾸 의미부여를 하는 것이 성가실지도 모르지만 여행에 대해 사색하고 여행을 창조적 행위의 하나로 볼 필요가 있습니다. "여행은 창조적 행위다. 이리저리 배회하며 영혼을 일깨우는데 그치지 않고, 상상력을 키워가고, 새로이 만난 경이로운 세계를 눈에 넣고 기억하며, 끊임없이 움직이는 행위이기 때문이다.

겉으로는 거저 빽빽할 뿐 아무런 특색이 없는 경치라도 끈기 있게 살펴보면 놀라운 것이 있기 마련이다. 설령 나중에 불쾌감을 주는 것이라도." 폴 서로우라는 미국의 유명한 여행가가 한 말입니다.

제가 참 좋아하는 화가 빈센트 반 고흐는 자화상을 많이 남겼습니다. 그릴 대상이 되는 모델을 사야하는데 너무 가난한 화가여서 모델료가 없었기 때문입니다. 돈을 주고 모델을 살 수는 없었기에 이웃사람들, 농민들에게 부탁을 해서 그들을 모델로 삼아 그림을 그립니다. 시골에 있는 농민들은 평생 햇빛 밑에서 일만해서 얼굴이 탔겠죠? 그의 일기책에 보면 이 사람들이 아무리 못생겼고 바보천치 같은 내 이웃사람이라도 그 사람을 그리겠다고 생각하고 5분만 지긋이 쳐다보면 세상에서 그렇게 잘생기고 아름다운 얼굴이 눈앞에 보였다고 이야기합니다. 아무리 못생긴 사람도 5분만 열심히 쳐다보면 예뻐 보인다는 것입니다. 유럽을 여행하거나 촬영한 사진을 보면 서양은 대단히 아름답게 보여지지만 우리 주변의 풍경은 아름답게 보여지지 않을 때가 있습니다. 자연도, 건물도 그렇고 심지어 사람도 마찬가지입니다. 사실 타고난 본래 자기 얼굴이 가장 아름다운 법입니다. 그 얼굴들을 바라볼 수 있는 마음의 여유와 관심을 갖지 않았기 때문에 이웃과 주위의 풍경이 그렇게 아름답게 보이지 않는 것입니다.

폴 서로우의 말처럼, "겉으로는 거저 빽빽할 뿐 아무런 특색이 없는 경치라도 끈기 있게 살펴보면 놀라운 것이 있기 마련입니다." 이게 여행이 주는 즐거움입니다. 삶의 구석구석에서 사람들과 만나고 교감하는 것도 마찬가지입니다. 그렇게 해야만 창조적인 만남, 창조적인 여행, 창조적인 삶이 가능합니다.

여행의 진정한 의미

영국의 유명한 경험주의 철학자 베이컨이 이런 이야기를 했습니다. "여행이란 젊은이들에게는 교육의 일부이며 연장자들에게는 경험의 일부이다." 여행이 교육의 하나라는 것이죠. 안데르센은 "여행은 정신을 다시 젊어지게 하는 샘이다."라고 했습니다. 대니얼 드레이크는 "여행은 모든 세대를 통틀어 가장 잘 알려진 예방약이자 치료제이며 동시에 회복제이다."라고 했습니다. 만능약이라는 겁니다. 인생이 괴로울 때, 아플 때, 슬플 때, 고통이 있을 때는 언제든 여행으로 해결할 수 있다는 지혜를 말해주고 있습니다.

바그너는 "여행과 변화를 사랑하는 사람은 생명을 가진 사람이다."고 했습니다. 여행이 모든 생명력의 근원이라는 것입니다. 독일의 소설가 헤르만 헤세는 "여행을 떠날 각오가 되어 있는 사람만이 자기를 묶고 있는 속박에서 벗어날 수 있다."고 했습니다. 일본의 이노우에 히로유키는 "익숙한 삶에서 벗어나 현지인들과 만나는 여행은 생각의 근육을 단련하는 법이다."라고 했습니다.

이슬람의 유명한 시인 잘랄루딘 루미는 "여행은 힘과 사랑을 그대에게 돌려준다. 어디든 갈 곳이 없다면 마음의 길을 따라 걸어가 보라. 그 길은 빛이 쏟아지는 통로처럼 걸음마다 변화하는 세계이며 그곳을 여행할 때 그것도 변화하리라."라고 했고 파울로 코엘료는 "여행은 언제나 돈의 문제가 아니고 용기의 문제다."라고 했습니다. 돈이 없어서 여행을 못 떠난다는 건 사실이 아닙니다.

저는 유럽여행을 자주 가는데 한 달 유럽여행을 비행기 값과 기본적인 모든 걸 포함해서 2백만 원으로 다녀왔습니다. 물론 주변에서는 그게 고행이지 여행이냐고 합니다만 먹고 놀자고 다니는 것은 여행이 아닙니다. 고행처럼 한 여행이 의미가 있습니다. 따라서 여행은 돈의 문제가 아니라 용기의 문제입니다. 항상 언제든지 시간이 있으면 여행할 용기를 갖기 바랍니다. 스티브 잡스는 "여행은 그 자체로 보상이다."라고 했습니다. 여행은 그 자체가 값이고 가치라는 것입니다. 에베레스트 등정을 비롯해 세계 여러 곳곳을 여러 여행을 한 피코 아이어는 "여행은 각지에서 인류애를 되살리고, 추상적인 이데올로기의 덫에서 구해 낼 수 있는 최상의 방법이다."고 했습니다.

젊을 때는 이데올로기라고 하는 추상적인 관념에 젖기 쉽습니다. 그것을 극복할 수 있는 방법이 여행입니다. 추상적인 이론이나 관념에서 벗어나서 보다 넓고 깊은 생각을 갖게 되는 계기가 여행이라는 것은 직접 해봐야 알게 됩니다. 중세의 유명한 철학자 아우구스티누스 "세계는 한권의 책이다. 여행하지 않는 사람은 그 책의 한 페이지만 읽는 것과 같다."라고 했습니다. 앞에서 '독만권서 행만리로讀萬卷書 行萬里路'라는 말을 했는데, 동양과 서양이 통하는 부분이 있는 것 같습니다. 근대의 유명한 인문학자 토마스 폴러는 "바보는 방황을 하고 현명한 사람은 여행을 한다."고 했습니다. 방황이란 게 반드시 불필요하고 의미 없는 것은 아니지만 어쨌거나 방황이나 여행이나 통하는 것인데 폴러가 말하는 것은 의미 없는 방황이겠죠.

미리엄 브래드는 "여행은 경치를 보는 것 이상이다. 여행은 깊고 변함없이 흘러가는 생활에 대한 생각의 변화이다."라고 했습니다. 마르셀 푸르스트는 "진정한 여행이란 새로운 풍경을 바라보는 것이 아니라 새로운 눈을 가지는데 있다."고 했습니다.

여행과 관광은 어떻게 다른가

여행을 해야 하지 관광을 해서는 안 된다는 사실을 당부하고 싶습니다. 관광여행이라는 말이 있습니다만 관광과 여행은 구별해야 합니다. 여행이란 내가 자유롭게 떠나서 처음부터 끝까지 자유를 누리는 것이고, 관광은 상품화된, 돈을 주고 깃발 든 가이드를 따라다니는 것입니다. 젊은이들은 절대 관광을 하면 안 됩니다. 나이가 들어서 다리가 아프고 여행은 하고 싶을 때는 관광을 해야 할지도 모르지만 젊을 때 그렇게 해서는 안 됩니다.

여행은 이해하며 보는 것이고 관광은 그냥 보는 것입니다. 여행은 풍경이나 자연을 자기 나름대로 이해하고 교감하면서 보는 것입니다. 그러나 관광은 아무 생각 없이 보는 것입니다. 영국의 철학자이자 소설가 체스터튼은 "여행은 현재 보이는 것을 보는 것이고 관광은 보러 온 것을 보는 것"이라고 했습니다. 가장 자유로운 여행은 목적 없이 하는 여행입니다. 부어스틴은 "여행은 능동적으로 집요하게 사람과 모험과 경험을 추구하는 것인데 관광은 수동적이고 흥미로운 사건이 일어나기를 기대할 뿐이다."라고 했습니다. 여행이란 그런 특별한 자기목적 없이, 모르는 사람이라고 할지라도 적극적으로 만날 수 있는 보다 자유로운 만남입니다. 자유 자체를 추구하는 것이 여행입니다. "앞으로 어디 갈지를 모르는 사람과 어디에 있는지 모르는 사람" 이라고 말한 서로우는 전자가 여행, 후자가 관광이라고 했습니다.

여행은 목적이 없기에 자유롭습니다. 관광은 내가 무엇을 하는지 모르는 맹목적인 소비 행위이기에 자유롭지 못합니다. 아이어는 여행은 "모든 편견을 집에 두고 떠나는 것", 관광은 "모든 편견을 가지고 떠나는 것"이라고 구별했습니다. 외국에서 현지인이나 다른 여행객을 만나면 이 나라는 우리나라보다 못사네요, 잘사네요, 우리나라가 최고네요 이런 이야기를 합니다. 다른 나라의 삶이나 형편을 그 자체로 이해하는 게 중요합니다. 우리나라와 비교하는 것은 일종의 편견이고 자신에게도 도움이 되지 않습니다.

여행하는 나라의 시대와 상황을 그 자체로 볼 수 있어야 합니다. 우리의 관점에서 보는 것이 아니라 주변 환경을 사실대로 보는 게 여행이고 피상적으로 보는 게 관광입니다. 관광명소 같은 곳에서 사진 찍는 행위를 하지 마세요. 파리에 가면 에펠탑 앞에서 사진을 찍지 말고 골목을 다니세요. 그곳에서 가장 가난한 사람, 평범한 사람을 만나길 바랍니다. 고급레스토랑이나 관광명소는 다니지 마세요. 그것은 여행이 아닙니다. 열정과 관심, 깊이와 멋, 진정성과 인간미가 있는 것이 여행이고 없는 것이 관광입니다. 관광은 일회적인 소비 행위에 불과합니다.

목적지보다 여행 자체가 중요합니다. 평생 여행을 많이 다닌 괴테가 이런 말을 했습니다. "사람이 여행을 하는 것은 도착하기 위해서가 아니라 여행을 하기 위해서이다." 소설가 어슐러 르귄은 "여행할 목적지가 있다는 것은 좋은 일이다. 그러나 중요한 것은 여행 자체다."라고 했습니다. 노자도 "좋은 여행자는 고정된 계획이 없고 도착이 목적이 아니다."고 했습니다. 소설 『보물섬』의 저자인 로버트 루이스 스티븐슨은

"희망차게 여행하는 것이 목적지에 도착하는 것보다 좋다."고 했습니다. 인생도 마찬가지입니다. 무엇을 이룰 것이냐, 어디에 취직할 것이냐 등의 목적이 중요한 것이 아니라 목적에 이르는 과정이 중요합니다. 여행 역시 목적지에 이르는 것이 중요한 것이 아니라 여행하는 과정이 중요합니다.

뭐가 좋은 여행이고 나쁜 여행이라는 구분은 할 수 없을지도 모릅니다. '우리는 결국 떠날 수밖에 없다. 자기가 바뀌어야 떠나는 것과 남아 있게 되는 것을 보게 된다. 자신을 성찰하고, 끝없이 회의하고 질문하며, 새로운 친구를 사귀고 세계를 바로 볼 수 있어야 한다.'고 했습니다. 떠나고 싶다는 욕구는 인간의 본성이기에 우리는 사실 영원히 떠날 수 없습니다. 여행은 사실 순간적인 것이고 우리들의 삶은 대지에 뿌리박고 있습니다. 결국 일상으로 돌아와야 합니다. 그러므로 죽는 것 외에 영원히 떠날 수가 없습니다. 진정한 떠남, 초월, 탈출은 내가 바뀌어야 하는 것입니다. 나를 바꾸려는 노력이 여행의 진정한 의미입니다.

여행이란 나를 바꾸고 개선·변화시키는 것입니다. 나 자신이 나를 초월해가는 과정의 행위입니다. '떠나야한다, 그러나 영원히 떠날 수는 없다, 돌아올 때는 뭔가 바뀌어 있어야한다.' 그래야 여행을 한 의미가 있지 않겠습니까. 현지의 무시나 멸시는 여행의 적이며, 필연적이지 않은 우연한 방랑, 자문명의 잣대로 타인을 평가하는 교만, 현지인들의 인권과 삶을 무시하는 카메라의 폭력, 이러한 악순환은 지양되어야합니다. TV나 인터넷 등 여러 매체에서 여행 광고를 많이 합니다. 여행을 일회용 사기라고 하는 것이 과하다고 생각할지도 모르겠지만 제가 보기엔 그렇습니다.

　동남아나 우리보다 못사는 곳에 가서, 가난하다, 우리보다 못하다고 멸시하거나 무시하지 마세요. 외국인 노동자들이 동남아에서 온 사람들이라는 이유로 멸시하면 인종차별주의와 같은 악덕행위입니다. 경제적 기준으로 나라나 사람을 가늠해서는 안 됩니다. 카메라라는 것은 폭력일 수 있습니다. 저는 여행을 하며 꼭 필요한 자료 이외에 마구잡이로 사진을 찍지 않습니다. 기본적으로 초상권 침해가 될 수 있습니다. 여행은 사진만 남는다는 말이 있지만 사진은 무의미합니다. 특히 현지인들에게는 폭력이 될 수 있다는 것을 유의해야 합니다. 만성적 고향 상실자, 조국성찰자, 시대고뇌인이 제가 생각하는 여행하는 사람의 자세입니다.

　좋은 여행을 위해 경계해야 할 것이 있습니다. 어디 갔다 왔냐는 물음에 유럽에 갔다 왔다고들 합니다. 유럽이 얼마나 넓습니까. 유럽의 몇 군데를 다녀오고서 유럽을 다녀왔다고 하는 것은 정복의 기쁨을 말하는 것과 같습니다. 선진국은 문명대도시이고 후진국은 야만자연이라는 것을 전제로 한 오리엔탈리즘은 서양이 동양을 멸시하며 후진적으로 묘사한 것입니다. 우리도 가끔 그런 행위를 합니다. 서양의 선진국은 대도시 중심으로 여행하고 후진국은 자연을 중심으로 한 관광 산업이 발달되어 있습니다. 잘 살고 못산다는 단순 획일적인 평가는 선진국을 애호하고 후진국을 멸시하는 이중성을 지니고 있습니다. 특히 동남아는 우월감을 안겨준다고 하거나, 느낀다고 함은 매우 잘못된 것입니다. 우리나라에서 곰발바닥 등 정력에 좋은 것들을 찾아가는 성인 관광의 여러 가지 폐해가 지적되는데 이런 것도 조심해야 합니다.

　패키지 투어 등을 삼가고 카메라나 인터넷을 두고 혼자서 가능하면 많이 걸으면서 보세요. 저는 여행을 하면 아침부터 밤까지 걸으며 많은 것을 느낍니다. 인터넷이나 대중교통 없이 그냥 걷습니다. 여행을 가기 전에도 많이 알 필요가 없습니다. 그냥 가서 직감으로 느끼면 됩니다. 요즘은 해외여행 과외가 있다고 하는데 이런 정형화된 여행에서 벗어나 자기만의 여행을 추구하십시오. 뭔가 계획된 여행에서 벗어나야 합니다. 여행을 할 때는 자신을 철저히 객관화해야 합니다. 우리나라는 아직까지 여행의 전통이 빈약하고 관광 산업의 돈벌이 수단인 일회성 여행이 많습니다. 각자가 가장 자유로운 방식으로 다양하게 여행 방법들이 생겨나야 합니다. 그래야 우리 사회가 조금 더 풍요로워질 것입니다. 사실 우리나라는 1989년에야 해외여행이 자유화되었습니다. 그 전에는 해외여행을 하기 어려웠습니다. 일반 서민이 해외여행을 자유롭게 한 것은 거의 2000년대에 들어서였습니다. 삶의 한 부분으로서 보다 의미 있게 여행하는 경험을 쌓지 못했습니다. 여러분 각각 독창적이고 자유로운 여행을 하면 새로운 여행 문화 창조에도 도움이 될 것입니다.

사람에게 이국(異國)이란 없다.

세상에 많은 여행 문학이 있습니다. 직접 여행을 하지 못하더라도 독서를 통해 여행을 할 수 있습니다. 세계의 명작은 대부분 여행을 소재로 한 이야기가 많습니다. 호메로스의 『오디세우스』는 트로이 전쟁 이후 오디세우스가 여행을 하는 이야기입니다. 이븐 바투타의 『여행기』는 이슬람권의 여행기이기는 하지만 여행의 철학을 가장 잘 보여줌니다. 『서유기』는 중국의 고전이고 세르반테스의 『돈키호테』, 마르코 폴로의 『동방견문록』, 서경식이라는 재일교포 철학자가 쓴 『경계에서 춤추다』 등의 여행기가 있습니다.

『로빈슨 크루소』의 로빈슨 크루소는 정복 여행을 했습니다. 무인도에 도착한 로빈슨 크루소가 원주민이 온 날이 프라이데이여서 그 사람을 프라이데이라고 명명합니다. 프라이데이 같은 사람을 영어와 선교 교육을 시켜 영국으로 데려가 신사로 만든다는 이야기인데, 이 이야기 속의 여행은 대단히 정복적입니다. 반면 『걸리버 여행기』에서 걸리버는 대인국을 가든, 소인국을 가든, 공중국을 가든, 마인국을 가든, 그 나라 말을 배우고 그 나라 문화를 수용하고 자연에 그대로 동화하는 여행의 자세를 보여줍니다. 정복하거나 남을 객관화, 타자화하는 여행이 아니라 수용하고 교감하고 동화하는 여행을 해야 합니다. 그런 의미에서 두 작품을 비교해볼 수 있습니다.

우리나라에 가장 유명한 여행가가 최치원입니다. 최치원은 젊어서는 중국에서 벼슬을 한 사람이지만 한반도 방방곡곡을 안 다닌 곳이 없습니다. 우리나라 곳곳에 최치원의 흔적이 있습니다. 최치원 선생이 지리산 쌍계사에 비석을 세웠는데 이런 말을 새겼습니다. "대저 도는 사람으로부터 멀지 않다." "사람에게 이국異國이란 없다." 이국이란 다른 나라입니다. 세상이 모두 우리에게 있다는 말입니다. 이 말이 대단히 의미 있는 말인 것 같아 인용했습니다. 또 한 사람은 원효대사입니다. 우리나라 절간은 대충 다 원효대사가 전국의 방방곡곡의 명소를 찾아다니며 절을 세웠습니다.

월트 휘트먼은 제가 좋아하는 미국의 19세기 시인입니다. 오늘 여행

이야기를 하며 이 시들을 한번 낭독하고 싶었습니다.

두 발로 마음 가벼이 나는 열린 길로 나선다.
건강하고 자유롭게, 세상을 앞에 두니
어딜 가든 긴 갈색 길이 내 앞에 뻗어 있다.

더 이상 난 행운을 찾지 않으리. 내 자신이 행운이므로.
더 이상 우는소리를 내지 않고, 미루지 않고, 요구하지 않고,
방안의 불평도, 도서관도, 시비조의 비평도 집어치우련다.
기운차고 만족스레 나는 열린 길로 여행한다.

대지, 그것이면 족하다.
별자리가 더 가까울 필요도 없다.
다들 제 자리에 잘 있으리라.
그것들은 원하는 사람들에게 소용되면 그뿐 아니랴.

하지만 난 즐거운 내 옛 짐을 마다하지 않는다.
난 그들을 지고 간다, 남자와 여자를, 그들을 어딜 가든 지고 간다.
그 짐들을 벗어버릴 수는 없으리.
나는 그들로 채워져 있기에. 하지만 나도 그들을 채운다.

　　　　　　　　　　　　　　　　　　　　-「열린 길의 노래」

나는 공기처럼 떠납니다. 도망가는 해를 향해 내 백발을 흔들며.

내 몸을 회오리바람에 흩뜨리고 바위 끝에 떠돌게 합니다.

내가 사랑하는 풀이 되고자 나를 낮추어 흙으로 갑니다.

나를 다시 원한다면 당신의 구두창 밑에서 찾으십시오(…)

처음에 못 만나더라도 포기하지 마십시오.

한 곳에 내가 없으면 다른 곳을 찾으십시오.

나는 어딘가 멈추어 당신을 기다리겠습니다.

-「나의 노래」

묻고 답하기

작년 여름에 해외여행을 다녀왔습니다. 미리 좀 더 공부를 하고 갔으면 더 잘 이해할 수 있었을 것이라는 아쉬움이 남았습니다. 저희같이 배우는 입장에서는 정보 없이 떠나면 뭔지도 모르고 넘어가는 경우가 생길 것 같습니다. 정보 없이 떠나라는 말은 어떤 의미인지요?

저는 스마트폰이 없고, 인터넷도 잘 사용하지 않아 제 방식으로 말씀드렸습니다. 질문자처럼 여행을 하면서 끊임없이 스마트폰을 들여다보는 사람들을 자주 봅니다. 여행을 온 건지 스마트폰을 보러 온 건지 잘 모르겠습니다. 일상에서도 마찬가지입니다. 지하철이나 버스를 타거나 걸어 다니면서도 스마트폰을 보는 사람들은 많습니다. 스마트폰에서 무엇이 그렇게 많이 나옵니까? 질문자는 뭘 몰랐다는 것인가요? 맛집 정보? 관광 정보?

우리가 여행을 한다는 것은 에펠탑을 보러 간다거나 맛집이나 명품

판매점을 간다고 생각해서는 안 됩니다. 그런 것을 생각하지 않으면 스마트폰이 필요 없는 거죠. 골목에서 우는 아이를 만나거나 다른 나라 사람들을 아주 진솔하게 마음으로 만나려고 한다면 스마트폰은 필요 없습니다. 여행하는 나라의 골목풍경, 산골풍경, 농촌풍경을 내 눈으로 보고 삶을 느끼려고 한다면 그건 스마트폰에 나올 리가 없습니다. 내 발로, 내 손으로 여행하자는 이야기입니다. 사진을 찍을 필요도 없습니다. 우리가 나 자신을 여행에 던지는 그야말로 가장 자유롭고 순수하고 비상업적인 여행을 할 필요가 있습니다.

대형 박물관의 그림을 보고 왔는데 잘 몰라서 그냥 예쁘다는 생각만 하고 왔습니다. 그 후 한국에 돌아와서 그때 봤던 작품에 대한 책을 보면서 이걸 알고 갔으면 더 잘 이해할 수 있었을 것이라는 아쉬움이 들었습니다. 미리 공부하고 가면 뜻깊은 여행이 되지 않았을까 생각합니다.

보고 가도 안 보고 가도 뜻깊은 여행이 되지 않습니다. 대형 박물관에 갈 필요가 없습니다. 그 박물관에 걸린 그림에 대해 사전 정보를 공부해서 간다고 해도 여러분에게 특별한 일이 일어나지 않습니다. 그곳에 수백 점의 그림이 있지만 공부를 하고 봐도 아무 것도 다가오지 않습니다. 저도 그런 박물관을 자주 가지만 사실은 도서관에서 도판이 실린 책을 보는 게 더 유용합니다.

모든 여행 정보가 불필요하다고 하는 것은 아닙니다. 다만, 여행 자체의 의미를 좀 더 느끼기를 바라는 마음에서 하는 말입니다. 우리는 엄청난 정보의 홍수 속에서 살고 있습니다. 스마트폰으로 다른 나라의 관광지나 작품을 보는 것이 의미가 있다고 생각하십니까? 저는 그렇게

생각하지 않습니다. 여행만이 아니라 일상생활과 공부에서도 정보의
홍수에서 벗어나길 바랍니다.

**창조적 여행에 관해 말씀하실 때, 제가 이해하기로는 일상 속에서도 자신의 이해
나 감정, 관점이 특별해진다면 그것도 여행이라고 할 수 있을 것 같은데 어떻게 생각
하시는지요?**

군이 밖으로 나가지 않더라도 내 마음속에서 새로운 생각, 관점을
갖게 되면 그것도 내면의 여행이라고 할 수 있겠죠. 오늘은 내면의 여
행보다는 외면의 여행 이야기를 했습니다. 우리는 아마도 사색이나 독
서의 경험을 통해 내면의 여행을 할 수 있겠지만 외면과 내면의 여행
이 순환되고 함께하는 것이 필요합니다.

**돈이 아닌 용기로 여행하는 것이 좋다고 하셨는데, 그런 생각을 가지고 간 첫 여행
은 어떠했는지요? 그리고 가출을 해보신 적이 있으신가요?**

제가 가출을 처음 한 것은 초등학교 4학년 때였습니다. 하루 이틀 정
도의 가출을 여행이라 할 수는 없을 것이고, 여행다운 여행을 처음해본
것은 고등학교 1학년 때였습니다. 지금으로부터 5,60년 전의 이야기입
니다. 그때는 텐트 같은 것이 없던 시절이어서, 이불을 둘둘 말아서 속
리산을 갔습니다. '속리'라는 이름이 너무 좋았습니다. 어떤 소설을 읽
었는데 속리산의 이야기가 나왔습니다. 고등학교 1학년 중간고사 기간
에 시험도 치기 싫고 해서 이불을 둘러매고 속리산을 간 적이 있습니다.

한 일주일 속리산 여행을 했는데 집에 말도 안 하고 갔으니 가출이었
죠. 둘째 날, 이불을 펴고 자다가 깨서 소변을 봤습니다. 다시 잤는데 아

침에 일어나보니 새벽에 비가 와서 이불이 푹 젖은 겁니다. 게다가 눈을 떠보니 제가 소변본 곳이 낭떠러지인 것을 알았습니다. 그때 죽을 뻔 했죠. 그게 저의 첫 여행입니다. 그때 이후로 여행이란 죽을 수도 있는 거구나, 그때 못 죽었으니까 앞으로 죽는 걸 겁내지 말고 열심히 다녀보자라고 생각했는지도 모르겠습니다. 그 경험이 저한테 여행의 맛이나 의미를 준 것 같습니다. 그 후 3,4일 정도 걸려 속리산을 내려왔습니다. 버스도 없던 시절이라 비에 푹 젖은 무거운 이불을 지고 2,3일 동안 걸어와서 기차를 타고 집에 갔습니다. 집에 와서 실컷 두드려 맞은 기억이 납니다.

유럽여행을 생각하고 있지만 부모님과 주변사람들이 IS같은 극단적 이슬람주의자 때문에 위험하다고 만류합니다. 신변적 위험을 감수하면서까지 여행에서 얻을 수 있는 것이 큰 것인가요?

저는 지난 한 달 동안 유럽에 다녀왔습니다. IS가 있는 곳을 주로 다녔는데 전혀 위험은 없었습니다. IS는 우리를 노리지 않으니 아무런 걱정을 할 필요가 없습니다. 여러분이 왜 여행을 위험하다고 생각하는지 모르겠습니다. 유럽은 위험하지 않습니다. 그냥 가세요. 대한민국에 북풍이 그렇게 불어도 위험하다고 생각하나요? 북한군이 총을 들고 내려올까봐 무섭나요? IS는 악감정이 없습니다. 그들이 폭탄테러하는 곳에 우리가 있을 수 있는 확률까지는 제가 말 못하겠지만 저는 그런 걱정을 해본 적이 없습니다. 언론에서 접하는 위험성 때문에 여행이 위험하다는 생각은 지난 반세기 이상 살며 해본 적이 없습니다. 남미나, 쿠바, 인도 모든 곳에도 항상 위험은 도사리고 있지만 저는 북풍이상 걱정하지 않습니다.

현실의 억압적인 분위기에서 청춘을 뺏기고 있는 것 같습니다. 이런 감정을 내려 놓을 수 있는 여행지가 있었는지, 그곳에서 무엇을 느꼈는지 궁금합니다.

저는 외국을 나가지 않는 시간에는 항상 답답하고 숨도 쉬기 어렵습니다. 비행기나 배를 타고 이 땅을 떠나면 저에게는 해방감이 왔습니다. 여러분이 사는 시간과 제가 여러분만한 시절을 보냈던 70·80년대는 다른 시대였는지 모르겠습니다만, 저에게는 이 땅이 항상 갑갑했고 더러웠고 지겨웠고 황당무계했습니다. 이 땅을 떠나는 것이 젊은 시절 소원이었습니다. 그래서 틈만 있으면 떠나려고 합니다. 지금도 그렇고 올해도 그렇고 내년도 그럴 것입니다. 항상 그렇다고 말해 죄송하지만 저는 만성피곤자라서 그럴 수밖에 없습니다. 어디를 가야지 해방감이 극도가 되었느냐고 물으면 어디나 마찬가지입니다. 대한민국이 아닌 어디나 좋습니다. 이렇게 말하면 기분 나빠할 사람이 있을지 모르겠습니다.

여러분이 현실을 어떻게 생각하고 느끼는지 잘 모르겠지만 저는 항상 답답한 마음이 있고 어디론가 떠나고 싶다는 동경을 가지고 있습니다. 그러나 떠나도 돌아와야 한다는 생각을 갖고 있습니다. 돌아오고 다시 떠나고 그렇게 살고 있습니다. 어디를 가는 것이 좋고, 여행의 극대적 해방의 효과가 어디 있는지는 잘 모르겠습니다. 각자의 기호에 따라 다를 것입니다. 어디를 가나 그 나름의 맛이 있고 분위기가 있습니다. 그래서 꼭 어디를 가야 한다고 생각하지는 않습니다. 자신이 관심이 있는 곳에 가면 될 것 같습니다. 이 세상 어디를 가도, 떠났다는 느낌 자체로 좋았기 때문에 어디나 좋았습니다. 특별히 좋다, 나쁘다는 생각은 안 해봤습니다. 죽기 전에 떠나야할 10곳의 여행지라는 책을 쓰는 미친놈들은 상대하시면 안 됩니다. 믿지 마세요. 여행을 하다보면 여러 경험을 하겠지만 괴로운 여행이 의미 있는 것입니다. 우리 자신을 스스로 해방시킬 수 있는 기회로서의 여행, 여행 그 자체의 맛을 즐길 줄 아는 지혜가 필요하지 않을까 싶습니다.

장영란

한국외국어대학에서 그리스철학으로 박사학위를 받고, 건국대학교 문화콘텐츠학과 교수를 역임했었고, 현재 한국외국어대학 교양학부 교수로 재직하고 있다. 그리스 서사시와 비극 및 철학 등과 관련된 다양한 논문과 저서를 펴냈으며, 특히 그리스 철학에서 영혼의 훈련과 치유에 관한 주제에 관심을 갖고 연구하고 있다. 저서로『죽음과 아름다움의 신화와 철학』(루비박스,2015),『소크라테스를 알라』(살림, 2012),『영혼의 역사』(글항아리, 2010), 『플라톤의 교육: 영혼을 변화시키는 힘』(살림, 2009),『플라톤의 국가, 정의를 꿈꾸다』(사계절, 2008),『장영란의그리스신화』(살림, 2005),『아테네, 영원한 신들의 도시』(살림, 2004),『위대한 어머니여신』(살림, 2003),『신화속의 여성, 여성속의 신화』(문예, 2001),『아리스토텔레스의 인식론』(서광사, 2000) 등이 있다.

인간의 삶은 행운과 불운이 함께합니다.

인간이 신들을 어떻게 바라 보았는지에서부터 시작해서 신들과 인간이 어우러지는 축제에 대해 살펴보려고 합니다. 놀이는 축제와 밀접한 연관이 있으며 현대 축제의 기본적인 정신은 그리스 신과 관련되어 있기 때문입니다.

20대 젊은 세대들은 그리스 신화와 관련된 여러 가지 콘텐츠를 많이 봤을 것입니다. 그리스 로마 신화는 종교의 대상이었을까요? 종교라면 일단 신앙이 있고 제의와 같이 신을 숭배하는 행위가 있었을 것입니다. 그리스 신들은 현대 종교에 나타나는 신처럼 엄격하거나 윤리적으로 보이지 않습니다. 그리스 신들은 바람도 피우고 자기 마음에 안 들면 아무 죄가 없는데도 죽음에 몰아넣고 사랑해선 안 될 사람을 사랑하게 만들기도 합니다. 그리스인들은 그런 신들을 어떻게 믿었을까요? 지금은 어릴 때부터 그리스 신화를 많이 접하기 때문에 신들이 많다는 것이 놀랍지는 않을 것입니다.

제가 처음에 공부할 때는 현대 종교의 영향을 받아서 그리스 신화를 보며 신들이 왜 이렇게 많지? 라는 의문이 들었습니다. 그리스 신들은 전지전능하지는 않았습니다. 신들이 많다보니까 모든 기능을 하나씩

다 나눠 갖고 있습니다. 그러니까 신들마다 고유한 기능을 갖고 있고 서로 다릅니다. 이렇듯 현대종교에 나타나는 신의 특징과 그리스 신에 대한 것이 현격히 다르기 때문에 그리스 신들이 어떻게 종교적 숭배를 받았는지에 대해 의문을 가져볼 수 있습니다.

그리스 신들은 얼마나 많았을까요? 헤아릴 수 없습니다. 올림포스 12신은 가장 강력하다고 생각되는 대표적인 신들입니다. 인간의 삶에 가장 큰 영향을 미치는 신들을 의도적으로 선별해놓은 것입니다. 사실권력을 가지려는 목적으로 12신을 정했습니다. 헤시오도스의 『신통기』라는 책을 보면 신의 이름이 약 300개 정도 나옵니다. 그렇지만 실제로 이루 헤아릴 수 없을 만큼 많습니다. 플라톤은 모든 사람들이 각자 자기 안에 다이몬을 가지고 있다고 합니다. 다이몬도 개별적으로 지칭할 수 있는 마치 수호천사처럼 내면에서 올바르지 않은 행위를 하면 그렇게 하지 말라고 말해줍니다. 그 다이몬은 이름이 없습니다. 한국말로는 정령이라고 하는데 굉장히 많습니다.

인도신화를 연구하는 어떤 선생님은 인도신이 세계에서 최고로 많다고 합니다. 그렇지만 그리스에서는 독립적인 인격을 가지지 않고 이름도 없는 신적 존재들로 다이몬 뿐만 아니라 님프들도 있습니다. 우주에 있는 자연물들은 모두 님프가 있습니다. 실질적으로는 헤아릴 수 없는 많은 신이 있고 그 신들은 각자의 기능을 가지고 그리스 신화를 구성하고 있습니다. 고대에서는 이렇게 생각할 수밖에 없었을 것입니다.

예전에는 대부분의 종교가 많은 신을 가지고 있었습니다. 인간도 어떤 사람은 신발을 만들고 어떤 사람은 의사인 것처럼 다양한 일을 합니다. 플라톤의 『국가』편에서 국가의 기원과 관련하여 맨 처음 말하는 게 분업입니다. 신들의 경우도 일종의 분업 형태로 각각의 고유한 기능을 가졌기 때문에 많아질 수밖에 없었습니다. 더구나 그리스인들은 신을 굉장히 좋아했습니다. 그리스 신뿐만 아니라 소아시아에서도 유명한 신들이 있으면 수입을 해서 믿는 등 자발적으로 소아시아들의 다양한 신을 숭배했습니다. 그리스 신화를 읽다보면 아프로디테가 사랑한 소년인 아도니스가 나오죠. 아도니스는 원리 그리스 신이 아니라 소아시아의 신으로 '주님'을 의미하는 아돈adon이라는 말에서 유래했습니다. 그리스에서 아프로디테의 사랑을 받은 소년으로 나옵니다.

그리스 북동부의 옛 지방인 트라케에 밴디스라는 여신이 있었습니다. 밴디스는 그리스 신화에서 보던 신들과 다른 패션을 하고 있습니다. 이 신은 플라톤의 대표적인 저작인 『국가』편에 나옵니다. 소크라테스는 제자들의 성화에 아테네를 벗어나서 축제 때문에 피레우스항에 갑니다. 이 축제 때문에 소크라테스 외에 수많은 그리스인들이 피레우스 항구에 와있다고 이야기 합니다. 이와 같이 그리스에는 굉장히 많은 신이 있었고 다른 지역 신들도 수입해서 믿을 정도로 신을 좋아한 이들이 그리스 민족입니다.

현대 종교에서 신이 영원불멸하다고 할 때 '영원'은 처음도 없고 끝도 없는 것을 말합니다. 그렇지만 그리스 신들은 끝이 없어서 그렇지 처음은 있습니다. 그리스 신들은 모두 태어납니다. 헤시오도스의 우주 생성신화에서 보면, 태초에 대지의 여신 가이아Gaia가 처녀생식으로 하늘Ouranos과 바다Pontos 및 산들을 낳았습니다. 헤시오도스는 우주가 어떻게 생겼는지를 상상하면서 먼저 땅이 기본적으로 있어야 하고 하늘과 바다와 산들이 있어야 한다고 생각했습니다.

우리가 도화지에 그림을 그릴 때, 땅과 하늘, 그리고 산들을 그리면 다 채워집니다. 그 다음에 대지의 여신 가이아가 하늘의 신 우라노스와 결합해서 하늘의 별들을 낳고 태양과 달을 낳고, 바다의 신 폰토스와 결합하여 바다를 가득 채우는 신들을 낳습니다. 이런 식으로 하늘과 땅과 바다를 채우는 수많은 그리스 신들은 태어납니다. 그리스 신들은 본래 처음도 끝도 없는 영원한 존재는 아닙니다. 신들이나 인간들이나 모두 태어난다는 점에서는 차이가 없습니다.

그리스인들이 생각하기에 신과 인간이 다른 점은 신은 불멸의 존재라는 것입니다. 신은 태어나서 죽지 않지만 인간은 죽는 존재입니다. 그리스인들은 죽을 운명을 가진 존재가 인간이라고 합니다. 신과 인간의 근본적인 차이는 신의 삶은 지극히 행복하며, 인간의 삶은 행운과 불운이 뒤섞인 삶이라는 것입니다.

호메로스는 인간이 대지를 기어 다니는 가련하고 비참한 죽을 운명을 가지고 있다고 『일리아스』에서 반복적으로 이야기합니다. 아무래도 올림포스에 시점을 두고 내려다보는 식이다 보니 대지를 기어 다닌다고 했겠지요. 아리스토텔레스는 "인간은 정치적 동물이다, 이성적 동물이다."라고 하지만 "인간은 두발로 걸어 다니는 동물이다."라는 정의를 가장 많이 씁니다. 불교에서 이야기하는 것처럼 인간의 삶 자체가 고통으로 가득 차있다고 합니다. 그리고 인간은 죽을 운명을 갖고 있습니다. 이런 점에서 신과 인간의 삶은 너무나 다르다고 볼 수 있습니다.

『일리아스』에 보면 아킬레우스가 절친인 파트로클로스의 죽음에 분노해서 헥토르를 죽이기 위해 나서는 장면이 나옵니다. 아킬레우스는 헥토르를 성벽 앞에서 죽이고 시체를 마차에 달아서 끌고 옵니다. 헥토

르의 아버지 프리아모스 왕은 자식이 죽는 것을 보고 뛰어 내려가려고 하는데 옆에서 붙잡아서 가지 못합니다. 그는 아들의 시신을 갖고 오기 위해서 자기 아들을 죽인 적군이자 원수인 아킬레우스를 찾아 홀로 갑니다. 50명의 아들이 있었지만 전쟁으로 많이 죽었고 헥토르는 자기가 가장 사랑하는 아들이었으며 가장 뛰어난 용사였다고 합니다. 프리아모스는 슬픔으로 가득차서 아들의 시신을 돌려 달라고 눈물로 호소했습니다. 아킬레우스가 그 이야기를 듣고 연민과 동정을 느껴 프리아모스의 손을 붙들고 같이 웁니다. 이때 아킬레우스가 프리아모스를 위로하기 위해 하는 이야기 속에 인간의 삶이 무엇인지에 대한 내용이 들어 있습니다.

올림포스 바닥에는 항아리가 2개 있는데 하나에는 행운이 있고 다른 하나에는 불운이 들어 있다고 합니다. 모든 인간은 이 행운과 불운이 섞인 삶을 산다는 것입니다. 어떤 사람에게는 행운이 더 많아 보이지만 어차피 그 사람에게도 불운이 언젠가는 닥칠 수밖에 없고, 아무리 불행하고 고통스러운 삶처럼 보여도 보여도 행운과 마주치게 된다는 것입니다. 이렇듯 인간의 삶은 행운과 불운, 행복과 불행이 함께합니다. 신은 지극히 행복하고 축복받은 삶을 산다는 점에서 인간의 삶과 신의 삶은 완전히 달라집니다.

인간은 초월적인 존재인 신을 어떻게 바라보았을까?

그리스 신들의 특징들을 살펴보겠습니다. 흔히 그리스 신화는 신인

동형론의 특징을 강하게 가지고 있다고 합다. 그렇지만 신인동형론은
그리스를 비롯한 모든 종교에서 늘 있어왔습니다. 신화에 대해 이야기
하는 존재가 인간이기 때문입니다. 인간이 초월적인 존재에 대해 어떻
게 이야기할 수 있을까요? 초월적이고 초자연적인 존재는 모든 시공
간을 넘어서 있는 존재입니다. 그것에 대해서 인간은 인간적 관점에서
이야기할 수밖에 없습니다. 인간이 마시니까 신도 마신다고 하고 인간
이 집이 있기에 신도 집이 있다고 합니다. 모든 그리스 신화는 인간과
유비적으로 설명되어 있습니다. 그리스 신화는 다른 신화나 종교보다
인간과 신을 지나치게 비슷하게 이야기하고 있어서 현대인에게 훨씬
낯설게 생각될 수 있습니다.

그리스신화에는 제우스가 바람을 많이 피는 것으로 나오죠. 제우스
가 아르고스의 공주이자 여사제인 이오에게 접근하려는데 헤라가 나
타났습니다. 이오는 헤라의 눈을 피하려는 제우스에 의해 암소로 변해
그리스 아르고스로부터 소아시아, 그리고 이집트로 돌아 다니게 됩니
다. 이오는 제우스 때문에 고생을 많이 해서 제우스를 많이 원망하는
인물 중에 하나입니다. 아이스킬로스의『결박된 프로메테우스』라는 작
품에 보면 이오가 제우스를 비난하는 이야기가 나옵니다.

호메로스의『오디세이아』에 보면 오디세우스가 여러 군대를 돌아다
니면서 고생을 많이 합니다. 오디세우스가 모험을 하다가 동료들도 다
죽고 트로이 전쟁에서 가져온 전리품도 다 잃고 옷도 하나 없이 떠내
려 왔을 때 도와준 인물이 나우시카Nausica입니다. 그녀는 오뒷세우스를
알키노오스의 궁전으로 데려는데, 음유시인이 아프로디테와 아레스가
바람피우는 이야기를 합니다. [도판1] 그림 속에 헤파이스토스는 아프

로디테의 옷을 들춰보고 있으며, 아프로디테 옆에는 에로스가 있고 아
레스는 투구를 쓰고 있어 각각의 신이 어떤 신인지 보여줍니다. 헤파이
스토스와 아레스는 형제 관계인데 헤파이스토스는 늙게 표현하고 아
레스는 젊게 표현해놨습니다. 아마 화가가 의도적으로 이런 설정을 했
을 것입니다. 사실 그림 속의 헤파이스토스는 숨어있는 아레스를 찾지
못하는 것처럼 보입니다. 그러나 본래 『오디세이아』에서는 헤파이스토
스가 황금으로 된 보이지 않는 그물을 만들어서 아프로디테와 아레스
를 동시에 묶어놓고 올림포스 신들에게 구경을 시킵니다.

[도판1] 아프로디테와 아레스의 발각

올림포스 신들은 기본적으로 가부장제와 연관되어 구성됩니다. 남
편과 아내, 아버지와 자식들 이런 식으로 되어있습니다. 12신은 정치적
의도로 만들어졌다고 합니다. BC 4~5세기 전의 큰 축제는 종교적으로
지지를 받기 위해 만들어진 것입니다. 처음에 나오는 인물들은 제우스

와 그 형제들이고 두 번째는 제우스의 자식들로서 12명이 넘습니다. 그 중에 빠지는 인물이 하데스입니다. 하데스가 12신에서 빠진 것은 그리스인의 죽음관과 밀접히 연관되어 있습니다. 그리스인들은 죽으면 누구나 하데스에 간다고 생각했습니다. 하데스는 산 자에게 영향력을 발휘할 수 없으며, 죽은 자에게 보상과 처벌을 내리는 존재가 아닙니다. 따라서 하데스는 다른 신들과 달리 특별한 숭배를 받지 않았던 것으로 보입니다.

우선 제우스의 형제들로는 포세이돈, 헤라, 데메테르가 포함되며, 다음으로 제우스의 자식들로 헤파이스토스와 아레스 형제, 아폴론과 아르테미스 형제 등이 포함됩니다. 여기에 아프로디테와 아테나가 포함됩니다. 아테나는 죄수가 머리로 낳은 자가생식 같은 것인데 사실은 제우스가 낳은 것이 아니라 제우스의 몸에서 나온 것입니다.

메티스 여신이 낳을 자식이 다음 세대의 최고신이 될 것이라는 신탁 때문에 제우스는 아테나 여신을 임신한 메티스를 통째로 삼켜버립니다. 그 전에 우라노스는 자식들이 어머니 뱃속에서 나오지 못하게 하고 크로노스는 나오는 족족 먹어 버립니다. 그러나 제우스는 아예 아이를 임신한 메티스를 통째로 삼켜버리는 것으로 나옵니다. 아테나는 아버지의 머리로 태어난 자이고, 헤르메스는 님프한테서 나왔고 디오니소스는 인간 카드모스의 딸인 세멜레라는 공주에서 나왔습니다. 보통 올림포스 12신은 정해진 것은 아니고 지역마다 다 달랐 빠져 습니다. 올림포스 12신에 때로는 포함되기도 하고 때로는 포함되지 않는 신들이 있는데, 바로 헤스티아와 디오뉘소스입니다. 헤스티아는 제우스의 여자형제들 중 한 명으로 화로의 여신입니다. 디오뉘소스는 죽었다가 다시 태어나는 신입니다.

올림포스 신들은 항상 인간에 유비적으로 설명됩니다. 그리스 신들과 관련해 왜 이 사람들이 종교적 대상으로 숭배되었을까라는 의문에 대한 답을 주는 것이 이 부분입니다. 그리스 신들은 몸을 가지고 있었습니다. 서구 이원론에서는 항상 신체는 열등하고 영혼은 우월한 것이었습니다. 그래서 신이 몸을 갖는다는 것은 어떤 한계를 보여주는 것이기 때문에 이상합니다. 물론 기독교에서도 부활한 신이 인간이 볼 수 있는 몸을 갖고 있는 것으로 나와 있는데 그 또한 굉장히 독특합니다. 신이 몸을 갖고 있다면 한계를 가진 것으로 해석할 수 있으며, 다른 신들보다는 열등한 것처럼 보일 수도 있습니다. 그런데 그리스 신들은 몸을 갖고 있있지만 좀 독특합니다. 보통 사람들은 볼 수 없는 몸이기 때문입니다.

『일리아스』 첫 장에 나오는 이야기입니다. 그리스 군에 역병이 돌자 아킬레우스가 나섰습니다. 아가멤논이 아폴론 사제를 모욕해서 아폴론 신이 분노했고 이 때문에 그리스 군에게 역병을 보낸 것입니다. 그래서 아킬레우스가 나서서 문제를 해결하기 위해 아폴론 신의 사제에게 딸을 돌려주고 성대한 종교적 제의를 바치기로 했습니다. 아가멤논은 아폴론 사제의 딸 크뤼세이스를 돌려줘야한다고 하니까, 다른 사람들의 전리품을 대신하여 빼앗겠다고 합니다. 그러자 아킬레우스의 분노가 폭발합니다. 아킬레우스가 전쟁이 끝난 후에 3배, 4배의 전리품을 갖게 해주겠다고까지 했는데, 아가멤논이 당장 달라고 하니 얼마나 기가 막혔겠습니까? 아킬레우스가 아가멤논을 향해 칼을 빼려고 하는데, 헤라가 보고 있다가 큰일 날 것 같아 아테네 여신을 급파했습니다. 하지만 아킬레우스 말고 아무도 아테나 여신을 보지 못합니다.

그리스 신들은 몸을 갖고 있지만 보통 사람들이 볼 수 없는 몸입니다. 신이 잠시 인간의 몸에 들어가서 인간에게 말을 걸 수는 있지만, 인간은 신을 직접 볼 수는 없습니다. 신을 진짜 볼 수 있다면 어떻게 될까요? 그리스 신화에서 신을 보는 인간은 죽지 않으면 장애를 갖게 됩니다. 말하자면 다리를 절게 되거나 눈이 멀게 됩니다. 그만큼 신을 쉽게 볼 수 없습니다. 이런 점에서 그리스 신화도 종교적입니다. 신들도 트로이전쟁에서 각자 트로이 편 그리스 편에 서서 싸우잖아요. 신들도 창에 찔리면 피가 나온다고 하는데 그냥 피가 아니라 불멸의 피를 흘린다고 하고 영액을 흘린다고 합니다. 불멸의 피는 사실 모순된 말입니다. '피'라는 말은 기본적으로 썩는 것인데 거기에 불멸이라는 모순된 용어를 붙여서 신의 초월적 특성을 보여줍니다.

신의 집에 대해 살펴보겠습니다. 땅과 하늘 사이를 채우고 있는 것은 공기이고 천상 너머 초월적인 공간을 가득 채우고 있는 것을 아이테르라고 합니다. 아리스토텔레스는 이것을 제5원소라고 했습니다. 옛날에 뤽 베송 감독이 <제5원소>라는 영화를 만들었는데 아마 제5원소를 사랑이라는 것으로 생각한 것 같습니다. 그것은 인간의 감각으로 지각할 수는 있지만, 영원불멸하는 물질로 아이테르라 불렸습니다. 태양과 달도 아이테르로 이루어져 있어 눈에 보이지만 영원불멸한다고 생각되었습니다.

델포이 신전은 유명하죠. 이 사진은 디오니소스 극장에서 내려다보이는 것을 찍은 것입니다. 델포이가 굉장히 유명하지만 남아있는 기둥이 몇 개 없어서 섭섭한 점이 있습니다.

[도판2] 델포이신전

　포세이돈신전은 이오니아 양식으로 되어 있으니 아주 오래된 것은 아
닙니다. 그리스 건축에 나타나는 기둥들은 주로 도리아양식, 이오니아
양식, 코린토스 양식으로 이어지죠. 아테네라는 도시에서 포세이돈과
아테네가 경합을 벌였습니다. 그래서 포세이돈 신전이 세워졌습니다.

　파르테논 신전은 도리아 양식으로 되어 있으며, '처녀의 집'이라는
의미를 가졌습니다. 아테나 여신의 대표적인 신전이라 할 수 있습니다.
아크로폴리스에서 우측으로 멀리 떨어져 있는 신전이 바로 제우스 신
전입니다. 코린토스 양식으로 나뭇잎이 화려하게 되어 있습니다. 굉장
히 오래된 로마시대에 완성됐습니다. 물론 올림포스 저 너머에 신들이

살지만 인간들이 지상에 이렇게 신들의 집을 지어 놓았습니다.

[도판3] 파르테논 신전

인간이 가진 기능이나 본성을 가장 탁월하게 발휘할 때 신들은 즐겁다.

축제는 노는 것과 관련되어 있습니다. 고대 그리스에는 축제가 굉장히 많았습니다. 그리스 축제는 300개입니다. 그것도 120일 동안 축제를 벌였습니다. 제가 이것 때문에 그리스인들을 종교적이라고 합니다. 120일 동안 축제를 벌였다는 것을 확인할 수 있는 때가 4,5세기이고, 그 전에는 더 많았을 수도 있습니다. 4,5세기는 소크라테스가 활동하던 시절입니다. 엄청나게 많은 공식적인 제의가 있었고 축제는 종교적인 제의에서 출발했습니다.

축제의 어원은 쉰오도이synodoi, 파네귀리스panegyris, 헤오르테heorte 입니다. 쉰오도이의 쉰syn은 함께 가는 것, 함께 축제에 간다는 뜻입니다. 파네귀리스의 판pan은 '모든'이라는 뜻이고 축제는 모두 모이는 것이죠. 헤오르테는 즐거움이라는 뜻입니다. 축제의 기본적인 특징은 즐거워야 한다는 것이잖아요. 이 세 가지 용어로 쓰다가 종교적 제의라는 어원에서 헤오르테가 가장 빈번하게 쓰이는 말로 되었습니다.

축제의 기능은 무엇일까요. 지금은 인간이 스스로 즐거운 것을 만들어 축제라고 하지만 처음에는 신을 즐겁게 하는 것이 축제였습니다. 왜냐하면 축제는 종교적 제의에서 시작되었기 때문입니다. 왜 신을 즐겁게 하는 것이 축제의 기능이라고 생각했을까요? 살다보면 인생이 사실 쉽지 않습니다. 여러분은 고등학교에서 대학교에 들어올 때 굉장히 힘든 시기를 지나 왔습니다. 시험기간에는 여러분이 갖고 있는 능력을 가장 잘 발휘해야 합니다. 그리스에서는 이것을 탁월성이라고 합니다.

고대에서는 원인을 알 수 없고 인간의 의지로 할 수 없는 모든 것들이 신에게 달려있다고 생각했기에 인간사회에서 신은 항상 두려운 존재였습니다. 그렇기 때문에 신과 소통하려고 했던 방식이 제의의 시작입니다. 인간과 인간은 말로 소통할 수 있지만 초월적인 신과는 그런 식으로 소통할 수 없었습니다. 노래 부르고 춤추고 일종의 드라마를 만들고 운동경기를 하는 등의 방식으로 신과의 소통이 이루어졌습니다.

플라톤이 쓴 『법률』이라는 책이 있습니다. 이 책은 『국가』라는 책과 쌍벽을 이룹니다. 철학적으로는 『국가』가 훨씬 뛰어나지만 『법률』은 실현 가능한 정치체제나 인간사회의 여러 가지 규칙이나 체제를 써

놓은 책입니다. 『법률』에 보면 인간의 축제에 대해서 정의 해놓은 것이 있습니다. "신들은 인간들이 본성적으로 고통 받는 종족으로 태어난 것을 불쌍히 생각했네. 그래서 그들은 인간들에게 고통에서 벗어나 휴식할 수 있도록 신들을 위한 축제들을 정해주었네. 무우사 여신들과 이들을 이끄는 아폴론과 디오니소스를 축제들에 동참할 신들로 정했고, 인간들은 신들과 축제에 함께하여 [삶의] 영양분이 되어 [삶의 방식을] 재정립할 수 있다네."

그리스 축제는 어떤 방식으로 구성되어 있었을까요? 신은 완전한 존재이고 더 이상 필요한 것이 없는 자족적인 존재입니다. 우리가 어떤 선물을 줘도 필요한 것이 아닙니다. 그렇다면 어떻게 신을 즐겁게 할 수 있었을까요?

> 학생1: 개개인이 행복한 삶을 살고 있다면 신이 만족하지 않을까요? 종교를 떠나 어떤 존재가 사람을 만들었을 때, 그 사람이 태어난 것에 만족한다면 신이 행복할 것 같습니다.
>
> 교수: 정답은 아니지만 아주 근접해 있습니다. 그런 생각을 할 수 있는 것도 대단합니다.
>
> 학생2: 좋은 제물을 바치면 신들이 행복해 하지 않을까요? 좋은 부위의 고기 같은 것을 바치면 신들이 좋아한다고 책에서 본 것 같습니다.
>
> 교수: 인간의 감정과 생각에 맞춘 것입니다. 개인적으로 저는 수업할 때 쉬는 시간에 학생들이 제 책상에 물을 하

나 올려놓으면 별 것 아닌 것 같지만 기분이 굉장히 좋
습니다. 유비적으로 생각하면, 물론 신에게 필요한 것
은 하나도 없지만 인간에게 좋은 것을 신에게 선물로
바치면 좋지 않을까? 이렇게 생각할 수 있습니다.

정답은 아니지만 인간의 심리를 투사하여 할 수 있는
이야기입니다. 초기에는 그리스에서도 그렇게 생각
했고 신에게 선물을 바치면 신이 용서해줄 것이라고
생각했습니다.

우리가 흔히 이야기하는 기복 또는 구복신앙이라는 것이 다 인간의
심리에 비추어 나온 것입니다. 철학자들은 그렇지 않다고 비판하죠. 플
라톤은 그렇게 하느니 올바르게 사는 것이 더 중요하다고 합니다. 플라
톤은 『국가』에서 신에게 선물을 주면 신이 좋아할 것이라는 이야기를
비판합니다. 신은 전선한 존재라고 합니다. 굉장히 특이하죠. 『국가』에
서 호메로스를 비난하며 신은 완전히 선한 존재이기 때문에 그런 선물
에 의해 좌지우지되지 않는다고 합니다.

학생3: 인간이 축제에서 먹는 음식 같은 것도 신들을 위해
만들어졌다고 볼 수 있습니다. 그것을 즐겁게 누리는
모습을 보여주면 신들을 위한 축제가 아닐까요?
교수: 그런 측면도 있지요. 그렇지만 처음에 이야기한 학생
이 가장 근접했습니다. 그 당시 축제에는 비극 경연대
회도 있었습니다. 우리 식으로 하면 축제에 문학, 예술,

운동 같은 것이 다 들어갔습니다. 왜 그랬을까요? 인간
이 즐기기 위해서?

학생4: 인간이 자신의 기능을 탁월하게 수행할 때 신이 기쁠
것 같습니다.

교수: 정답입니다! 그걸 어떻게 알았나요? 학생은 신화 공부
하면 잘할 것 같습니다.

그리스 축제와 관련된 특징인데요. 인간이 가지고 있는 기능이나 본
성을 가장 탁월하게 발휘할 때, 그때 신들이 즐겁다고 이야기합니다.
그래서 아리스토텔레스는 『니코스마코스 윤리학』에서 행복이라는 것
은 인간이 영혼의 능력을 탁월하게 발휘하는 활동이기 때문에 지혜나
용기, 절제 같은 것을 가지면 행복하다고 했습니다. 인간이 갖고 있는
능력을 가장 탁월하게 발휘하기 위해 가장 중요한 것은 경쟁의 원리입
니다. 그리스어로 아곤agon이라고 하는데 경쟁, 경연을 의미합니다. 누
가 비극 작품을 가장 잘 썼는지 겨뤄보기 위해 비극 경연대회를 한 것
이고 누가 달리기를 가장 잘하고 신체적으로 탁월한가, 이런 것을 가리
기 위해서 올림픽 같은 운동경기가 생겨났습니다. 올림픽경기의 기원
은 종교적 제의에서 출발합니다. 신들에게 제의를 바치고 나면 운동 경
기를 합니다. 경기에서 이기기 위해서는 자신이 갖고 있는 기능을 최대
한 발휘해야 하잖아요.

그리스인들은 각자 자신의 탁월성을 최대한으로 발휘할 때 인간도
행복해지지만 신도 행복해진다고 생각했습니다. 그럴 때 바로 즐거움
이 일어납니다. 현대 종교와 뉘앙스만 좀 다르지 같이 볼 수 있는 면이

있습니다. 그리스인들은 사람이 죽어도 종교적 제의를 바칩니다. 장례 경기라는 것도 있었는데, 장례식이 끝나고 벌이는 운동 경기를 말합니다. 『일리아스』에 보면 파트로클로스가 죽었을 때 아킬레우스가 세발 솥 같은 것을 걸고 경기를 엽니다. 지금은 사람이 죽으면 그냥 울지만 그리스인들은 나가서 경기를 했습니다. 신들을 즐겁게 해줘야 죽은 이들을 잘 봐줄 테니까요. 그래서 운동 경기가 엄청나게 많이 있을 수밖에 없었고 종교적 제의도 많이 했습니다.

소포클레스가 인간의 삶에 대해 이야기한 것이 있습니다. "태어나지 않는 것이 가장 좋은 일이지만, 일단 태어났으면 되도록 왔던 곳으로 빨리 가는 것이 그 다음으로 가장 좋은 일이다. 경박하고 어리석은 청춘이 지나고 나면 누가 고생으로부터 자유로우며, 누가 노고에서 벗어날 수 있단 말인가? 마지막으로 비난 받는 노령이 그의 몫으로 덧붙여진다네. 힘없고, 비사교적이고, 친구도 없고, 불행들 중의 불행들이 빠짐없이 모두 동거하는 노령이."

사실 요즘은 대학을 졸업해도 취업하기 쉽지 않습니다. 그래서 직장을 들어가면 축하를 받습니다. 그러나 이제 노동의 서막을 열리는 것입니다. 인생의 길에는 때로는 기쁨과 즐거움이 있기도 하고, 때로는 고통과 슬픔이 있기도 합니다. 그러나 소포클레스는 삶을 비극적으로 봤습니다. 소포클레스는 말년에 아들들에게 고소를 당하기도 했습니다. 그의 자식들이 아버지의 재산을 빼앗기 위해 벌인 일이었습니다. 인생이 참 비극적이었겠죠. 그런 상태에서는 비극적인 글을 쓸 수밖에 없었을 것입니다.

신은 고난과 역경을 겪는 사람을 사랑합니다.

플라톤은 『법률』에서 인간은 본성적으로 고통을 받는 종족이라고 했습니다. 인간의 운명에 대해서 말한 것인데요. 운명은 그리스어로 '모이라'입니다. 운명은 각자에게 주어진 몫입니다. 우리는 각자 자신의 몫을 알아내야 합니다. 소크라테스가 너 자신을 알라고 한 것처럼 여러분 자신을 알아야 합니다.

소포클레스는 『오이디푸스 왕』이라는 비극작품에서 이렇게 이야기하고 있습니다. "우리의 눈이 그 마지막 날을 보고자 기다리고 있는 동안에는 죽을 운명을 가진 인간은 어느 누구도 행복하다고 하지 마시오. 삶의 종말을 지나 고통에서 해방될 때까지는." 니체도 『비극의 탄생』에서 이러한 인간의 삶에 대해 이야기하고 있습니다.

여러분이 평소에 알고 있는 미다스 왕 이야기와 다른 내용이 있습니다. 미다스 왕이 디오니소스의 스승 실레노스를 만나 극진히 대접을 하고 난 후에 인간에게 가장 좋은 것이 무엇이냐고 물었습니다. 보통 동화에서 소원을 빌라고 하면 거의 다 실패하죠. 사람들이 가장 좋다고 생각하는 것들을 소원으로 빌지만 실제로는 모두 실패로 돌아가게 됩니다. 그렇기 때문에 우리는 먼저 가장 좋은 것이 무엇인지를 물어야 합니다. 대부분의 소원들을 이루는데 실패하는 것은 진정으로 좋은 것이 무엇인지 잘 몰랐기 때문입니다.

아리스토텔레스의 『니코마코스 윤리학』에 보면 모든 사람은 본성적으로 좋은 것을 추구한다고 합니다. 그런데 왜 사람들은 다 똑같은 것을 추구하지 않을까요? 사람들은 다 자기에게 좋아 보이는 것을 추구합니다. 어떤 사람은 재물이, 어떤 사람은 명예가, 어떤 사람은 권력이 좋아 보입니다. 아리스토텔레스는 진정으로 좋은 것은 무엇인지를 물어봅니다. 뭐가 제일 좋은지를 일단 물어보고 소원을 빌어야지 성공률이 높아지겠죠. 미다스 왕은 실레노스에게 인간에게 가장 좋은 것이 뭐냐고 물어봅니다. 또 다른 이야기에서는 미다스 왕이 만지는 것마다 황금이 되게 해달라고 나옵니다. 보통 사람들이 생각하기에 좋은 것은 재물, 돈입니다. 그 대표적인 것이 황금이고요. 황금은 내가 원하는 것을 다 가질 수 있게 하기 때문에 누구나 갖기를 원합니다. 그런 게 진정으로 좋은 것일까요? 『니코마코스 윤리학』은 그런 것들을 검토하면서 시작합니다. 그런데 니체의 『비극의 탄생』에서는 미다스 왕이 실레노스에게 무엇이 가장 중요하냐고 묻자 뭐라고 답했을까요? 물론 소포클레스에서 나온 이야기를 응용해서 한 말입니다.

실레노스는 가장 좋은 게 뭔지 말 해주지 않으려고 합니다. 미다스 왕이 인간에게 가장 좋은 것이 뭐냐고 기대에 부풀어서 물어보니 그것은 네가 할 수 없는 것이라고 합니다. 바로 태어나지 않는 것이라고요. 그 다음으로 좋은 건 뭐냐고 물었습니다. 그러자 지금 죽는 것이라고 말합니다. 정말 삶에 대해서 부정적으로 이야기했죠. 소포클레스가 먼저 이야기했고 나중에 니체가 『비극의 탄생』에서 다시 이야기합니다. 그만큼 인간의 운명이라는 것은 비참합니다. 지금 좀 괜찮아졌다고 여겨지면 어느새 다시 다른 시련과 역경이 찾아옵니다.

신이 사랑하는 사람은 단명 한다는 말이 있죠. 그런데 신의 사랑을 받는 또 한 부류가 있는데 바로 고난과 역경을 겪는 사람입니다. 인간은 고난과 역경을 통해서 자신이 가지고 있는 탁월성을 발휘할 수 있

기 때문입니다. 시련과 역경을 극복하는 과정에서 인간으로서 탁월성
을 발휘할 수 있게 되고 정말 행복이란 무엇인지 알게 된다고 합니다.
인간의 삶이 고통으로 가득 차 있기 때문에 신들은 인간들을 위해 축
제를 만들었다고 합니다. 축제와 관련된 신이 3명이 있습니다. 무사이
라고 하는데 요즘 식으로 하면 뮤즈 신, 아폴론, 디오니소스입니다. 왜
이 세 종류의 신들이 축제의 신일까요?

무사이 신은 뮤즈신, 뮤직과 관련 있습니다. 6,9,12명 등 판본에 따라
다양한데 보통 9명입니다. 그리스 서사시는 보통 "노래하소서 여신들
이여" 라고 시작합니다. 여기서 '여신들'은 무사이Mousai를 가리킵니다.
무사이는 올림포스 이전부터 학문과 예술을 관장하는 신들로 춤, 노래
만 아니라 역사, 서사시 등을 망라합니다. 그러나 올림포스 종교에서는
무사이 여신들을 이끄는 남신이 등장하는데 바로 아폴론입니다.

아폴론은 태양의 신인데 태양은 모든 것을 비춥니다. 태양은 인간
이 무언가를 알게 하는 인식의 원천입니다. 서구의 철학에서 플라톤의
유명한 동굴의 비유에 모든 인식의 원천이 태양으로 비유되고 있습니
다. 중세에는 조명설이라고 인간의 이성이 영원불멸하는 존재를 인식
할 수 있는 이유는 신적인 빛에 비추어지기 때문이라는 주장이 있습니
다. 빛이나 태양에 비유하는 것들이 굉장히 많이 나옵니다. 기본적으로
태양신은 대부분 '안다'라는 지식과 밀접하게 연관된 인물입니다. 항상
아폴론 이름 앞에는 '모든 것을 아는 아폴론'이라고 나옵니다. 아폴론
은 앎과 관련된 신입니다. 올림포스 신화에서는 학문과 예술을 관장하
는 신입니다. 나중에는 별칭이 무사게테스라고 해서 무사를 이끄는 신
으로 표현되어 같이 나오는 경우가 많습니다.

바티칸의 교황 접견실에 보면 중세 그리스도교가 그 이전의 모든 전통을 수용한다는 의미에서 한 면은 철학, 한 면은 문학예술, 한 면은 종교, 한 면은 신학으로 그려놓았습니다. 철학은 플라톤과 아리스토텔레스가 손가락을 위와 아래로 찌르는 그림이 있죠. 그리스 철학자로 도배가 되어 있는 그림입니다. 다른 그림은 중앙에 아폴론이 있고 9명의 뮤즈들이 등장합니다. 그리고 호메로스와 단테 등과 같은 시인들이 있습니다. 이들은 모두 머리에 월계수관을 쓰고 있습니다. 단테의 상징이 월계수관입니다. 단테 앞에 있는 인물이 단테의 『신곡』에 나오는 베르길리우스라는 인물입니다. 로마의 건국서사시인 『아이네이스』를 쓴 인물입니다. 유일한 여류시인인 사포라는 인물도 제일 앞쪽에 있습니다. 아폴론과 뮤즈 신들이 학문과 예술을 관장하면서 문학예술이 축제에서 굉장히 중요한 역할을 하는 겁니다.

[도판4] 라파엘로의 방, 파르나소스산

　마지막 축제의 신은 디오뉘소스입니다. 그는 포도주의 신이자 드라마의 신입니다. 한편으로는 포도주를 통해 한편으로는 문학예술로 인간을 위로합니다. 요즘도 예술치료, 연극치료 등을 많이 하죠. 실제로 디오니소스는 그리스의 12명의 신들 중에서 민간신앙에서는 가장 많이 사랑받던 신이었습니다. 아리스토텔레스의 시학 6장에 보면 비극의 정의를 연민과 공포를 통해 감정을 카타르시스 한다고 되어 있습니다. 그래서 인간의 감정을 정화시키고 치유시켜주는 인물이 바로 디오니소스라고 생각했고 축제에 가장 적합하다고 생각했던 신입니다. 축제를 통해 삶의 힘들고 어려운 일이 있을 때 치유 받을 수 있지만 더 중요한 목적이 있습니다.

　플라톤이『법률』에서 이야기하는 축제 이야기 중 가장 중요한 것입니다. 기본적으로 디오니소스 신화는 축제를 통해 기존의 삶의 방식을 해체시키고 금기와 위반, 일탈과 전복이라는 것이 항상 축제에 들어가 있습니다. 하지만 술을 진탕마시고 일탈을 하는 것이 축제는 아닙니다. 플라톤은 축제를 통해 삶을 재정립해야 한다고 했습니다. 이것이 축제의 궁극적인 목적입니다. 일탈을 통해 기존의 삶을 전복하며 치유를 받기도 하지만 축제를 통해 내 삶을 재정립하는 것이 궁극적인 목적이라는 것입니다. 술을 마시면서도 앞으로 어떻게 살 것이고 무엇을 위해 살 것인지 생각해보는 것이 그리스 축제의 근본적인 목적이며 철학입니다. 청년기가 삶의 가장 중요한 시기라는 것은 확실하기 때문에 시험과 축제를 통해 여러분의 탁월성을 아낌없이 발휘할 수 있는 대학 생활이 되었으면 좋겠습니다.

묻고 답하기

탁월함과 비극이 갖고 있는 의미가 무엇인지 보충 설명 부탁드립니다.

탁월성은 행복과 굉장히 밀접하게 연관되어 있습니다. 그리스어로는 아레테Arete라고 하는데 동양에서는 '덕'으로 번역됩니다. 한국에서는 아레테를 과거에는 덕이라고 번역하고 1900년도 전후로 해서는 학자들이 탁월성excellence으로 번역합니다. 덕이라는 것에는 가치론적인 평가가 들어가 있습니다. 탁월성은 좋고 나쁜 것을 떠나서 인간이 갖고 있는 기능과 능력을 가장 탁월하게 발휘하는 것을 말합니다. 각각 자기가 갖고 있는 기능이나 본성을 가장 탁월하게 발휘하는 것입니다.

아리스토텔레스는 인간이 갖고 있는 기본적인 기능을 이성이라고 합니다. 요즘은 인간의 영혼을 '정신'mind라고 하지만 고대에서는 프쉬케psyche라 했습니다. 영혼에는 이성적인 부분과 비이성적인 부분이 있잖아요. 이성적인 부분을 탁월하게 발휘하면 지성이 탁월성을 발휘하고, 비이성적인 부분을 탁월하게 발휘하면 성격의 탁월성을 발휘할 수 있다고 했습니다. 말하자면 영혼의 능력을 탁월하게 발휘하면 행복한 삶을 살 수 있는 것입니다.

플라톤은 오히려 동양에서 말하는 덕과 비슷한 것을 말하고 있습니다. 이성을 가장 탁월하게 발휘하면 지혜, 기개를 가장 탁월하기 발휘하면 용기, 욕구를 가장 탁월하게 발휘하면 절제입니다. 절제는 적절하게 자기 욕구를 발휘하는 것입니다. 만약 욕구를 완전히 없애버리면 인간으로서 할 수 있는 많은 것들을 하지 못합니다. 기본적으로 플라톤은 인간이 다양한 기능을 가지고 있고 각각의 몫이 있다고 생각했습니다.

욕구도 인간이 살아가는데 굉장히 중요한 역할을 한다고 했습니다. 문제는 욕구는 항상 지나치기가 쉬워서 적절하지 않은 경우가 많습니다. 적절하게 있어야지 이성과 같이 작동하면서 진리를 인식하려고 하는 욕구로 갈 수 있습니다. 플라톤에 있어서 진리를 인식하는데 욕구가 없으면 안되고 적절하게 하는 것이 중요합니다.

기본적으로 탁월성이라는 것은 처음에 가치중립적인 용어로 쓰였습니다. 인간의 본성이나 기능이 잘 발휘한 상태를 탁월성이라고 합니다. 나중에 로마 사람들이 비르투스virtus라는 말로 번역해서 쓰면서 virtue라는 말이 되고 우리나라에게 들어오면서 미덕이라고 번역됩니다. 그리스어 아레테arete에는 가치평가적인 것이 개입이 되어 있지 않기 때문에 현대에서는 덕이라는 번역보다 탁월성이라는 번역이 선호되었지만, 일반적으로는 '덕'이라는 용어를 많이 쓰는 편입니다.

그리스인들은 기본적으로 인간의 삶을 비극적으로 생각했습니다. 인간의 삶 자체는 신과 같이 완전할 수도 없고 자족적일 수도 없으며 행운과 불운으로 뒤섞인 삶일 수밖에 없기 때문에 누구나 고통을 피해갈 수 없다고 생각했습니다. 그래서 인간이 갖고 있는 실존적 한계 상황에서 비롯되는 고통으로 인해 비극적인 것이 발생할 수밖에 없는 것입니다.

내가 뭐든지 할 수 있을 것 같은 시기가 있습니다. 어느 시기에 가면 내 의지에 달려 있는 것과 내 의지로 할 수 없는 것이 있다는 것을 알게 됩니다. 그리스 비극 작품을 읽다 보면 대부분의 경우에 그런 내용이 나옵니다. 니체가 쓴『비극의 탄생』에 보면 그리스인의 정신과 관련해서 이야기할 때 '아모르파티'Amor Fati라는 말을 합니다. 아모르는 사랑이라는 말의 라틴어이고 파티는 운명입니다. 운명을 사랑하라는 것이죠.

그리스인의 운명론을 결정론으로 보는 사람도 있지만 꼭 그렇지도 않습니다. 장 콕도Jean Cocteau는 오이디푸스를 자기의 운명을 피하려다 운명과 마주친 인물이라고 말했습니다. 오이디푸스가 신들의 사랑을 되찾을 수 있었던 것은 자신의 운명을 받아들였기 때문입니다. 그리스 전역을 돌아다니며 자신의 운명을 고행을 통해 받아들임으로써 신들의 사랑을 다시 되찾는 것으로 나옵니다. 그리스인들이 인간의 자유의지 부분에 대해 인정하는 것은 아닙니다.

비극 이야기 해주시면서 첫 번째는 태어나지 않는 것이 좋고, 두 번째는 지금 당장 죽는 게 좋다고 말씀하셨는데 그 말이 깊게 남습니다. 니체의 말에 따르면 지금 죽는 것이 낫겠지만 우리는 태어났으니까 살아가야 합니다. 삶이 힘들다고 생각하는 젊은 이들이 어떻게 하면 행복하게 살 수 있다고 생각하시는지요.

그리스인들은 삶이 고통스럽다고 자살하는 사람은 많지 않았습니다. 인간의 삶이 고통스럽다고 주어진 운명을 피할 수 없다고 생각한 것이지요. 아리스토텔레스는 인간의 영혼을 가장 탁월하게 발휘하게 하는 능력이 행복이라고 했습니다. 지혜, 용기, 절제를 다 갖추고 있다고 해서 사랑하는 사람의 죽음을 막고, 시험에 반드시 합격한다는 보장이 없습니다. 아리스토텔레스는 아무리 행복한 사람이라고 해도 인생을 살다보면 여러가지 운들 마주치게 된다고 했습니다. 행운이 될 수도 있고 불운이 될 수도 있지만 누구도 피해갈 수는 없습니다. 석가모니도 어떤 사람이 준 상한 음식을 때문에 설사병으로 돌아가셨습니다. 누구에게나 행운이 오기도 하고 불운이 올 수도 있습니다. 아리스토텔레스는 인간의 본성을 탁월하게 발휘한다면 이 모든 갖가지 운들을 적절하게 잘 견뎌낼 수 있을 것이라고 했습니다. 아프니까 청춘이라고 많이들 이야기하는데 젊었을 때는 많이 힘듭니다. 그렇지만 여러분이 갖고 있는 능력을 탁월하게 발휘하려고 노력하고 견디다 보면 삶이 점점 더 편안해질 것입니다. 어느 순간이 되면 더 이상 그 어떤 것에도, 그 어떤 사람에게도 흔들리지 않게 됩니다. 또한 나와 안 맞는 사람의 이야기도 어느 순간이 되면 이해가 됩니다. 무슨 말을 들어도 다 이해가 되고, 내가 하고자 하는 것이 어긋남이 없는, 논어에서 말한 불혹, 지천명, 이순, 종심소욕불유구四十而不惑 伍十而知天命 六十而耳順 七十而從心所欲不踰矩의 시기가 올 수 있습니다. 그때쯤 되면 여러분의 삶이 살만 하게 될 것입니다.

그리스 신화에서 중요한 역할을 하는 것이 운명의 3신이라고 하셨습니다. 이 3명의 역할과 그들이 왜 그렇게 중요한지 궁금합니다.

운명은 각자에게 주어진 몫이기에 그리스인들은 3명의 신으로 구성했습니다. 여신들로 구성되어 있었기 때문에 길쌈하는 것으로 비유했습니다. 첫번째 여신은 클로토Clotho로 실을 잣아내고, 두번째 여신은 라케시스Lachesis로 실을 재고 있고, 세번째 여신은 아트로포스Atropos로 실을 잘라냅니다. 특히 아트로포스는 '바꿀 수 없는' 또는 '피할 수 없는'이라는 뜻을 가지고 있습니다. 운명의 여신들은 밤의 여신 뉙스Nyx의 딸들이라고도 하고, 필연의 여신 아낭케Ananke의 딸이라고도 한다. 운명은 알수 없는 것이며 피할 수 없다는 통념을 보여줍니다.

인간은 자신의 자유의지로 삶을 경영할 것이라고 생각하지만 사실은 그렇지 못하다는 것을 알 수 있습니다. 인간은 공동체적인 삶을 살아가기 때문에 타인과의 관계에서 변화될 수 있는 요소들이 많이 있습니다. 고대 사회에서는 인간이 알 수 없는 것들에 대해 운명, 우연적인 어떤 것이라고 이야기 했습니다. 헤라클레이토스 같은 철학자들은 운명은 그 사람의 성격이기에 자기의 성격에 따라 운명이 달라질 수 있다고 합니다. 그렇기 때문에 아리스토텔레스 같은 경우는 성격의 덕이 탁월하게 발휘하게 되면 훨씬 더 행복한 삶을 살 수 있다고 합니다.

올림포스 신화는 시작부터 엄마와 아들 사이의 근친상간인데 왜 아직도 동서양을 불문하고 읽혀지는지 궁금합니다. 그리고 그 당시 신화에 대한 평가가 궁금합니다.

그리스 신화에는 근친상간처럼 보이는 이야기들이 자주 등장합니다. 그러나 그것은 신화mythos를 가족에 비유하여 설명하다가 이야기 자체가 우연적으로 만들어낸 경우도 많습니다. 그렇기 때문에 우리는 비유와 상징에 따른 독해법에 익숙해져야 하기도 합니다. 인간적인 관점에서 바라보았기에 인간의 삶과 마찬가지로 신의 삶에도 가부장제라는 가족 제도를 적용해서 이야기한 것입니다. 실제로는 뮈토스, 이야기를 만들기 위한 것이기 때문에 그 의미를 제대로 알아야 합니다.

가이아는 대문자로는 신의 이름이지만 소문자로는 '땅'이라는 뜻이고 우라노스도 대문자로는 신의 이름이지만 소문자로 하면 '하늘'이라는 뜻입니다. 헤시오도스는 땅에서 하늘이 갈라진다고 했습니다. 하늘과 땅이 갈라지니 그 사이에 바다 같은 다양한 것들이 존재하잖아요. 그런 방식으로 우주가 원래 가이아라는 것에서 하늘이 나오고 바다가 나오고 산들이 솟아났다고 이야기한 것입니다. 그 사이를 채우기 위해 가이아는 우라노스와 결합해서 하늘에 있는 천체를 가리킨 티탄족 신들을 낳고, 폰토스와 결합하여 바다에 여러 신들을 낳은 것으로 나옵니다.

그것을 스토리텔링으로 만들다보면, 처음에는 이야기를 만들기 위해 비유적으로 설정했는데 이야기를 하다 보니 가족제도가 엉켜서 근친상간이 된 것입니다. 그것을 해석하기 위해서는 그 이야기의 이면에 있는, 우주 구성의 원리를 알아야 합니다. 단순히 비유적인 가족 제도의 변주로 계속해서 밀고 나가면 이상한 근친상간의 이야기가 되는 것입니다.

그리스 로마신화는 어떻게 보면 어린아이들한테 읽힐 수 없는 이야기입니다. 비유적으로 하다 보니 아버지와 딸이 결합해서 자식을 낳는 경우가 생겨 문제가 되겠지만 사실 그 당시 그리스 사회에서는 상징으로 읽혔기 때문에 전혀 문제가 되지 않았습니다. 제우스가 바람을 많이 피우는 것도 비윤리적인 것이 아니었습니다. 당시는 가부장적 사회였고 남자가 처, 첩, 여자 노예 등 누구와 관계를 맺어도 윤리적으로 문제가 된다고 생각하지 않았기 때문입니다.

신화적으로 해석한다면, 제우스가 결합한 여인들이나 여신들은 대부분, 아버지 없이 자식을 낳아 민족의 기원이나 건국신화의 기원이 됩니다. 누구나 최고신의 후손이라고 이야기하고 싶지, 별 볼일 없는 신의 후손이라고 이야기하고 싶지는 않잖아요. 그래서 제우스가 시조인 이야기가 많습니다. 그러다보니 스토리상으로는 이 여인 저 여인과 결합한 것으로 됩니다. 시간을 거슬러 올라가면, 트로이의 시조도 아르고스의 시조도 제우스입니다. 그래서 바람을 피운 이야기는 민족 신화나 건국 신화와 밀접히 연관시켜 해석해야 합니다. 여신들과 결합한 것도 기능을 다양하게 분화시키는 과정에서 유사한 기능들끼리의 결합이 필요했습니다. 그래서 다양한 여신과 결합해 이런저런 신을 낳는 것으로 이야기 되고 있습니다.

박철홍

서울대학교 교육학과에서 학사 및 석사 학위 과정을 이수하고 미국 뉴욕주립대학교에서 존 듀이의 교육 사상에 대한 연구로 박사 학위를 받았다. 현재 영남대학교 교육학과 교수로 재직 중이다. 영남대학교 사범대학장과 교육대학원장, 한국도덕교육학회 회장을 역임하였다. 주요 저서로는 『도덕성 회복과 교육』(공저), 『교육윤리가 바로 서야 나라가 산다』(공저) 등이 있고, 역서로는 『예언자』, 『경험과 교육』, 『경험으로서 예술』 등이 있다.

이 자리에 계신 대학생 여러분은 초등학교부터 지금까지 12+α년 동안 평생 공부만을 해왔다고 말해도 과언이 아닐 것입니다. 그런데 과연 여러분의 공부는 안녕하신가요? 이 시간에 저는 여러분과 함께 여러분의 공부는 과연 괜찮은 것이며 제대로 하고 있는 것인지 같이 생각해보는 시간을 갖도록 하겠습니다. 짐작하시겠지만, 저는 오늘 여러분의 공부가 안녕하지 못하다는 점을, 여러분의 공부에 문제가 있다는 점을 지적하려고 노력할 것입니다. 지난 학기 이 강의에서 저는 여러분의 공부의 목적이 근본적으로 잘못 설정되어 있다는 점을 같이 생각한 바 있습니다. 즉 교육의 진정한 목적인 교육의 내재적 목적에 대한 인식이 없이 교육의 가짜 목적인 외재적 목적이 여러분의 공부를 좌지우지함으로써 여러분이 공부를 통해 얻을 수 있는 행복한 삶과 인간다운 삶의 길을 놓치고 있다는 점을 지적한 바 있습니다. 오늘은 교육의 내재적 목적을 실현하는 데에 필요한 교육방법을 중심으로 이야기해 볼까 합니다.

우리나라 교실에는 질문이 없다

먼저, 우리 공부의 문제를 지적할 때 요즈음 흔히 거론되는 유명한 일화를 가지고 오늘의 이야기를 시작해보겠습니다. 벌써 몇 년이 지났습니다만, 2010년 G20 정상회담이 우리나라에서 열렸습니다. 그 회의의 폐막식 때에 오바마 대통령이 연설을 마치고 한국 기자에게 첫 번째로 질문을 할 수 있는 특별한 기회를 주었습니다. 오바바 대통령이 몇 차례 한국 기자에게 질문할 기회를 준다고 말했지만 어느 기자도 질문을 하지 않고 있었습니다. 한국 기자로부터 아무런 반응이 없자 그때 중국인 기자가 일어서서 자신이 질문을 해도 되겠냐고 오바마 대통령에게 여쭙니다. 하지만 오바마 대통령은 한국 기자에게 우선권을 주겠다고 말합니다. 그래도 한국 기자가 질문을 하지 않자, 오바마 대통령은 그 중국인 기자에게 질문을 하도록 허용합니다. 사실 G20과 같은 국제적인 회의에서 미국 대통령을 상대로 발언권을 갖는다는 것은 기자에게는 그 자체가 엄청나게 영광스러운 일이며 전세계에 자신을 알릴 수 있는 좋은 기회이기도 합니다. 그러나 우리나라 기자들은 다시는 없을 천재일우의 기회를 놓치고 말았습니다. (실제 강의에서는 이 장면을 담은 동영상을 같이 보았습니다.)

그 후 이 장면은 '질문 없는 교육'이라는 한국 교육의 특징을 단적으로 보여주기 위하여 우리나라 교육문제를 논의할 때에 널리 인용되게 됩니다. 우리나라의 교육의 모습을 소극적으로 표현하면 '질문이 없는 교실과 공부'로 표현할 수 있습니다. 반대로 실제로 이루어지고 있는 모습을 적극적으로 표현하면 '정답암기식 교육'으로 규정할 수 있습니다. 우리나라의 고질적인 교육문제를 들라면 입시위주의 교육을 들 수 있습니다. 입시위주의 교육이 문제가 되는 것은 입시위주의 교육 그 자체가 아니라, 현재 수학능력고사와 같이 우리나라의 입학고사가 '정답'이 있다는 생각을 전제로 하고 있다는 데에 있습니다.

여기서 저는 수능과 같은 고사를 중심으로 이루어지고 있는 우리나라의 교육과 학생들의 공부 행태를 염두에 두면서 앞으로 우리나라 교육이 나아가야 할 방향을 잠시 생각해 보겠습니다. 이를 위해서 저는 먼저 공부를 '정답을 알기 위한 공부'와 '질문을 하기 위한 공부'라는 두 가지 유형으로 구분할 것입니다. 그리고 후자 즉 '질문을 하기 위한 공부'가 공부의 본질적인 모습이며 앞으로 도래하는 4차 산업혁명 시대에 지향해야 할 교육의 방향이라는 점을 보여 주고자 합니다.

유태인의 지혜의 보고라는 『탈무드』에는 큰 길을 달려 가면서 "나는 답을 알고 있다. 누가 질문을 가지고 있는가?"라는 말을 반복하며 외치는 사나이에 대한 이야기가 있습니다. 우리가 길거리에서 실제로 이런 사람을 마주치게 되면, 십중팔구 사람들은 그 사람이 제정신이 아니거나 사람들을 웃기려고 퍼포먼스를 하고 있다고 생각할 것입니다. 질문과 답 사이 관계를 두고 말하면 깊이 생각할 것도 없이 질문이 먼저 있고 거기에 대한 답이 있는 것이 올바른 순서이기 때문입니다.

지혜를 담고 있는 우화들은 대부분 사람들이 너무나 당연하게 여기는 생각이나 관점을 우화의 형식으로 드러냄으로써 그런 생각이나 관점이 근본적으로 잘못되었다는 것을 단적으로 보여주는 데에 있습니다. 그렇다면 이 우화가 우리나라 교육에 주는 시사는 무엇일까요? 교육학자로서 저는 이 우화를 읽는 순간 우리나라에서 행해지고 있는 공부의 일반적인 모습과 고사장으로 들어가는 사람들의 모습이 떠올랐습니다. 이 우화와 관련해서 보면 수학능력고사장을 향하여 달려가는 학생들이나 다양한 공채시험이나 자격고사를 치르러 고사장으로 들어가는 사람들은 "저는 모든 문제에 대한 답을 알고 있습니다. 오늘 어떤 시험 문제가 나옵니까?" 하는 태도로 고사장에 들어가고 있다고 할 수 있습니다. 조금 일반화해서 말하면, 수능을 비롯한 각종 고사장을 향하여 질주하는 사람들의 머릿속에 답에 해당되는 지식들은 가득 있는데 정작 진지하게 탐구하는 질문은 없다는 점에서 바로 『탈무드』에 나오는 그 사나이의 외침과 유사한 상태에 있다고 볼 수 있습니다.

정답을 알기 위한 공부는 수동적이고 획일적인 인간을 낳는다

수학능력고사를 비롯한 대부분의 채용고사나 자격시험의 전형적인 모습은 4가지든 5가지든 문제에 대한 답을 제시하고 정답을 고르게 하는 문제입니다. 이러한 시험에 대비하는 공부는 시험에 나올 만한 내용들을 기억하는 암기식 공부가 주를 이루게 됩니다. 그리고 이때의 공부는 시험에 답할 수 있을 만큼만 아는 것을 목표로 하게 됩니다. 물론 이런 공부에서도 수업 중에 교사와 학생 사이에 질문이 오고갈 수 있습니다. 그런데 이때에 교사가 하는 질문은 학습한 내용을 제대로 암기하기 위한 질문이 주를 이루며, 학생들이 하는 질문도 학습내용을 정확히 알고 있는지 확인하는 데에 한정되게 됩니다. 이때의 질문은 학습내용에 대하여 의문을 제기하고 토론함으로써 학습자 자신의 관점을 형성하기 위한 것이 아닙니다. 학습내용에 대하여 학습자 자신의 생각을 갖는 것은 오히려 시험에 방해가 될 뿐이기 때문입니다.

이러한 공부는 한마디로 '정답을 알기 위한 공부'라고 정의할 수 있습니다. 그리고 이때에 교사나 학생들이 하는 질문은 정답으로 확인하고 정답을 보다 정확히 알기 위한 목적을 가지고 있습니다. 이러한 질문은 진정한, 순수한 질문이라고 볼 수 없는 질문, 일종의 '가짜 질문'입니다. 이러한 질문은 겉보기에만 질문의 형식을 띨 뿐, 질문이라면 응당 갖추고 있어야 할 호기심이나 실제 고민한 결과 갖게 된 의문이 없는 단순한 물음일 뿐입니다.

이런 공부에는 두 가지 점이 가정되어 있습니다. 하나는 문제에는 모든 사람들이 다 같이 알고 있어야 할 '정답', 강조하여 말하면 '획일적인 답'이 있다는 것입니다. 다른 하나는, 보다 근본적인 것으로서, 사람들은 그 문제에 대하여 완전히 알거나 전혀 모르거나 둘 중의 하나라는 점입니다. 그러니까 정답을 선택한 사람에게는 그 문항에 주어진 배점 전부 즉 만점을 주며, 다른 답을 선택한 사람에게는 아무것도 모르는 것으로 간주하여 0점을 줍니다. 그러한 교육은 교과서에 있는 단편적 지식을 있는 그대로 암기하는 공부와 교과서에 있는 지식을 주입시키는 교육을 공부의 전형적인 모습으로 생각하게 만들며, 나아가 교과서에 있는 지식을 절대적인 진리로 생각하게 만듭니다.

지식을 진리로 볼 경우에 소위 암기식 교육이 허용될 수 있으며, 어떤 점에서는 필요할 수도 있습니다. 아마 우리나라의 수업과 공부는 이런 생각을 기반으로 하고 이루어지고 있다고 할 수 있습니다. 그리스의 철학자 탈레스는 "만물의 근원은 물이다."라고 말했다는 교육내용을 예로 들어 우리나라 학교에서 이루어지고 있는 암기식 교육의 실상을 생각해 봅시다.

제가 고등학교 다닐 때의 경험에 비추어 보면 이러한 문장은 칠판 위에 몇 사람의 고대 그리스 철학자들의 괴상한 이름과 함께 나열되고 있었고 이렇다 할 설명 없이 제시되어 있었습니다. (생각나는 것 몇 가지를 회상해 보면 헤라클레이토스의 만물 유전론, 엠페도클레스의 흙·물·불·공기의 4요소설, 아낙시만드로스의 온·냉·건·습 등과 같은 내용들이 나옵니다). 이런 내용과 관련된 시험문제는 주로 다음과 같은 형태를 띠게 됩니다. 예를 들면 《"만물의 근원은 물이다."라고 말한 사람은 다음 중 누구인가?》, 또는 《탈레스는 "만물의 근원은 ( )이다."라고 말했다. ( )에 알맞은 말을 넣으시오.》와 같은 4지 선다형 또는 단답형의 질문이 나옵니다. 이러한 시험문제에 익숙한 학생들은 "탈레스 물, 탈레스 물, 탈레스 물,……" 하는 식으로 입으로는 중얼거리고 손으로는 연습지 위에 써 가면서 머릿속에 집어넣게 됩니다.

제시된 철학자들의 이름과 그들이 만물의 근원이라고 주장한 것들을 완전하게 일치시켜 암기하는 데에는 무수한 반복이 요구됩니다. 그렇지만 정작 그러한 주장이 어떤 의미를 가지며 어떤 점에서 설득력이 있는가 하는 점에 대해서는 거의 가르쳐지지 않으며 학생들도 그런 문제에 대해서는 별로 생각하려고도 하지 않습니다. 왜냐하면 그 정도만 알면 시험문제를 푸는 데에 충분하기 때문입니다. 나아가 낯선 외국 사람들의 이름을 철자 하나 틀리지 않고 완벽하게 암기하는 것은 그야말로 엄청난 인내와 반복을 요구합니다. 이런 점에서 보면 학교공부는 고된 노동에 지나지 않습니다. 거기에서 공부의 의미나 재미를 발견한다는 것은 거의 불가능합니다.

정답을 알기 위한 교육은 가짜 교육이다

기계가 뭐지?

영화 "세 얼간이"에 나오는 '기계란 무엇인가?'하는 부분을 보면서 (강연에서는 짧은 동영상을 실제로 감상하였다), 우리 모두는 다 같이 크게 웃었습니다. 교수가 학생들에게 '기계의 정의가 무엇이냐?'고 묻자 주인공 란초는 자신의 삶에서 실제로 매일 사용하는 기계의 예를 들면서 기계란 무엇인지를 설명합니다. 여기에 대하여 교수는 그것은 정의가 아니라고 지적합니다. 이때 다른 학생이 손을 들고 책에 나와 있는 정의를 정확하게, 그러나 '앵무새'처럼 읊어댑니다. 교수는 이 학생의 대답을 듣고 뛰어난 대답이라고 칭찬합니다.

그런데 우리 모두는 영화에 나오는 이 수업장면을 보면서 코미디를 보는 것처럼 느꼈고 다같이 웃었습니다. 그런데 우리 학교에서 실제로 이루어지고 있는 공부를 가만히 들여다보면 교과서에 있는 기계의 정의를 있는 그대로 정확히 암기하고 말할 수 있는 앵무새 같은 학생들을 높이 평가하고 그런 학생을 기르기 위해서 온갖 노력을 다하고 있는 것으로 보입니다. 즉 우리 공부의 상당 부분은 책에 있는 내용을 토씨 하나 틀리지 않게 정확히 암기하는 공부에 바쳐지고 있습니다. 이런 점에서 우리나라의 암기식 교육은 '앵무새 키우기' 공부라고 할 수 있습니다.

혹자는 이런 공부도 의미가 있다고 생각할지 모릅니다. 물론 단순 암기를 필요로 하는 내용에 대해서는 이런 공부가 필요할 수도 있습니다. 이러한 반문과 관련하여 다음의 인용문을 다 같이 읽고 생각해 봅시다.

아주 먼 옛날 사마리아 지역을 여행하던 한 기독교 신자이자 문헌학도가 있었습니다. 그는 여행 길에 우물이 있는 '더럭'이라는 작은 마을을 지나가다가 그곳에서 하룻밤을 묵게 되었습니다. 그는 그 마을에 있는 사람들과 이야기를 나누다가 우연히 그곳의 옛 이름이 '수가'였다는 사실을 듣게 되었습니다. 그는 성경 지식과 여러 가지 사실을 종합한 결과 그 마을에 있는 우물이 예수가 한 비천한 여인을 만나 구원을 해주었다는 바로 그 우물임을 적어도 학술적으로는 처음으로 발견하게 되었습니다.

그 문헌학도는 그곳을 둘러보면서 성경에 나와 있는 사건을 떠올리고 하나님의 사랑에 대한 벅찬 감동을 느꼈으며 구원의 신비에 대한 오묘한 진리를 깨달았습니다. 그는 그곳에서의 감동과 깨달음을 기념하기 위하여 그리고 다른 사람들에게 이곳에 와서 자신과 유사한 경험의 기회를 갖도록 하기 위하여 지도 위에 최초로 그 우물의 위치를 표시하고 그곳을 '여인의 우물'이라는 이름을 붙였습니다. 나아가 그곳에서의 감동과 깨달음은 그로 하여금 신학을 공부하는 계기가 되었고 그의 신학사상을 형성하는 데에 중요한 기초가 되었습니다. 그리하여 그는 자신의 신학적 저서 서두에 우물가에서의 경험을 언급하며 그 우물의 위치를 표시하는 지도를 그려 놓았습니다.

역사는 흘러 그 사람은 저명한 기독교 신학자로 이름을 남겼고 오늘날 교과서에 그의 사상에 대한 간략한 소개와 함께 그 지도가 실리게 되었습니다. 그런데 그 내용과 지도를 두고 다음과 같은 질문에 해당하는 정답들을 학생들에게 암기시키고 있다고 가정해 봅시다.

"여인의 우물을 처음 발견한 사람은 누구인가?"

"여인의 우물은 언제 발견되었는가?"

"우물이 있는 마을의 현재 지명은 무엇인가?"

"그 여인이 만난 사람은 누구인가?"

지도에 여러 곳을 표기하고 "다음 중 여인의 우물은 어느 것인가?"

만일 그 사람이 하늘나라에서 이 모습을 본다면 과연 그는 어떤 생각을 하겠습니까!?

위의 글은 암기식 공부의 문제를 단적으로 보여주기 위해서 성경 요한복음 4장에 나와 있는 내용을 기초로 하여 제가 꾸며낸 이야기입니다. 그렇기는 하지만 저의 어릴 적 공부했던 경험이나 학생들이 하고 있는 공부를 관찰해 보면 대부분의 대학생들이 하고 있는 공부의 많은 부분이 위와 유사하다고 판단됩니다. 위의 글에서 알 수 있듯이 암기식 공부는 정작 공부해야 할 중요한 사항은 빠져있고 배워야 할 내용의 '겉데기'나 심하게 표현하면 '쓰레기'들을 암기하고 있는 것에 지나지 않습니다. 이런 공부를 통해서는 인간다운 인간을 기른다는 공부의 목적, 지식을 배워야 하는 진정한 목적을 달성할 수 없습니다. 이러한 공부는 말로만 지식교육일 뿐 진정한 지식교육이 아니며, 심하게 말하면 엉터리 공부이며 가짜 공부입니다. 교육학적인 용어로 이러한 교육은 언어주의verbalism 또는 문자위주의 교육이라고 일컬어집니다.

진정한 공부는 자유로운 사고를 바탕으로 한다.

관행처럼 행해온 이러한 공부 행태가 공부를 빙자한 엉터리 공부, 가짜 공부라고 한다면, 문제는 바람직한 공부방법은 무엇인가 하는 것입니다. 앞에 언급한 『탈무드』에 나오는 사나이가 문제로 지적하려고 한 것이 '정답을 알기 위한 공부'라면, 그 우화에 함의되어 있는 바람직한 공부의 방법은 '질문하기 위한 공부'라고 할 수 있습니다. 정작 그 사나이가 외치고 싶었던 것은 그가 길을 달리며 외치는 것과는 정반대의 말, 즉 '나는 질문을 가지고 있다. 누가 답을 알고 있는가?'하는 것이었을 것입니다. 그리고 그 말 속에는 질문이 있지만 그 질문에 대한 답, 그것도 소위 정답을 찾는다는 것이 결코 쉽지 않다는 것을 함축하고 있습니다. 즉 질문은 있지만 명확한 정답은 없다고 말하고 있다고 유추할 수 있습니다. 그리고 그가 사람들에게 일깨워주고 싶었던 공부하는 태도가 있다면 그것은 이 말에 함의되어 있는 공부하는 태도일 것입니다.

다시 탈레스는 "만물의 근원은 물이다."라고 말했다는 내용을 가지고 삶에 비추어 의미 있는 앎을 이끌어내는 공부, 즉 삶의 의미로서 지식의 관점에 함의되어 있는 수업의 예를 생각해 봅시다. 진리가 아니라 삶의 의미로서 지식을 배우는 학습자에게 있어 이 문장을 누가 이야기했느냐 하는 것은 중요한 문제가 아닙니다. 중요한 부분은 "만물의 근원은 물이다."라는 내용에 있습니다. 그런데 암기식 교육이 아니라 자신의 경험에 비추어 사고하는 일을 한다면 이 내용을 접하는 순간 학습자는 '만물의 근원은 과연 물인가?' 하는 의문을 갖게 됩니다. 물이 인간 삶에 중요한 요소라는 것은 인정한다 하더라도 저의 입장에서는 물이 만물의 근원이라고는 보기 어렵습니다. 이 경우에 "만물의 근원은 물이다."라는 말은 수학적 계산에 비유해 보면 $2 \times 3 = 8$이라는 풀이에 해당됩니다. 8이 정답이 아니듯이 물은 만물의 근원이 아닙니다. 따라서 물이라는 단어는 금과옥조처럼 외워야 할 단어가 아니라 별로 주의를 기울일 필요가 없는 쓸모없는 단어로 간주될 뿐입니다.

이때쯤 되면 수업 받는 학생들은 "그렇다면 과연 만물의 근원은 무엇인가?"하는 질문을 갖게 됩니다. 만일 이 질문에 대하여 스스로 대답하려고 하면 자신의 삶의 경험을 기초로 하여 답을 탐구해 보는 도리

밖에 없습니다. 그리고 그것을 탐구하려는 순간 여기서 말하는 근원은 도대체 어떤 종류의 것을 말하는가—그것은 정신적인 것인가 물질적인 것인가 아니면 이 세상에 있는 것인가 신과 같은 초월적인 것인가—하는 질문도 갖게 됩니다. 또한 그 순간 여기서 말하는 만물은 무엇인가, 여기에는 인간도 포함되는가 하는 등등의 질문이 꼬리에 꼬리를 물고 일어나게 됩니다.

앞의 기계의 정의나 제가 만든 일화에서도 살펴보았듯이, 곰곰이 생각해 보면 정답을 요구하는 시험문제에 대답하기 위하여 탈레스-물이라고 연결하여 반복해서 암송하여 외우는 공부방법은 질문을 제기하는 공부방법과 비교해보면 실로 한편의 코미디라고 할 것입니다. 그 문장을 배워야 하는 진정한 이유는 듣도 보도 못한 외국인의 이름과 오답이나 다름없는 단어를 연결시켜 암기하는 데에 있는 것이 아니라 만물의 근원에 대한 질문이 우리 삶에서 차지하는 의미와 가치를 이해하는 데에 있으며, 우리의 삶의 경험에 비추어 의미 있는 대답을 생각해 보는 데에 있습니다.

이런 관점에서 보면 교과서에 있는 지식을 배우는 과정은 자신의 지식과 경험을 끊임없이 검토하는 과정이라고 말할 수 있습니다. 따라서 지식을 배우고 이해한다는 것은 그 지식을 만든 학자의 주장을 그대로 암기하는 것이라기보다는 자신의 경험과의 적합성을 따지고 검토하면서 학습자가 납득할 수 있고 인정할 수 있는 의미를 가진 지식으로 변화시키고 받아들이는 것을 뜻합니다. 이런 점에서 보면 어떤 지식을 배우는 과정은 학습자의 능동적인 사고를 필요로 합니다. 그리고 학습자의 사고과정을 거친 결과로 갖게 되는 지식은 학습자 자신의 지식과 삶의 경험을 반영한 것이 됩니다. 이때에 갖게 되는 지식은 그 자체가 독창적이고 창의적인 것입니다. 그 지식은 이론가의 것도 아니요 학습자 단독의 것도 아닙니다. 그것은 책에 있는 이론가의 경험과 학습자의 경험이 만나서 생긴 것입니다.

이런 공부가 자리를 잡으려면 모두가 동의하는 지식 즉 진리를 배우는 것이 공부라는 생각에서 벗어나야 합니다. 삶에서 갖게 되는 앎인 삶의 의미는 사람들 사이에 서로 유사하기는 하지만 동일하지는 않습니다. 동일한 사람, 물건, 사건에 대하여 갖는 앎과 의미는 사람마다 다릅니다. 사실 지식은 바로 그러한 의미들을 명제화해 놓은 것입니다.

공부는 그러한 의미를 학습자의 입장에서 이해하고 재발견하는 과정입니다. 즉 지식의 암기가 중요한 것이 아니라 주어진 지식이 자신의 삶에 주는 의미가 중요한 것이며, 공부는 다름 아니라 그 의미를 찾아가는 제반 활동을 가리키는 것입니다. 이런 관점에서 보면 공부에 정답이 있어야 한다는 생각은 공부에 대한 가장 위험한 적이 됩니다. 교육 내용에 정답이 없다는 생각, 적어도 교육적으로 의미 있는 내용은 정답이 없다는 생각이 정착될 때, 학생들에게 자유로운 사고와 창의적인 사고를 장려하는 공부가 가능하게 됩니다. 그럴 때에 비로소 학생들에게 공부의 이름으로 자신의 삶의 경험을 검토하고, 독자적으로 사고하며, 자신의 생각을 표현할 수 있는 자유가 주어지게 됩니다.

요약적으로 말하면 지식을 배운다는 것은 자신의 삶에 비추어 지식을 이해하는 것이며, 따라서 자신의 경험의 의미를 탐구하는 것입니다. 그것은 정답이 있고 정답을 외우는 것이 아니라, 학습자 자신의 삶의 경험을 탐구하고 학습자 자신에게 적합한 의미들을 발견하고 배우는 것입니다. 이런 점에서 보면 공부는 일차적으로 누가 잘하고 누가 못하고의 경쟁의 문제가 아니라 각자가 자신의 삶의 경험을 이해하기 위한 노력입니다. 지식은 삶의 세계와 경험을 이해하기 위하여 인간이 개발한 방편이며 도구입니다. 삶의 경험을 이해하는 것은 각자가 탐구하는 만큼 소득이 있을 것이며, 그리고 서로 협동하는 만큼 쉽게 달성할 수 있을 것입니다.

공부는 질문을 배우는 것이다.

질문하는 공부가 본질적인 교육의 목적을 달성할 수 있는 길이며 인간의 올바른 앎의 방식과 부합하며 그러한 공부가 삶에 주는 유익함을 시간상 더 자세히 언급할 수는 없지만 제가 공부하면서 체험한 바에 비추어 보거나, 문헌을 통해서 전해지는 소크라테스나 공자의 말을 보아도 확인할 수 있는 사실입니다.

소크라테스는 사람들이 무지의 지를 깨닫도록 하는 것이 인간 삶에 가장 중요한 일이라고 생각하고, 사람들이 무지함을 깨닫도록 하는 일에 평생을 헌신한 철학자로 알려져 있습니다. 소크라테스가 등장하는 대화편을 읽어 본 사람이면 누구나 잘 알고 있을 것입니다만, 소크라테스는 대화를 통하여 대화 상대방이 잘 알고 있다고 생각하는 것이 사실은 피상적으로만 알고 있는 것일 뿐 제대로 아는 것이 아니라는 점을 깨닫게 해줍니다. 그리고 이러한 점을 깨우쳐주고 나서 제대로 된 앎을 찾기 위한 대화를 시작합니다. 이러한 소크라테스의 교육방법을 대화법 또는 산파술이라고 합니다. 또한 플라톤의 대화편들을 주의 깊게 읽으신 분이라면 잘 알고 있을 것입니다만, 대화는 언제나 답을 찾는 도중에 끝이 나고 맙니다. 즉 질문은 있지만 완전한 답을 찾지 못한 채 대화가 끝이 납니다. 이런 상태는 바로 "나는 질문을 가지고 있습니다. 누가 답을 알고 있습니까?" 하는 것과 같다고 할 수 있습니다.

이러한 생각은 공자의 말에도 잘 나타나 있습니다. 논어에 의하면 공자는 "인간의 앎은 항상 아는 것과 모르는 것이 함께 섞여 있다. 그러므로 어디까지 알고 있으며 어디서부터는 모르고 있는지를 분명히 하라. 그럴 경우에야 진실로 알고 있는 것입니다知之爲知之 不知爲不知 是知也."라고 말했습니다. 이 말에서도 잘 알 수 있듯이 우리의 앎은 항상 아는 것과 모르는 것이 뒤섞여 있습니다. 그렇다면 공부는 바로 안다고 생각하는 것 속에 있는 모르는 것을 분명하게 인식하고, 그것을 드러내는 질문을 하는 것이라고 할 수 있습니다. 그러니까 우리가 알고 있는 것 어느 것도 완벽하게 아는 것은 없다는 뜻입니다. 이 말 역시 "나는 질문을 가지고 있습니다. 누가 답을 알고 있습니까?" 하는 경우와 같은 것입니다.

어떤 사람들은 이 말에 대하여 곧바로 동의하지 않을 수 있습니다. 간단히 생각해도, 예를 들면 수학 공식이나 건국의 연대나 사람의 이름이나 나이와 같은 단편적 사실에는 정답이 있습니다. 그런데 간단히 사실을 확인하는 문제를 넘어서서 조금이라도 사고를 요하는 것, 예를 들면 '내가 누구인가? 또는 내가 만나는 사람이 누구인가?'와 같은 문제만 해도 쉽게 답을 얻을 수 있는 문제가 아닙니다. 흔히 말하듯이 평생을 같이 산 배우자나 십수 년을 사귀어 온 친구도 알다가도 모를 구석

이 있는 법입니다. 하물며 현재 한국사회가 당면한 정치적 문제, 한국
사회의 지역간 계층간 갈등을 해소하는 문제, 또는 전세계를 떠들썩하
게 하는 북한의 핵문제를 해결하는 문제, 지진과 같은 재해의 원인이
나 해결책, 심지어 바람직한 수학능력고사의 해결책 등등에 대한 답은
더더욱 그렇습니다. 나아가 진정한 정의, 자유, 평등, 사랑 등등에 대한
문제 역시 아무리 탐구해도 완전한 답을 안다는 것은 불가능합니다. 언
제나 아는 것과 모르는 것이 섞여 있을 뿐입니다.

　사실 공부를 뜻하는 한자어 학문學問이라는 말의 의미를 보아도 그렇
습니다. 학문은 '배운다'는 뜻을 가진 學과 '묻다'라는 뜻을 가진 問의
합성어입니다. 學問이라는 말의 뜻은 몇 가지 방식으로 해석할 수 있겠
지만, 오늘의 논의와 관련하여 보면 공부는 아는 것과 모르는 것의 통
합된 상태의 연속이라는 것입니다. 그러니까 學과 問이 함께 있는 學
問이라는 단어는 學에서 출발하여 問으로 끝나야 하며 學과 問이 함께
뒤섞여 있는 상태에 이르게 된다는 것을 의미한다고 해석할 수 있습니
다. 여기에서 한 걸음 더 나아가서 學을 '배우다'는 동사로 보며, 問을
'질문'이라는 명사이면서 學이라는 단어의 목적어로 볼 수 있습니다.
그렇다면 學問은 '질문을 배우는 것'이 됩니다.

프로쿠르스테스의 망령에서 벗어나서 질문할 줄 아는 인재로 거듭나자!

　'정답을 알기 위한 공부'에 몰두하는 우리교육을 보면서 가장 먼저
머릿속에 떠오르는 모습은 한쪽 발을 침대위에 올려 놓은 채, 한 손에

는 톱을 들고 다른 한 손에는 침대위에 눕혀 있는 어린 아이를 움켜주고 있는 프로크루스테스Procrustes의 캐리커처입니다. 그리스 신화에 나오는 괴물인 프로크루스테스는 아테네 교외에 있는 캐피소스 강을 가로지르는 다리 옆에 살았다고 합니다. 그는 쇠 침대를 가지고 있었는데, 모든 사람의 키가 쇠 침대의 길이와 일치해야 한다고 생각하였습니다. 그리하여 그는 다리를 지나가는 행인들을 집으로 잡아와서 쇠 침대에 눕히고 키가 침대보다 크면 다리를 잘라 죽이고, 침대보다 짧으면 늘여 죽였다고 합니다.

지금 우리나라의 교육은 '프로쿠르스테스의 망령'에 사로잡혀 있다고 할 수 있습니다. 인간의 특징을 규정하는 다양한 방식이 있겠지만, 인간은 사고하는 존재, 좀 더 정확히 말하면 자유롭게 사고하는 존재입니다. 그런데 일정한 길이를 가진 쇠 침대라는 정해진 잣대에 모든 사람의 키를 맞추겠다는 것과 같이 사람들에게 획일적인 생각을 갖도록 하는 것은 자유로운 사고의 발달을 저해하는 행위이며 그런 점에서 사람의 영혼을 죽이는 행위에 비유할 수 있을 것입니다.

청소년기나 대학생 때인 청년 전기는 정신적인 면에서 보면 제2의 탄생기라고 할 수 있습니다. 청소년기와 청년 전기인 대학생 시절에는 세상의 모든 것들에 대하여 진지하게 질문하고 심각하게 고민하는 시기입니다. 그리고 그런 과정을 통하여 자아 정체감을 형성하고 남은 인생을 살아갈 삶의 방향을 결정하는 시기입니다. 이처럼 자유로운 사고를 통하여 세상을 자유롭게 탐색해야 할 시기에 있는 청소년과 청년들에게 시험에 나오는 정답을 암기시키는 교육은 영혼의 건전한 발달을 저해하는 일이며, 심하게 말하면 영혼의 말살을 초래할 수 있는 행위가 될 수도 있습니다.

제4차 산업혁명이 몰고 올 앞으로의 삶을 진단하면서 캐빈 켈리Kevin Kelly는 "기계(또는 인공지능체)는 답을 하기 위해 존재하고, 인간은 질문을 하기 위해 존재한다"고 말했습니다. 인공지능 시대에 인간은 인공지능과 빅데이터를 내장하고 있는 컴퓨터에 비해 보잘것없는 정보만을 가질 수밖에 없습니다. 그러므로 어떤 문제에 대한 답을 찾는 것은 해결하는 데에 걸리는 시간의 면에서 보거나 탐구된 답의 질의 측면에서 보더라도 인공지능보다 현격히 떨어질 수밖에 없습니다. 그러나 인간이 할 수 있는 것은, 보다 중요하게 인간만이 할 수 있는 것은 우리의 삶을 향상시키는 데에 의미 있는 질문들을 만들어내는 것이며, 이 질문에 대하여 빅데이터를 활용하여 대답을 찾고, 다시 삶과 관련하여 그 대답이 어떤 의미가 있는지를 검토하기 위해 필요한 의문을 제기하고 탐구하는 것입니다.

그렇다면 4차 산업혁명 시대의 교육적 과제는 현재 잘못된 교육 즉 '정답을 알기 위한 공부'에서 하루 빨리 탈피해서 '질문하기 위한 공부'로 이행하는 것입니다. 이 문제는 수학능력고사의 평가방법을 절대평가로 바꾸는 정도의 문제와는 차원이 다른 중요한 문제입니다. 그것은 지식을 보는 근본적인 관점이 변화를 포함하여 교육 실제를 완전히 재구성하는 일이 될 것입니다. 이런 변화를 이끌어내기 위하여 4지나 5지 선다형 문제를 폐지하는 것과 같은 작은 시도에서부터 시작하는 것이 좋을 것 같습니다. 수능과 같은 전국적인 시험은 어쩔 수 없다 하더라도, 적어도 중등학교의 내신을 위한 시험이나 대학교의 시험은 선다형 문제나 단순한 암기 능력을 측정하는 문제의 비중을 줄이며, 극히 필요한 경우가 아니면 그러한 문제를 가능한 한 출제하지 않는 것이 가능할 것입니다. 그리하여 학생의 학습능력에 대한 평가의 중점을 암기력을 확인하는 것으로부터 질문하는 능력으로 옮기는 것입니다. 즉 일정한 지문을 제시하고 그 지문을 읽으면서 질문을 제기하도록 하는 방식입니다.

참고로 저는 1985년부터 대학 강의를 해왔습니다만 교실에서 보는 중간고사나 기말고사를 단 한 번도 실시한 적이 없습니다. 매주 공부할 내용을 먼저 읽고 자신의 삶과 앎에 비추어 글을 써오도록 하고 그것을 가지고 평가했습니다. 모든 강의는 질문과 토의를 중심으로 수업해왔습니다. 그리고 질문과 토의하는 공부법을 가르치고 연습시키기 위해 "대학교육의 의미와 대학생의 공부법"이라는 교양강좌를 개설하고 운영하고 있습니다. 여기에 일일이 소개할 수는 없지만 많은 학생들이 그러한 공부를 통해서 자기 자신의 내면에 생각할 수 있는 능력과 좋은 생각을 이끌어낼 수 있는 능력이 있다는 것을 비로소 알게 되었다고 저에게 자랑처럼 이야기를 하는 것을 들을 수 있었습니다. 그리고 공부가 재미있다는 것을 평생 처음으로 깨닫게 되었다는 고백도 수도 없이 들었습니다.

여러분! 공부의 방법을 바꾸어 보지 않으시렵니까? 저의 경험을 가지고 확신을 갖고 이야기합니다만 공부방법을 바꾸면 여러분의 인생이 변화할 것입니다. 이제 그 변화의 길을 향하여 나아가기를 교육학자의 염원을 담아 간절히 부탁드립니다.

묻고 답하기

고등학교 때부터 친구랑 서로 질문을 하며 주입식 공부를 한 적이 있습니다. 그런 방식은 교수님이 얘기한 질문하면서 공부하는 것과 다른 것 같습니다. 그것 말고 서로 질문을 해가며 공부하는 방법은 어떻게 하면 갖게 될 수 있습니까?

기본적으로 그 방법은 어떤 내용을 단순히 암기하려고만 하지 말고 이해하려고 노력하는 것입니다. 그냥 암기하려고 하면 아무 생각 없이 말을 반복해서 되뇌이게 되지만 이해하려고 하게 되면 생각이 작동하게 되고, 생각이 작동하게 되면 질문이 생기게 됩니다. 오늘 강의와 관련해서도 마찬가지입니다. 오늘 강의에서 한 주장들은 조금만 더 깊이 이해하려고 하면 '저 사람에게 공부는 무엇일까?', '구체적으로 저런 공부방법에 대한 생각을 어떻게 갖게 되었을까?', '저렇게 공부하면 과연 어떤 유익함이 있는가?', '어떤 질문은 진짜 질문이고 어떤 질문은 가짜 질문일까?', 방금 학생이 질문했듯이 '질문하는 공부법은 어떻게 획득하게 되는가?' 등등과 같은 많은 질문들이 생겨납니다. 우리는 외우려는 공부를 주로 해왔습니다. 그런데 외우기를 멈추고 더 잘 이해하려고 노력하게 되면 '질문'이 생길 겁니다. 그러면 그러한 질문을 그냥 버리지 말고 좀 더 깊게 생각하며 답을 탐구하는 자세를 가지십시오. 그러면 질문하는 것에 조금씩 익숙해 질 것입니다.

대학생들이 질문을 하고 창의적인 생각으로 답을 도출해내고 싶어도 아직 우리나라는 암기를 잘 해야 좋은 점수를 받을 수 있는 시스템입니다. 더 나아가 자기가 관심이 없거나 흥미롭지 않은 분야는 질문하기 어려운데 어떻게 하면 모든 분야에서 질문

을 잘 할 수 있을까요?

우선 모든 분야에서 질문을 잘 하겠다는 것 자체가 욕심입니다. 인간은 누구나 자신이 관심이 있고 흥미를 갖고 있는 것에 대하여 진지하게 생각하고 탐구하게 되어 있습니다. 그런 점에서 관심이 없거나 흥미롭지 않은 분야에 대해서 공부를 하지 않거나 궁금해 하지 않는 것은 조금도 이상할 게 없습니다.

다만, 설령 현재 자신의 관심사는 아니라 하더라도 기회가 있을 때마다 배우려는 자세를 갖는 것이 매우 중요합니다. 어떤 분야에 대하여 관심이나 흥미가 없는 것은 본성상 그런 것이 아니라 그 분야에 대하여 잘 모르기 때문일 경우가 많습니다. 그러므로 삶의 다양한 길에 대한 이해를 통하여 나의 삶의 길을 결정해야 하는 대학생 시기에는 관심이 있다 없다는 식으로 이분적으로 속단하지 말고 모든 것이 잠재적으로 나의 삶의 중요한 관심사가 될 수 있다는 마음자세를 가질 필요가 있다고 생각합니다.

배움의 과정에서 질문은 참 의미 있는 것인데 수학과 같이 답이 정해져 있는 학문에서는 어떻게 질문을 할 수 있을까요?

수학은 보통 문제풀이를 하는 교과라고 생각하는 경향이 있습니다. 그러나 제가 듣기로는 엄밀하게 말하면 수학은 문제풀이를 하는 학문이 아닙니다. 물론 지금 학교 교육과정에서 우리에게 요구하는 수학내용은 문제풀이 능력을 요구하고 있기는 합니다만, 단순히 문제풀이의 경우에도 그런 풀이 과정을 암기하는 공부를 하는 학생들은 수학을 잘하는 학생이 되기 어렵습니다. 풀이 과정을 정확히 이해하는 것이 중요하며, 그러려면 풀이 과정을 이해하기 위하여 왜 저렇게 푸는가 하는 의문을 가져야 할 것입니다. 그리고 나아가 좀 더 좋은 다른 방법은 없는가 하는 질문을 가져야 할 것입니다. 저의 경험에 의하면 수학은 응용문제를 풀 수 있는 능력이 매우 중요한데, 특히 응용문제에 강해지려면 풀이보다도 문제 자체의 질문의 성격을 잘 이해하려는 노력이 있어야 합니다. 그 노력은 바로 이 문제는 어떤 질문인가를 이해하려는 질문을 가져야 가능합니다.

이 문제와 관련하여 할 이야기가 더 있습니다만, 시간상 학문으로서 수학의 성격을 잠시 언급하는 것이 학생에게 좀 더 생각할 거리를 제공하는 데에 도움이 될 것 같습니다. 학문으로서 수학은 문제를 푸는 것 이상으로 중요한 것이 질문입니다. 역사상 유명한 수학이론이나 정리들은 하늘에서 진리로 떨어진 것이 아니라 수학자들이 자신이 갖고 있는 지식과 삶의 경험 속에서 질문을 제기하고 탐구하는 결과로 얻게 된 것입니다. 일례로 '페르마의 마지막 정리'라는 수학의 유명한 정리가 있습니다. $x^n + y^n = z^n$에서 $n \geq 3$일 때에 이를 만족시키는 x, y, z의 자연수의 값은 없다는 것입니다. 페르마의 이 정리는 페르마가 죽은 후에 페르마가 사용하던 책을 보던 제자가 책에 쓰여 있는 메모를 통해 발견한 것입니다. 그 책에는 페르마가 이 정리를 증명하는 과정을 책의 여백에 기술하다가 지면상 중도에 멈추고는, 자신은 이 정리를 다 증명했는데 이 정도로 기술하고 그만둔다고 적혀있었다고 합니다. 이 정리가 발견된 것은 17세기 중반 그러니까 약 350년 이상되었습니다.

그런데 이 문제를 증명하려고 많은 수학자들이 노력했지만 증명할 수 없었습니다. 그 정리를 증명했다는 수학자들이 간간이 있었습니다만, 검토하는 과정에서 성공적으로 증명하지 못한 것으로 판명되었습니다. 그러다가 그 문제를 해결하려고 시도해본 수학자들은 그 당시까지는 밝혀지지 않은 새로운 수학적 지식이 필요하다는 것을 알게 되었습니다. 여기에 대하여 더 이상은 잘 모릅니다만 그 문제를 해결하려는 노력을 하는 동안 '위상수학'이라는 새로운 수학의 분야가 생겨났다고 들었습니다. 페르마의 마지막 정리는 처음 발견된 이후 약 350년이 지난 1995년에야 타당한 정리로 증명되었습니다. 그렇다면 그때까지는 이 정리는 가설이었으며 가설은 질문입니다. 그리고 그 질문은 새로운 질문을 낳게 되었고, 페르마의 마지막 정리와 새로 생긴 질문을 해결하는 과정에서 위상수학이라는 새로운 영역을 낳게 되었다고 보아야 할 것입니다.

영화 <세얼간이>에 나오는 '기계란 무엇인가' 하는 장면을 보면 기계의 정의를 자기 자신의 방식대로 말하다가 주인공 란초는 교실에서 쫓겨나게 됩니다. 이런 교사나 교수님의 강의를 들으면서 좋은 성적을 받으려면 란초도 기계의 정의를 외울 수밖에 없을 것입니다. 우리 역시 이와 유사한 상황에 놓여 있는데, 어떻게 대응해야 합니까?

참 어려운 문제입니다. 학생의 말은 질문을 하는 공부를 하고 싶은데, 그러니까 적어도 암기 위주의 공부를 하고 싶지는 않은데 현재 학교에서 그럴 수가 없다는 것이지요! 사실 교사나 교수님들이 평가방식을 바꾸지 않는 한 학생들이 공부방법을 바꾸기는 싫지 않을 것입니다. 여기에 대해서는 별로 드릴 말씀이 없습니다. 그렇지만 여기서 저는 '암기의 역설' 이라는 말씀을 드리고 싶습니다. '암기의 역설' 이란 수업시간에 배우는 내용을 '암기하려고 하면 암기가 잘 안 되고, 암기하지 않으려고 하면 암기가 잘 된다' 는 말입니다.

제가 대학 3학년 2학기 어느 날부터 공부방법을 바꾸게 되었습니다. 중학교 시절부터 그 때까지는 수업시간에 강의를 들으면서 중요한 내용을 암기하려고 무진 애를 썼었다면, 그때부터는 강의를 들으면서 이해하려고 노력하고 그러면서 생기는 질문들을 중시하는 공부방법을 채택하게 되었습니다. 그랬더니 오히려 암기가 훨씬 잘 된다는 점을 발견하게 되었습니다. 암기식 공부는 시험을 보고 나면 많은 부분이 사라질 뿐만 아니라 기억하고 있다고 해도 극히 단편적인 이해에 머무르게 됩니다. 암기의 역설이 맞다면 질문하는 공부는 기억도 훨씬 오래갈 뿐만 아니라 그 내용과 관련된 사실들을 폭넓게 이해하면서 기억하게 해 줍니다. 어쨌든 바라기는 교사나 교수님들께서 평가방식을 하루라도 빨리 그리고 근본적으로 바꾸기를 기대합니다. 그때까지는 여러분 각자의 건투를 빌 따름입니다.

저는 질문이 생기면 교수님께 하는데 교수님은 질문이 생기면 누구에게 하세요?

모든 질문이 그렇다고 생각합니다만, 질문은 자기 자신에게 하는 것입니다. 질문은 질문에 이어 새로운 질문을 낳는 것이 일반적입니다. 그렇다면 진정한 질문은 질문이 생기고 나면 한 번에 즉각적으로 대답되는 것이 아닙니다. 질문을 가지고 있으면서 대답을 찾으려고 노력하면 대답이 생기는 듯하면서 새로운 질문을 낳게 됩니다. 그리고 새로운 질문에 대하여 대답이 생기려고 하면 다시 새로운 질문이 제기됩니다. 이처럼 질문에 대한 답을 탐구하기 시작하면 계속해서 질문이 꼬리를 물고 나타나게 됩니다. 이러한 일련의 질문은 나의 앎과 삶의 경험과

긴밀한 관련이 있는 것이기 때문에 질문은 나 자신의 것이면서 질문에 대한 대답을 물어보아야 할 일차적인 상대방도 바로 나 자신입니다.

그렇지만 우리의 지적 능력은 제한되어 있습니다. 질문이 생기면 흔히 그러하듯이 질문에 대한 답을 알 만한 사람에게 물어보는 것은 인지상정입니다. 그 사람은 주변에 있는 지인일 수도 있고 관찰되는 삶의 현상일 수도 있습니다. 그렇지만 공부하는 사람으로서 가장 신뢰할 만한 의논 상대는 책입니다. 물론 좋은 책이어야 합니다. 그런 점에서 고전, 즉 위대한 저서들은 신뢰할 수 있는 최고의 의논 상대입니다.

질문이 생기면 서둘러 답을 찾으려고 하지 마십시오. 그러면 그 답은 십중팔구 그다지 좋지 않은 답일 것입니다. 질문을 가지고 책을 읽거나 적절한 교수님이나 지인들과 대화를 하다보면 질문이 스스로 공부하고 답을 찾는 것을 느낄 수 있습니다. 그러니까 질문이 스스로 공부하고 답을 찾을 때까지 문제를 잘 숙성시키는 것이 중요합니다. 이 모든 일의 중심에는 질문을 제기한 사람, 바로 자기 자신이 있습니다.

최진덕

서강대학교 철학과를 졸업하고, 서강대학교에서 철학박사학위를 받았다. 현재 한국학중앙연구원 인문학부 철학교수로 재직하고 있다. 주요 저서로는 『인문학, 철학, 그리고 유학』(2004), 『민본주의를 넘어서: 동양의 민본사상과 새로운 공동체 모색』(2000, 공저), 『주자학을 위한 변명: 나정암의 이일분수 철학』(2000), 『심경』(2009, 공저), 『유교의 예치 이념과 조선』(2007, 공저), 『군자의 나라』(1999, 공저) 등이 있다.

정의보다 이익이 더 중요하다

영남대학에 오니 옛 일이 생각납니다. 대학교에 들어와 첫 학기, 봄은 찬란하고 여학생들은 예쁘기만 했습니다. 그런데 어느 날 여학생 한 명을 두고 내 친구가 누군가와 치고받고 싸우는 장면을 보았습니다. 두 녀석은 결국 엉겨 붙더니 포장이 안 된 인도 위에서 먼지를 풀풀 날리면서 뒹굴었습니다. 또 한 번은 졸업을 앞둔 4학년 학생이 학점을 못 받아 졸업을 못하게 되었다고 어느 깐깐한 젊은 교수님과 언쟁을 하다가 급기야 주먹질을 하고 엉켜 붙어 뒹구는 장면도 보았습니다. 그것도 캠퍼스 안에서 여러 학생들이 보는 데서 말입니다.

도덕적으로 보면 있을 수 없는 일들입니다. 더군다나 학생이 교수님과 싸운다는 것은 말이 안 됩니다. 교수님이 설령 잘못을 했다 해도 학생이 달려들어 주먹질까지 해댔으니 천인공노할 패륜적 작태입니다. 하지만 70년대 초 가난하고 아직 미개하던 시절, 소유를 향해 야만적이라 할까 야성적이라 할까 그렇게 돌진하는 시대분위기가 있었습니다. 그 패륜적 작태들 또한 그런 시대분위기의 산물이 아닐까 생각됩니다. 그 시절의 학생들보다 훨씬 더 부유하고 훨씬 더 세련된 요즘 학생들이라면 아마 상상조차 할 수 없을 것입니다.

70년대 초의 야만성 혹은 야성을 무조건 좋다고 말할 수 없습니다. 마찬가지로 그런 야성을 거의 잃어버린 요즘 우리 젊은이들의 나약함을 무조건 나쁘다고 말할 수 없습니다. 시대의 변화는 누구라도 어쩔 수 없는 측면이 있기 때문입니다. 잘 살게 되고 많이 배우게 되면 누구라도 좀 나약해집니다. 그렇다고 시대가 흘러가는 대로 그냥 내버려두자는 것도 좀 이상합니다. 그래서 늙은이의 잔소리가 시작됩니다. 오늘 그런 잔소리를 좀 해볼 작정입니다. 주제는 야성입니다. 오늘날 대한민국의 최대 문제는 우리 젊은이들의 야성이 자꾸 사라지고 있다는 것입니다. 야성의 상실에 비하면 청년실업, 성장부진, 안보불안 등의 문제는 사소할지 모릅니다. 젊은이들한테 야성이 없다면 나라의 미래가 없기 때문입니다.

개인과 가족 등 사적 영역에서는 도덕이 중요합니다. 사회와 정치의 공적 영역에서는 정의가 중요합니다. 사적 영역과 공적 영역, 도덕과 정의 사이에 경계선은 불분명합니다만 여러분은 귀에 딱지가 앉도록 그렇게 배웠을 것입니다. 틀린 얘기는 아닙니다. 하지만 도덕과 정의, 더 나아가 법률까지 모두 우리가 잘 살기 위해 그때그때 상황에 따라 임시로 만든 것이라는 얘기는 별로 들어보지 못했을 것입니다. 법률이 보편적 진리가 아니라는 것쯤은 여러분도 알 것입니다. 법률은 특정 시점에 특정 인간들이 만들었고 시대가 바뀌면 따라서 바뀝니다. 하지만 도덕과 정의도 법률과 마찬가지로 보편적 진리가 아니라는 얘기는 별로 들어보지 못했을 것입니다.

나라마다, 시대마다 정의가 다르고 도덕이 다릅니다. 영국 사람들은 영국식으로 살고 일본 사람들은 일본식으로 삽니다. 같은 영국 사람이라도 헨리8세 시대의 영국 사람과 오늘날 영국 사람은 살아가는 방식이 크게 다를 것입니다. 같은 시대를 사는 한국인이라도 경상도 영덕 사람과 서울 강남 사람은 살아가는 방식이 크게 다릅니다. 물론 같은 점도 있습니다만 같은 점은 도덕과 정의나 법률보다 더 깊은 차원에서나 찾아질 수 있는 그런 것입니다. 삶의 방식이라는 차원에서는 같음보다는 다름이 압도적입니다. 그런데도 우리나라에는 시대의 차이, 지역의 차이를 묻지 않고 보편적 진리, 보편적 정의, 보편적 도덕을 고집하고 강요하는 교조주의자들이 많습니다. 특히 교수, 기자, 교사 등 좀 배웠다는 먹물들 중에 많습니다.

시야를 우주로 넓혀서 생각해 봅시다. 산에 가면 꽃이 피고 새가 웁니다. 하지만 어떤 꽃도 도덕이나 정의나 법률 때문에 피지 않습니다. 어떤 새도 도덕이나 정의나 법률 때문에 울지 않습니다. 꽃이 피고 새가 우는 것은 번식을 위해서입니다. 자연세계는 도덕이나 정의나 법률과 같은 인간이 만든 질서와는 무관하게 자연법칙에 따라 굴러갈 따름입니다. 시야를 다시 좁혀 인간 세상에 대해 생각해봅시다. 시장에 가면 사람들이 물건을 사고팝니다. 인간세상에서 시장만큼 활력이 넘치는 곳도 없습니다. 왜 사람들은 시장에 모여 사고팔까요. 시장의 어느 누구도 도덕이나 정의 때문에 사고팔지는 않습니다. 오직 이익 때문입니다.

그렇다면 많은 교조적 먹물들이 시공을 넘어 보편적이라 믿어온 그런 도덕이나 정의가 있다고 보기는 어렵습니다. 자연과 인간을 가리지 않고 삼라만상이 자신의 생명을 유지하고 확장하기 위해 목숨 걸고 분투합니다. 자신의 생명을 유지하고 확장하는 데에 도움이 되면 이익이고 그렇지 못하면 손해입니다. 삼라만상은 예외 없이 손해를 피하고 이

익을 얻고자 원합니다. 사기꾼 도둑놈도 예외가 아니고, 부처님 예수님
도 예외가 아닙니다.

　도덕이나 정의는 사람들이 모여 살다 보면 걸핏하면 이익을 둘러싸
고 싸우기 때문에 싸움을 막고 공동의 이익을 확보하기 위해 임시로
만든 규칙에 불과합니다. 다 우리가 잘 살기 위해 만든 것들입니다. 그
런데 잘 살기 위해 만든 도덕과 정의가 어느 사이엔가 불변의 보편적
진리로 둔갑하여 우리의 삶을 지배하고 있습니다. 우리의 삶을 위해 도
덕과 정의가 있어야 하는데 거꾸로 도덕과 정의를 위해 우리의 삶이
있게 되는, 말하자면 목적과 수단이 뒤바뀌고 주인과 손님이 뒤바뀌는
괴변이 일어난 겁니다. 역사와 문명이 시작되고 나서 종교와 철학이 출
현하면서 그런 괴변이 일어나, 그 괴변이 책 좀 읽었다고 자부하는 먹
물 지식인들의 의식을 아직까지 지배하고 있습니다.

야성은 우주의 근원 혹은 마음의 근원에서 솟아나온다

　삼라만상이 자신의 생명을 유지하고 확장하기 위해 분투하면서 자
신의 이익을 추구한다면, 도덕과 정의도 오늘날의 실증법과 마찬가지
로 본래는 공동의 이익을 지키기 위한 수단에 불과하다면, 앞에서 내
가 대학교 신입생 시절에 목격했던 두 가지 불미스런 사건을 무조건
비난하기는 어려울 것입니다. 도덕을 기준으로 보면 우주 전체가 부도
덕하고, 정의를 기준으로 보면 우주 전체가 정의롭지 못합니다. 정말로
우주 전체가 부도덕하고 정의롭지 못한 것일까요. 아니면 우리 인간들

이, 그중에서도 특히 스스로 잘났다고 자부하는 먹물들이 존재하지도 않는 불변의 보편적 진리라는 허상을 만들어내어 큰 착각에 빠져 있는 것일까요.

삼라만상이 자신의 생명, 자신의 이익을 위해 분투노력하고 있다면 우주의 근원 또한 그런 분투노력과 전혀 다른 어떤 것일 수는 없을 것입니다. 우리가 원하는 것은 실은 우주의 근원이 본래부터 원해온 것이 아닐까요. 만약 그렇지 않다면 우리가 왜 생명을 원하고 이익을 원하겠습니까.

우주의 근원에는 아마도 우주가 없을 것입니다. 우리가 그 안에 살고 있는 이 우주는 잠시도 쉬지 않고 변화하고 있는 것으로 봐서 처음부터 있었던 것이 아닌 듯합니다. 이 우주는 틀림없이 없다가 생겨났을 것입니다. 그러니까 우주의 근원에는 원래 아무것도 없었습니다. 아무것도 없다가 그 아무것도 없음에서부터 삼라만상이 생겨났습니다. 하지만 그 아무것도 없음 속에는 이미 삼라만상이 생겨날 가능성이 있었을 것입니다. 그 아무것도 없음이 바로 무無입니다.

존재하는 모든 것 즉 유有는 무에서 생겨났습니다. 무 속에 유의 가능성이 있었기 때문입니다. 그리고 존재하는 모든 것은 현재의 그 상태로 머물지 않고 잠시도 쉬지 않고 변화를 거듭하다가 언젠가는 다시 무로 돌아갑니다. 우주는 없다가 있게 되고 있다가 없게 되는 식으로 그렇게 돌고 돕니다. 돌고 도는 우주에서 자신의 생명, 자신의 이익을 바라는 살아있는 모든 것들의 간절한 욕망도 결국 우주의 근원에 있는 무에서 나오는 것입니다.

그 간절한 욕망은 우주의 자기표현입니다. 도덕과 정의를 보편적 진리로 탈바꿈시키고 도덕과 정의의 이름으로 그 간절한 욕망에 대해 경멸을 표하는 자들을 경멸해야 합니다. 그 간절한 욕망이 바로 야성입니다. 도덕과 정의와 법률 등 문명세계의 각종 질서에 의해 억압받고 순치되기 이전 인간의 야성은 아무것도 없는 우주의 근원 즉 무에서 나왔습니다. 야성을 야만성이라 해도 좋고, 풍류風流라고 해도 좋습니다. 야성 혹은 풍류는 도덕과 정의보다 훨씬 더 근원적인 것입니다. 야성 혹은 풍류가 없다면 도덕과 정의는 인간의 삶을 구속하는 말라비틀어진 잔소리로 전락하고 맙니다. 우리는 지금껏 그런 잔소리에 너무 시달려왔습니다.

이것은 제법 고원한 얘기이긴 합니다만 마냥 고원하기만 한 얘기는 결코 아닙니다. 실은 우리의 마음이 일상적으로 경험하는 것입니다. 인생은 스트레스의 연속이지만 잠시 스트레스를 풀고 마음을 한 번 시원하게 비워봅시다. 물론 제대로 비우기는 매우 어렵습니다. 불가능할지도 모릅니다. 하지만 어렵게만 생각할 필요는 없습니다. 평일 내내 스트레스에 시달리다가 주말에 술 한 잔 하고 다 잊어버리고 한 숨 푹 자고나면 몸도 마음도 다 개운해집니다. 그러면 새 힘이 생깁니다. 바로 그 새 힘이 야성입니다.

술 한 잔 하고 다 잊어버리고 한 숨 푹 자는 것, 그것이 다름 아니라 무로 돌아감입니다. 무로 돌아갔더니 거기에서 새 힘이 생겨나더라는 것이고, 바로 그것이 야성이라는 겁니다. 여기서 중요한 것은 모든 것을 다 버리고 마음을 비우는 것입니다. 마음을 비운다는 것은 곧 우주의 근원인 무로 돌아감을 뜻합니다. 야성은 아무것도 없는 텅 텅 비어 있는 우주의 근원 혹은 마음의 근원에서 솟아오르는 힘입니다.

야성의 상실, 퇴폐와 허무주의, 그리고 "헬조선"

야성을 우주론적으로도 설명하고 심리학적으로도 설명했습니다. 실은 이 우주가 곧 내 마음이므로 우주론적 설명이 곧 심리학적 설명입니다. 이제 우리 근현대사로 관심을 돌려봅시다. 우리 근현대사는 19세기 말 조선왕조의 자멸 이후 식민지와 분단, 전쟁과 빈곤으로 얼룩진 참담한 비극의 역사였습니다. 언필칭 도덕과 정의를 부르짖음으로써 한 시대 특정 부류의 사람들로부터 스승으로 추앙을 받았던 함석헌이란 분이 있습니다. 그 분은 우리 근현대사를 가리켜 시궁창에 빠진 국제창녀라고 했습니다. 하지만 5.16혁명이 일어난 1961년 당시 미국 대통령 오바마의 조국 케냐보다 못살던 대한민국이 이제는 전 세계 후진국들이 다 부러워하는 경제대국입니다.

요즘 젊은이들은 "헬조선"이라 저주하지만 대한민국의 공업생산력은 미국, 중국, 일본, 독일 다음 5등입니다. 수출 또한 세계 5등입니다. 외국인 근로자가 2백만입니다. 이중엔 꽤 많은 불법 체류자들이 포함되어 있습니다. 그들은 나가라 해도 나가지 않습니다. 내가 근무하는 한국학대학원에서는 외국인 유학생 수가 전체 학생의 절반을 넘을 정도로 많습니다. 그들 대부분은 대한한국의 경제발전과 한류에 관심이 많고, 우리 젊은이들과는 정반대로 대한민국에 대해 존경의 염을 가지고 있습니다. 대한민국이 "헬조선"이라면 2백만 외국인 근로자들과 수많은 외국인 유학생들은 제 발로 지옥을 찾아온 셈이 될 것입니다.

대한민국의 놀라운 경제성장은 5.16 당시 아무도 예측하지 못한 것이었습니다. 왜냐하면 자원도, 자본도, 기술도 없었기 때문입니다. 있는 것이라고는 세계 최고의 인구밀도를 자랑하던 인력뿐이었습니다. 하지만 그 인력마저 잘살아보겠다는 의욕만 있을 뿐, 교육받은 고급인력이 못됐습니다. 이런 나라가 어떻게 산업화에도 성공하고 민주화에도 성공할 수 있었는지 그 이유를 사회과학적으로는 설명하기가 어렵습니다. 어쩌면 아무도 모를지 모릅니다. 인간이 만들어나가는 역사 또한 알 수 없는 신비인 듯합니다.

이런 경우엔 다소 비과학적으로 들리겠지만 철학적인 설명을 시도해볼 필요가 있습니다. 바로 야성입니다. 19세기 후반 내우외환에 시달리는 조선조의 마지막 모습은 차마 눈 뜨고 볼 수 없을 정도로 처참했습니다. 전쟁 한 번 해보지 못하고 일본에 나라를 넘겨준 다음, 일본의 식민지에서 남의 힘으로 해방되었습니다. 해방은 남북 분단의 비극을 낳고, 분단의 비극은 다시 전쟁으로 이어지고, 전쟁은 처참한 빈곤을 낳았습니다. 이렇게 해서 우리 민족사는 더 이상 내려갈 수 없는 바닥까지 내려갔습니다. 다시 말해 우리 민족사는 자신의 모든 소유를 박탈당한 채 아무것도 없는 무로 돌아간 것입니다. 우주의 근원과 맞닿아 있는 바로 그 역사의 무로부터 야성이 폭발했습니다.

이렇게 폭발한 야성이 행방공간의 혼란 속에서 대한민국을 세우고 6.25를 극복하고 60년대 이후 기적적 경제발전을 추동해낸 근본적인 힘이었다고 나는 생각합니다. 아무것도 가진 것이 없는 자의 힘을 한번 생각해보기 바랍니다. 부자와 거지가 외나무다리에서 마주 치면 누가 먼저 물러나겠습니까. 잃을 게 많은 부자가 먼저 물러날 공산이 큽니다. 거지는 밀쳐봐야 본전이니 거칠 게 없습니다. 50년대, 60년대의 우리는 아무것도 가진 게 없는 거지신세였습니다. 우리에 비하면 북한은 양반이었습니다. 70년대 초까지 북한이 남한보다 더 잘살았습니다. 5.16혁명으로 정권을 잡은 박정희는 당시의 나라꼴을 살펴보고는 "도둑맞은 빈 집 같다"고 하면서 "혁명 괜히 했다"는 말까지 했습니다. 갈 데까지 가버린 거지신세였기에 우리는 거칠 것 없이 야성을 폭발시킬 수 있었습니다.

1868년에 일본에서는 메이지유신이 일어났습니다. 메이지유신은 세계사에서 백인이 아닌 황인종이 이룩한 최초의 근대화 혁명입니다. 메이지유신이 성공하고 나서 약 백 년 뒤, 대한민국에서 근대화 혁명이 시작되었습니다. 대한민국의 근대화 성공은 일본의 메이지유신보다 훨씬 더 드라마틱한 사건입니다. 일본은 유에서 유를 창조했지만 대한민국은 무에서 유를 창조했기 때문입니다.

우리는 조선시대 이래 1950년대까지 가진 게 없는 가난한 농업사회로 일관하다시피 했지만 일본은 메이지유신 이전 에도시대 때부터 상당한 수준으로 근대화가 진척되고 있었습니다. 에도시대 일본은 전국적으로 상업이 활성화되어 에도나 오사카와 같은 세계 최대 도시들이 들어섰습니다. 게다가 17세기부터 당시 유럽 최고의 선진국이던 화란과 교역하며 서구문물을 본격적으로 수입했습니다. 일본은 은둔의 왕국 조선과는 전혀 다른 나라였습니다. 조선과 비교하면 일본은 이미 17세기부터 근대였습니다.

그런데 유에서 유를 창조한 메이지유신의 영웅들은 자기 국민들로부터 존경을 받고 있는 데 반해 무에서 유를 창조한 대한민국 근대화의 영웅들은 자기 국민들로부터 외면을 당하고 있습니다. "헬조선"이란 젊은이들의 근거 없는 자학 속에는 근대화의 영웅들이 만들어낸 세계사적 기적에 대한 의도적 외면과 비아냥거림이 들어 있습니다.

빛이 있으면 그늘이 있게 마련입니다. 역사의 모든 빛나는 발전의 이면에는 반드시 어두운 그림자가 따라다닙니다. 빛과 그늘은 동전의 앞뒷면과 같은 관계입니다. 동전의 뒷면이 없다면 앞면도 있을 수 없는 것처럼 그늘이 없다면 빛도 없습니다. 도덕과 정의에 집착할수록 어두운 그림자는 크게 보이고 빛나는 발전은 하찮게 보입니다. 도덕과 정의는 역사상 단 한 번도 온전하게 실현되어 본 적이 없는 허구의 이상에 불과합니다. 허구의 이상에 집착하면 자신이 그 속에 사는 현실은 늘 개떡 같아 보일 수밖에 없습니다. 그런 것이 허무주의입니다. "헬조선"이란 저주의 이면에 허무주의가 있습니다.

허무주의는 야성의 완전한 상실입니다. 우리 젊은이들 사이에 "N포세대"라는 말이 있습니다. 결혼도 포기하고 취직도 포기하고 포기할 수 있는 것은 다 포기하는 세대라는 뜻인 듯합니다. 무한 포기는 세상만사에 통달하고 마침내 무로 돌아가는 체념이 전혀 아닙니다. 그것은 완전한 허무주의, 무책임한 패배주의, 무기력증이라는 심각한 질병입니다. 일찍이 우리보다 선진국인 일본에 야성을 상실하고 무기력증에 빠진 젊은이들이 많다는 얘기를 들었습니다. 우리 근대화의 영웅들이 오매불망 한 번 이겨보고자 죽을힘을 다해 달려들었던 그 일본을 아직 이겨보지 못했는데 벌써 젊은이들 사이에 무기력증 환자들이 늘어난다니 한심합니다.

허무주의, 패배주의, 무기력증이 창궐한다면 대한민국의 미래는 없다고 단정해도 좋습니다. 우리 젊은이들 모두가 그런 것은 절대 아니겠지만 일부라도 야성을 상실하고 있다면 이보다 더 큰 문제는 없습니다. 청년실업도, 경기부진도, 북한핵문제도 야성의 상실에 비하면 사소한 문제들입니다. 젊은들 사이에 인간과 세상의 현실을 도외시한 채 걸핏하면 도덕과 정의를 외치면서 잘난 체하기만 할 뿐, 만난을 무릅쓰고서라도 남보다 더 잘 살아보겠다는 강인한 의지가 없다면 대한민국은 활력을 잃고 시들어갈 일만 남았습니다. 맹자는 "나아감이 빠른 자는 물러남도 빠르다"고 했습니다. 급속하게 일어선 대한민국은 꼭 같은 속도로 주저앉아버리고 한강의 기적은 한강의 비극으로 끝날 수도 있습니다.

과잉보호와 과잉교육이 젊은이들을 망치고 있다

우리 젊은이들이 야성을 상실하고 허무주의에 빠져 무기력해진 이유가 무엇일까요. 이 사태에 대한 책임을 누가 져야 할까요. 나는 우리 젊은이들이 스스로 책임 져야 한다고 봅니다. 책임 전가는 비겁합니다. 목숨 걸고 우주 전체를 책임지겠다는 거대한 배포는 없다 해도 자기 자신에 대해서만큼은 자신이 책임을 지는 자세가 있어야 합니다. 하지만 젊은이들에게 모든 책임을 물을 수는 없습니다. 왜냐하면 그들은 그들 자신들의 힘만으로 그렇게 된 게 아니기 때문입니다. 그들이 그렇게 된 데에는 그들을 낳고 길러준 부모도 큰 책임이 있습니다. 어쩌면 부모의 책임이 더 클지도 모릅니다.

어떤 부모도 자식이 야성을 상실하고 허무주의에 빠져 무기력해지기를 원하지 않았을 것입니다. 여러분들의 부모님들은 여러분이 그렇게 되지 않도록 온갖 정성을 다해 여러분을 키웠습니다. 요즘은 자식이 하나 둘밖에 안 되다 보니 자식 한 명에게 쏟는 정성의 양은 우리 때와 비교가 안 될 정도입니다. 그런데 자식에 대한 부모의 과도한 정성, 과도한 사랑이 바로 문제입니다. 정성의 과잉, 사랑의 과잉은 자식에 대한 과잉보호를 낳을 염려가 있습니다.

자식에겐 부모의 사랑이 필요합니다. 사랑 받지 못하고 성장한 사람은 평생 결핍감에 시달릴 수 있습니다. 문제는 정도입니다. 과도한 사랑으로 인해 자식을 과잉보호하게 되면 자식은 "나는 나"란 자아의식이 너무 일찍 과잉성장을 합니다. 자아의식은 타자의식과 같이 성장합니다. 타자와의 대립과 갈등 속에서 자아의식이 성장해야 정상인데 부모의 과잉보호는 타자와의 대립과 갈등 없이 자아의식만 과잉성장하게 함으로써 자식이 세상에 대한 적응능력을 상실할 염려가 있습니다.

부모의 과잉보호는 자식에게 심리적으로 큰 부담을 준다는 문제도 있습니다. 주고받기는 우주의 근본법칙인 동시에 인간심리의 근본법칙입니다. 그래서 부모로부터 너무 많은 사랑을 받은 자식은 그 사랑을 갚아야 한다는 부담감을 가지게 됩니다. 부모가 자식에게 모종의 기대를 걸고 사랑을 베풀었다면 자식의 부담감은 더 가중됩니다. 부모가 조건 없이 사랑을 베풀었다 해도 자식의 무의식에 과잉억압이 될 수 있습니다.

부모의 과잉보호로 인해 자아의식은 과잉성장을 하고 세상에 대한 적응능력은 없는데다 부담감까지 가지게 된다면 그 자식은 어떻게 될까요. 성적이 잘 안 나오는 중고생들이 간혹 자살을 하는 것은 부모의 과잉보호가 원인일 수 있습니다. 자살은 자신의 생명을 유지하고 확장하려는 의지의 완전한 포기, 다시 말해 야성의 완전한 포기입니다. 그것은 아무것도 없는 우주의 근원에 대한 철저한 배신입니다. 그것은 부모의 과잉보호에서 비롯된 자아의식의 과잉, 적응능력의 상실, 부모에 대한 부담감이 극에 이른 결과입니다.

과잉보호와 함께 생각해봐야 할 또 하나의 중요한 문제가 과잉교육입니다. 여러분은 어렸을 때부터 피아노학원, 태권도학원, 영어학원, 수학학원 등 여러 가지 학원들을 하루에 네다섯 개씩 다녔습니다. 그리하여 예전보다 너무 빨리 말을 배우고 너무 많은 지식을 습득했습니다. 그 지식 속에는 과학, 예술, 역사, 문학에 관한 지식도 있고, 도덕과 정의에 관한 지식도 있습니다. 천재도 감당하기 힘든 그렇게 많은 지식을 조기에 습득하고 나면 아이들은 너무 이른 나이에 스스로 사유하고 스스로 도덕적 판단을 하게 됩니다. 이게 과연 좋은 일일까요.

과잉보호로 말미암아 "나는 남달리 특별하다"라는 자아의식이 이미 과잉되어 있는 아이에게 과잉교육으로 말미암아 사유하는 능력과 도덕적 판단 능력까지 덧붙여질 경우, 아이는 일찌감치 사유의 주체, 도덕의 주체로 성장하게 됩니다. 한국의 아이들은 너무 일찍부터 너무 똑똑하고 너무 모범적입니다. 우리나라 부모들이 조숙한 천재 모범생을 자식의 이상형으로 생각하기 때문에 아이들이 그렇게 만들어지고 있습니다. 하지만 바로 여기에 심각한 문제가 있다는 것입니다. 대한민국 교육은 오바마가 부러워할 정도로 성공적이지만 강한 자아의식을 가진 사유의 주체, 도덕의 주체가 너무 빨리 형성되는 것은 결코 자연스럽지 못합니다.

자아의식이나 사유능력은 인간의 전유물은 아닙니다. 애완동물을 키워보면 동물도 인간과 다를 바 없음을 실감합니다. 식물도 자신을 좋아하는 사람을 좋아하고 자신을 싫어하는 사람을 싫어합니다. 심지어는 식물도 칭찬의 말을 들으면 기분이 좋아 오래도록 부패하지 않는다고 합니다. 수백 수십 만 년 동안 한 자리에 머물러온 바위도 자아의식이나 사유능력이 전혀 없다고 말할 수 없을지 모릅니다. 바위는 주변의 동식물들이 기껏해야 몇 십 년 혹은 몇 백 년밖에 못 사는 것을 보면서 "역시 내가 최고야"라고 생각하고 있는지도 모릅니다.

하지만 자아의식으로 똘똘 뭉친 인간의 사유능력에 비하면 동식물이나 무기물은 정말 아무것도 아닙니다. 인간에서 동물로, 동물에서 식물로, 식물에서 무기물로 내려갈수록 자아의식은 약화되고 사유능력도 당연히 약화됩니다. 하지만 이로 인한 장점도 있습니다. 자아의식과 사유능력이 약화될수록 싸움이 줄어듭니다. 인간보다는 동물이 적게 싸우고, 동물보다는 식물이 적게 싸웁니다. 무기물은 전혀 싸우지 않습니다. 돌들끼리 싸운다는 얘기는 아무도 들어본 적이 없습니다.

반면 자아의식으로 똘똘 뭉친 인간은 자신의 사유능력을 이용해 눈만 뜨면 남들과 싸우기 바쁩니다. 인간은 모여 살 수밖에 없지만 모이기만 싸웁니다. 둘이 모이면 둘이 싸우고 셋이 모이면 셋이 싸웁니다. 동물들끼리의 싸움은 힘의 강약에 의해 쉽게 끝이 나지만 인간들끼리의 싸움은 좀처럼 끝이 나지 않습니다. 한 번 지더라도 와신상담하며 다음 기회를 노리고 사유능력을 이용해 각종 무기를 개발합니다. 때로는 싸움이 대대로 이어지기도 합니다. 동물의 세계에는 없는 일입니다.

하지만 싸움을 통해 문명이 발달하고 역사가 발전합니다. 문명과 역사는 자아의식에서 시작됩니다. 내가 남들보다 잘났다는 것을 남들에게 보여주고 싶은 의지, 니체가 말한 권력의지가 없다면 문명과 역사는 생겨나지 않았을 것입니다. 남들보다 잘난 체하기 위해 군인을 전쟁을 하고, 장인은 물건을 만들고, 상인은 장사를 하고, 시인은 머리를 쥐어짜며 시를 씁니다. 유럽에 가보면 엄청난 규모의 화려한 성당들이 있습니다. 그 성당의 배후에는 서로 잘난 체하려는 인간들의 대립, 갈등, 음모, 투쟁이 있습니다. 인간의 자아의식, 사유능력, 도덕능력은 모두 권력의지의 표현으로서 저주인 동시에 축복입니다.

삼라만상이 놀고 있다, 놀아야 야성을 회복할 수 있다

그러나 과잉보호와 과잉교육으로 말미암아 너무 빨리 자아의식과 사유능력과 도덕능력이 과잉성장하게 되면 인간은 아무것도 없는 우주의 근원으로부터 멀어져 야성을 상실하고 허무주의에 빠지면서 무기력하게 시들어 갑니다. 그것이 바로 모든 문명의 말기에 나타나는 현상, 니체가 데카당스라고 부른 퇴폐입니다. 퇴폐는 겉으로는 마약, 동성애, 우울증, 정신병, 자살 등으로 표현되지만 그 속에는 야성의 상실이 있습니다.

인간은 원래 우주와 하나입니다. 하늘과 땅을 보면 어마어마하게 큽니다. 인간은 눈곱보다 더 작습니다. 이 작은 인간이 우주와 도저히 하나일 수 없을 듯합니다. 그럼에도 불구하고 인간은 우주의 근원에 있는, 아무것도 없음이라는 무를 자신 속에 간직하고 있습니다. 인간은 우주 전체와 마찬가지로 근원적으로 허망합니다. 우주의 근원이 우주 바깥에 따로 있지는 않습니다. 우주 어디에나 있습니다. 우리는 근원으로부터 나왔지만 여전히 근원 속에 있습니다.

같은 얘기를 다른 각도에서 해보면 이렇습니다. 우주의 모든 것들은 각기 다릅니다. 같은 것은 하나도 없습니다. 하지만 각기 다른 모든 것들은 잠시도 쉬지 않고 상호작용함으로써 하나로 통하게 됩니다. 바로 이것이 만물일체의 사실입니다. 만물일체의 사실이 바로 "도"道입니다. 그 도가 우리 마음에 내재한 것, 그것이 바로 본성입니다.

어떻게 해야 야성의 상실, 허무주의, 데카당스를 극복하고 만물일체의 사실 혹은 우리의 본성을 회복할 수 있을까요. 공부를 더 열심히 해야 할까요. 일을 더 열심히 해야 할까요. 아니면 부모님께 효도하고 교수님을 존경해야 할까요. 무얼 해도 좋습니다. 정말 중요한 것은 무얼 하건 야성을 회복하고, 이를 통해 우주의 근원으로 돌아가는 것입니다. 야성의 회복을 위해서는 무엇보다 먼저 놀아야 합니다. 무얼 하건 그것이 놀이가 된다면 다 좋습니다.

우주의 모든 것이 이미 다 놀고 있습니다. 인간처럼 땀 흘리고 일하며 무엇을 이루기 위해 안달복달하는 것은 어디에도 없습니다. 하늘의 태양을 보세요. 태양은 아무 일 없이 동쪽에서 떠서 서쪽으로 지면서 매일 돌고 돕니다. 밤하늘의 별도 아무 목적 없이 북극성을 중심으로 사시사철 돌고 돕니다. 동식물도 마찬가지입니다. 동식물은 먹고 번식하기 위해 생사를 반복합니다. 우주 전체가 아무 목적 없는 순환입니다. 소강절은 12만 9천 6백년을 주기로 우주가 순환한다고 했습니다.

놀이는 순환입니다. 왜냐하면 놀이는 다른 아무 목적이 없고 그 자체가 목적이기 때문입니다. 좀 어렵게 말하면 무목적적無目的的인 행위, 자기목적적自己目的的인 행위가 놀이입니다. 다른 어떤 목적도 없이 오직 자신을 목적으로 하는 무목적적이고 자기목적적인 행위는 자기반복, 자기순환의 행위일 수밖에 없습니다. 그리고 순환으로서의 놀이는 언제나 즐겁습니다. 즐거움이야말로 놀이의 가장 본질적인 특징입니다. 그 자체가 목적이라면 어떤 행위도 즐겁지 않을 수 없습니다.

공부나 일 혹은 사업이 다른 어떤 목적을 달성하기 위한 수단이면 놀이가 될 수 없습니다. 다른 어떤 목적을 위한 수단으로서의 공부나 일 혹은 사업은 늘 긴장상태일 수밖에 없고, 그래서 즐겁기가 어렵습니다. 반면 공부나 일 혹은 사업이 그 자체가 목적일 때, 다시 말해 공부를 위한 공부, 일을 위한 일, 혹은 사업을 위한 사업을 하고 있을 때 그 공부나 일 혹은 사업은 즐거운 놀이가 됩니다.

우주는 목적이 따로 없습니다. 그래서 우주는 그 자체 즐거운 놀이입니다. 해도 놀고 달도 놀고 땅위의 동식물도 놉니다. 우주적 놀이를 본받기 위해 인간에게도 놀이가 필요합니다. 여러분이 일상적으로 하고 있는 행위 중에 놀이에 가장 가까운 것이 음주가무입니다. 술 한 잔 먹고 노래방에서 노래를 부르면 날카로운 자아의식이 누그러지고 사유능력이나 도덕능력도 누그러집니다. 만취해서 의식을 잃는 순간 일시적으로나마 만물일체의 사실을 회복하게 됩니다. 그런 점에서 음주가무도 우주적 놀이의 일종입니다.

그러나 음주가무를 자꾸 하면 몸과 마음이 병들기 때문에 오래할 수는 없습니다. 음주가무보다 더 즉각적인 효과를 볼 수 있고, 인간을 우주의 본원으로 되돌려주는 것이 마약이지만, 마약만큼은 절대 손대지 마십시오. 몸과 마음을 건강하게 해주며 우주와 하나가 되게 만들 수 있는 여러분이 생각할 수 있는 최고의 놀이는 무엇일까요. 바로 명상과 기도입니다. 넓게 보면 음주가무도 명상이나 기도와 본질적으로는 다르지 않다고 볼 수 있습니다. 다만 그것들은 효과가 일시적이고 잘못하면 몸과 마음을 망가뜨릴 수 있는 위험이 있기 때문에 대단히 경계를 해야 합니다.

과잉보호와 과잉교육을 받고 자라나 지적 수준은 높고 게다가 종교가 없는 사람들한테는 명상이 좋습니다. 명상은 신에 대한 믿음을 요구하지 않기 때문입니다. 불교의 좌선이라든가 주자학의 정좌와 같은 것이 명상입니다. 명상이 잘 안 되면 기도를 해도 됩니다. 종교가 있다면 자신이 믿는 신을 향해 해도 되고, 종교가 없다면 부모님이나 연인을 향해 해도 되고, 주변의 자연물을 향해 해도 됩니다. 무얼 향해 기도하건 상관없습니다. 기도의 대상이 중요한 게 아니고 기도하는 행위 자체가 중요합니다.

명상은 세상과 거리두기에서 시작합니다. 수많은 인간들의 날카로운 자아의식들이 서로 잘난 체하며 지지고 볶고 싸우면서 만들어 가는 세상을 송두리째 거부하는 것, 그것이 바로 명상이라 해도 좋습니다. 명상은 여러 명이서 떠들면서 할 수는 없습니다. 명상은 혼자서 하는 것입니다. 말을 하면 명상이 안 됩니다. 침묵이 필요합니다. 생각해서도 안 됩니다. 말하지 않는다는 것은 생각하지 않는다는 것입니다. 명상은 또한 앉아서 해야 합니다. 서서 하면 일하는 것이고, 누워서 하면 잠이 옵니다.

혼자서, 말없이, 앉아서 하는 명상은 여럿이서, 말을 하면서, 서서 하는 온갖 세상사와는 정반대입니다. 명상은 자신의 마음에서 온갖 세상 사를 면도칼로 도려내는 행위입니다. 명상은 결국 사회적 죽음입니다. 사회적 죽음이 바로 마음 비우기 즉 허심虛心 혹은 무심無心입니다. 명상 의 극치는 마음을 비우고 또 비워 소유욕의 원점인 나를 버리고 우주 와 더불어 노는 것입니다. 명상은 사회적 죽음이고 또한 우주적 놀이 입니다.

　우리는 소유하고 있는 것이 너무 많습니다. 이 모든 소유는 인간세 상과 밀접한 관련이 있습니다. 세상 사람들이 인정해주지 않으면 나의 소유는 성립하지 않습니다. 소유욕은 언제나 남보다 더 많이 소유하고 자 하는 욕망입니다. 그런 소유욕 가운데 가장 첨예하고 가장 뿌리 깊 은 욕망은 식욕이나 성욕이 아니라 남보다 잘난 체하고 싶어 하는 명 예욕입니다. 식욕과 성욕은 참을 수 있습니다. 스스로 굶어 죽거나 결 혼을 안 하는 사람도 있습니다. 그러나 명예욕을 뿌리 뽑기는 죽기보다 더 힘듭니다. 자기 명예를 지키기 위해 죽는 사람도 많습니다. 명예욕 은 사람들이 모인 곳 어디에서나 자존심 싸움을 유발하여 대립과 갈등 과 투쟁의 원인이 되지만 동시에 역사와 문명을 발전시키는 원동력이 되기도 합니다. 명예욕은 저주인 동시에 축복입니다.

목숨 걸고 하는 모든 행위는 명상이다

　명상은 우리를 세상 안으로 끌어들이는 소유욕, 그중에서도 특히 명 예욕과의 싸움입니다. 명예욕은 인간의 욕망 가운데 가장 뿌리 깊은 욕망인 만큼 싸워서 이기기가 참으로 어렵습니다. 죽기보다 더 어렵습니다. 그렇다면 어떻게 해야 할까요? 무엇보다 먼저 자신이 세상에서 얻은 모든 소유를 다 버릴 각오가 되어 있어야 합니다. 소유의 원점은 내 목숨입니다. 식욕, 성욕, 명예욕 등 모든 욕망의 출발점은 내가 죽지 않고 살아있다는 사실 속에 있습니다. 내가 죽고 나면 돈도 여자도 명예도 다 소용이 없습니다.

모든 소유는 결국 내 목숨에 걸려 있으므로 명상으로 마음을 비우려면 목숨을 걸어야 합니다. 결사의 각오가 있어야 우주의 근원, 아무것도 없음의 무無로 돌아갈 수 있습니다. 결사의 각오가 없는 명상은 건강 증진을 위한 운동에 불과합니다. 기도를 하건 명상을 하건 목숨 걸고 결사적으로 해야 합니다. 그렇게 해야 소유욕을 버리고 우주의 근원으로 돌아가 거기에서부터 어마어마한 생명력을 얻을 수 있습니다. 우주의 근원으로부터 불어오는 폭풍과 같은 힘, 그것이 바로 야성이고 풍류입니다.

"히말라야"라는 영화를 본적이 있습니다. 계명대 산악부 출신의 위대한 등산가 박무택과 박정복 두 사람의 이야기입니다. 에베레스트 16좌를 세계 최초로 등반한 엄홍길 대장이 대구 출신 두 촌놈을 훈련시켜 히말라야에 함께 갑니다. 그 후 엄홍길 대장은 다리 부상으로 은퇴를 하고 대신 박무택이 대장이 되어 히말라야에 도전합니다. 그런데 박무택은 위험에 처한 동료를 살리려다가 자신의 고글을 분실하고 강한 햇빛에 시력을 잃어버립니다. 박무택은 다른 대원들을 내려 보내고 자신은 죽기를 선택합니다.

이때 친구 박정복은 대원들의 만류에도 불구하고 친구를 구하려고 한밤중에 산으로 갑니다. 스스로 죽음의 길로 간 것입니다. 박정복은 죽어가는 친구를 찾아냈지만 결국 히말라야 어느 높은 산등성이에서 함께 얼어 죽고 맙니다. 엄홍길은 서울에서 비보를 듣고 통곡을 합니다. 그는 두 대원의 시신을 찾기 위해 또다시 목숨 걸고 히말라야에 오릅니다. 그는 마침내 두 대원의 시신을 찾아 히말라야에 묻어줍니다.

꽤나 재미있으면서 심오한 영화입니다. 이 영화에서 산악인들은 왜 산에 가느냐는 물음에 제대로 대답을 못하고 버벅대기만 합니다. 그들은 왜 산에 가는지 잘 모릅니다. 도대체 그들을 왜 산에 가는 걸까요. 산에 가봐야 돈이 생기는 것도 아니고 여자가 생기는 것도 아닙니다. 엄홍길 씨 같은 분은 운 좋게 살아남아 명예까지 얻기도 했지만 대부분의 산악인들은 아무것도 얻지 못한 채 이름 없이 사라집니다. 그런데도 그들은 가족의 만류를 뿌리치고 직장까지 버리면서 산에 오릅니다. 등산은 그들에게 무엇일까요.

그들에게 등산은 자신의 소유를 버리고 사회적 죽음을 자초하며 우주적 놀이에 동참하는 명상과 같은 것이 아닐까 생각해봅니다. 그들이 돈도 버리고 여자도 버리고 심지어 자신의 목숨까지 버리면서 산에 가는 것은 바로 그 우주적 놀이가 너무 좋아서였을 것입니다. 그들에게 등산은 목숨을 건 결사적 명상인지도 모릅니다. 그들 자신은 잘 모르지만 그들에게 히말라야는 우주의 근원, 아무것도 없는 무無인지도 모릅니다. 사실 에베레스트 산 정상에 서면 아무것도 없습니다.

산악인들은 아무것도 없는 그곳으로 돌아가기 위해 목숨을 걸었던 것으로 보입니다. 백 퍼센트 안전하게 갔다 올 수 있는 그런 산에 오른다면 등산이 아니고 산보일 것입니다. 히말라야는 오르다가 언제 죽을지 모릅니다. 그래서 산악인들은 쇠붙이가 자석에게 끌리듯 히말라야로 갔을 것입니다. 그들은 죽음을 두려워하지 않는 결사의 각오를 하는 바로 그 재미에 끌려 험한 산으로 갔을지도 모릅니다.

명상에 있어서 중요한 것은 대상과 방법이 아닙니다. 무얼 하느냐, 어떻게 하느냐보다는 목숨을 포함한 내 모든 소유를 버릴 결사의 각오가 되어 있느냐 여부가 중요합니다. 결사의 각오로 임하면 무얼 어떻게 하든 다 명상이고 우주적 놀이입니다. 박무택이나 박정복처럼 히말라야를 오르는 산악인이 되어도 좋고, 어떤 종교의 수행자가 되어 기도를 하고 명상을 해도 좋습니다. 시장바닥에서 돈벌이를 위해 장사를 해도 좋고, 어느 기업의 직원이 되어 조직 속에서 열심히 뛰어도 좋습니다. 학교에서 공부를 해도 좋고, 유학을 가도 좋습니다. 무얼 하든지 목숨을 걸고 결사의 각오로 달라붙으면 그것이 곧 명상이고 우주적 놀이입니다. 명상이 따로 있지 않습니다. 놀이도 따로 있지 않습니다.

여러분이 오늘 이 자리에 있기까지 많은 성공과 많은 실패가 있었을 것입니다. 아무리 성공해도 과거에 대한 후회와 미래에 대한 불안이 겹쳐 마음은 늘 흔들립니다. 여러분처럼 젊은 사람일수록 마음의 흔들림은 더욱 커질 것입니다. 나 역시 여러분 나이 때는 그랬습니다. 잠시도 마음 편한 적이 없었던 것 같습니다. 마음이 흔들릴 때, 과거와 미래를 다 잊고 현재의 순간순간에 충실해야 합니다. 현재의 순간에 백 퍼센트 충실한 것이 곧 명상이고 놀이입니다. 현재의 순간에 충실하려면 오늘 당장 목숨 걸고 달라붙을 일을 하나 만들기 바랍니다.

뭐든 좋습니다. 목숨 걸고 외국어 공부를 해도 좋고, 목숨 걸고 운동을 해도 좋습니다. 목숨 걸고 봉사활동을 해도 좋고, 목숨 걸고 악기공부를 해도 좋습니다. 하지만 가급적 내 삶에 직접 도움이 되는 중요한 일, 특히 자신의 직업과 관련된 일에 목숨 거는 게 좋습니다. 학생이라면 자신의 공부에 목숨 거는 게 좋고, 직장인이라면 자신이 맡은 업무에 목숨 거는 게 좋습니다. 음주나 도박 혹은 도둑질처럼 자신이나 남에게 피해만 주는 일에는 가급적 목숨 걸지 말아야 합니다. 그런 짓을 하면 반드시 마음이 분산됩니다. 그런 짓 외에 목숨 걸고 하는 일이라면 무엇이건 명상 혹은 놀이가 됩니다.

명상 혹은 놀이가 된 일은 이미 신성한 일입니다. 나는 하나님이 따로 있다고 생각하지 않습니다. 우주 전체가 다 하나님입니다. 내가 목숨 걸고 하는 모든 신성한 일 또한 하나님 아닌 것이 없습니다. 어떤 일을 하나님 섬기듯이 목숨 걸고 열심히 하면 그 일이 곧 하나님이 됩니다. 그렇게 죽어라 열심히 하면 우주의 근원으로부터 엄청난 에너지가 나에게 옵니다. 나는 그 에너지로 현실의 온갖 난관을 뚫고 나갈 수 있습니다.

여러분 대부분은 부모님으로부터 과잉보호와 과잉교육을 받고 자랐습니다. 그래서 자아의식이 너무 강하고, 지식이 너무 많고, 생각이 너무 많고, 너무 도덕적입니다. 대학의 교수님들은 거기에다 비판적으로, 창의적으로 사유하라는 가르침까지 덧붙입니다. 하지만 비판도, 창의도, 도덕도, 생각도, 지식도 다 쓸데없는 소유물에 지나지 않습니다. 그런 것들에 집착하면 오히려 걸림돌이 될 수도 있습니다. 그런 것들보다 더 중요한 것이 있습니다.

우주는 잠시도 쉬지 않고 변화합니다. 인간세상도 마찬가지입니다. 변화하는 현실을 있는 그대로 볼 줄 알아야 합니다. 바로 보기 위해서는 마음이 비워있어야 합니다. 마음속에 강한 자아의식과 너무 많은 지식, 그리고 요지부동의 도덕의식이 자리 잡고 있다면 바로 보기 어렵습니다. 변화하는 현실을 바로보지 못하면 자아의식도, 많은 지식도, 도덕의식도 다 쓸모없습니다. 마음속에 있는 모든 소유물들을 다 버리기 바랍니다. 부모나 스승의 가르침도 걷어 차 버리세요.

나는 앞으로 어떤 사람이 대한민국의 미래를 이끌어갈까 생각해보곤 합니다. 이른바 명문대학 출신자들 가운데서 대통령이 나오기는 어려울 듯합니다. 강남에서 과잉보호와 과잉교육을 받고 자라면 인물이 잘아질 수밖에 없습니다. 야성이 없어지기 때문입니다. 야성이 없으면 서울대를 나오고 하버드를 나와도 무슨 소용이 있겠습니까. 영어를 미국사람보다 더 잘하고 중국어를 중국 사람보다 더 잘해본들 도대체 어디에 써먹을 것입니까. 마음속에 온갖 잡다한 지식과 도덕률이 찌꺼기처럼 남아 있는 복잡한 사람이 아니라 마음이 단순명쾌하고 텅 비어있는 사람들, 다시 말해 야성이 살아있는 사람들 중에서 미래의 지도자가 나오지 않을까 싶습니다.

나는 인문학 교수입니다. 인문학이 좋아 시작했습니다만 평생 하고 보니 이걸 꼭 해야 하는가 하는 의구심이 생겼습니다. 주위의 인문학자들을 보면 그런 의구심은 더 커집니다. 인문학은 야성을 죽이는 데 기여할 수도 있습니다. 인문학자들은 대부분 이상주의자입니다. 이상은 현실 속에 존재하지 않습니다. 플라톤의 이상주의 같은 것도 다 인간의 머릿속에서 만들어낸 것입니다. 그런 인문학을 하면 할수록 우리가 사는 현실과 우주의 본원으로부터 멀어집니다.

요즘 인문학을 한다는 사람들이 걸핏하면 소통을 말합니다. 하지만 인간이란 원래 소통이 잘 안 됩니다. 사람들마다 자아의식이 있어 제 잘났다고 하는데 어떻게 소통을 될 수 있겠습니까. 요즘 "힐링"이라는 말도 자주 듣게 됩니다. 하지만 과연 힐링이 가능할까요. 인간은 어릴 때부터 상처를 받으면서 성장합니다. 상처를 받지 않고는 성장할 수 없습니다. 상처는 성장의 필수요건입니다. 어린 시절 이래 받아온 상처를 치유한다는 것도 불가능하지만 상처를 다 치유하고 나면 성장이 멈추고 어린아이 시절로 퇴행할 수 있습니다. 힐링의 유일한 방법은 내가 상처받아왔다는 사실을 명확하게 보는 것 즉 정직한 자기반성뿐입니다.

꿈을 가지라는 말을 많이 합니다. 하지만 꿈꾼다고 현실이 바뀔 수는 없습니다. 꿈을 꿀수록 현실로부터 멀어져 갈 뿐입니다. 우리의 현실이 그렇다는 사실을 명확하게 보는 것이 무엇보다 중요합니다. 오늘날 우리 인문학은 현실을 있는 그대로 보기보다는 비현실적인 이상에 집착하는 경향이 강합니다. 힐링이니 소통이니 하는 소녀 취향의 싸구려 인문학에 안주하면 안 됩니다.

인생을 정말 바꾸고 싶다면 무언가에 목숨을 걸어야 합니다. 다른 방법은 없습니다. 목숨 걸고 한바탕 크게 노는 젊은이들이 영남대학교에서 우후죽순처럼 솟아나와 대한민국을 세계사의 중심국가 만들어주었으면 좋겠습니다. 고등학교 때 공부 좀 못했다고 실망하지 말고 내 말에 귀를 기울여주기 바랍니다. 서울의 유명대학 나와 봐야 야성이 없으면 아무 소용없습니다. 야성이 없으면 공부는 걸림돌이 될 뿐입니다. 공부를 적게 한 게 오히려 힘이 될 수도 있습니다. 내 말 명심해주기 바랍니다.

묻고 답하기

어떤 사회가 무엇이 옳은지에 생각해야 사회를 좀 더 낫게 고칠 수 있지, 그것조차 생각하지 않는다면 무엇이 잘못인지도 모르게 되고, 결국 기득권 세력의 이익에 봉사하게 되는 것 같습니다. 그래서 이상국가를 논하는 것도 충분한 의미가 있다고 생각합니다. 헬조선이니, 흙수저니 하는 사례를 드셨는데 단순히 돈 때문에 나오는 이야기는 아니라고 봅니다. 지금도 계속 터지는 비리를 보면 한국 사회는 정의가 없고 부정의만 있는 사회인 듯합니다. 그래서 헬조선이라 하는 것이지, 단지 경제적인 이유만으로 그런 말은 하는 것은 아닌 것 같습니다.

세상에는 늘 문제가 많습니다. 그걸 고치자고 하니 정의를 논하고 이상국가를 논합니다. 이해가 갑니다. 하지만 무엇이 옳고 그른지 함부로 단정할 수 없다는 데에 심각한 문제가 있습니다. 정의는 나라마다, 시대마다 다르고, 심지어 사람마다 다르기도 합니다. 그 다름을 꿰뚫는 같음이 무엇인지 참으로 이해하기 어렵습니다.

『맹자』첫머리에 이런 이야기가 나옵니다. 맹자가 양혜왕을 찾아가니 양혜왕이 노인께서 이렇게 멀리서 오셨는데 우리나라에 무슨 이익이 있겠습니까 라고 묻습니다. 이에 맹자는 왜 하필이면 이익을 이야기하느냐고 되묻습니다. 이익보다는 정의가 더 중요하다는 말입니다. 맹자는 이익을 내세우면 모든 사람들이 이익을 놓고 다투게 된다고 했습니다. 반면 정의를 이야기하면 평화가 온다고 했습니다. 여러분은 맹자가 반박의 여지가 없는 지당한 말씀이라 여길 것입니다.

과연 지당한 말씀일까요. 특정 상황에서 정의가 무엇인가를 놓고 토론을 하면 사람마다 생각이 다릅니다. 교통사고 현장의 목격자들이 보

는 각도에 따라 다른 이야기를 하는 것과 비슷합니다. 하지만 정의에
대해 무언가를 주장할 때에는 교통사고를 증언할 때와는 달리 자기주
장에 대한 집착이 아주 강렬합니다. 그래서 즉각 대립과 갈등이 벌어집
니다. 하나님이라도 있어서 정의란 이런 것이라고 판정해주면 좋겠지
만 하나님은 보이지도 않고 말도 하지 않습니다.

　정의를 추구하다보면 아무도 양보를 하지 않아 쉽게 대립과 갈등이
일어나고 심할 경우 유혈사태까지 일어납니다. 유럽의 역사에서 흔히
보는 종교전쟁이 바로 그런 것입니다. 그러나 정의가 아니라 이익을 추
구할 경우엔 적당한 선에서 타협이 쉽게 이루어집니다. 시장에 가면 상
인들이 더 많은 이익을 얻기 위해 싸웁니다. 그러나 어느 누구도 죽이
고 죽는 식으로 싸우지 않습니다. 나는 얼마 챙기고 너는 얼마 챙기는
식으로 적당한 선에서 타협을 하고 평화와 질서를 유지합니다.

　정의는 전쟁을 낳고 이익은 평화를 낳습니다. 맹자의 말씀은 전혀
지당하지 않습니다. 정의 대신 이익을 말해야 합니다. 위선을 접고 쓸
데없는 명분을 걷어차버리고 인간의 실상, 사회의 실상을 있는 그대로
보는 지적 정직성이 꼭 필요합니다. 지적 정직성보다 더 중요한 것은
용기입니다. 부모 눈치, 선생 눈치, 선배 눈치, 친구 눈치 안보는 용기
말입니다.

**저는 세상에 절대적으로 보편적인 정의는 없다고 생각합니다. 정의를 놓고 싸우다
보면 유혈사태까지는 가는 반면 이익은 쉽게 타협에 이를 수 있다고 하셨습니다. 그
런데 요즘 방송에 나오는 옥시 사건을 보면 기업이 책임을 다하지 않고 뻔뻔하게 버
티고 있습니다. 이런 걸 보면 이익 때문에 싸우지 않는다는 건 이해가 되지 않습니다.**

또한 우리가 어느 하나에 미쳐서 목숨 걸고 엄청난 고통 속에서 달콤함을 느끼는 것
보다는 여러 분야에 취미를 가지고 거기에서 즐거움을 느끼는 게 더 좋을 수도 있습
니다. 저는 춤추는 것을 좋아하고 영상도 만들어 올리는데 철학이 많이 도움이 됩니
다. 이런 취미활동이 잘못 됐나요?

옥시 사건 같은 경우는 시장에서 항상 일어날 수 있는 일입니다. 그
런 사건이 일어나기 때문에 각종 법률과 제도가 생깁니다. 옥시 사건을
일으킨 기업은 법률과 제도 안에서 손해를 배상을 하고 처벌을 받을
것입니다. 법률과 제도의 출발점에는 이익을 추구하는 인간의 이기심
이 있습니다. 이때 정의는 이익을 정의롭게 분배하는 정의일 뿐입니다.

질문한 학생은 이익보다 정의를 중시합니다. 정의를 중시할 때는 대
개 현실보다는 이상을 중시하는 이상주의도 함께 갑니다. 이상주의가
세상에 엄청난 피해를 준 사건이 바로 공산주의 혁명입니다. 1917년 러
시아 혁명이 왜 일어났습니까. 인간은 서로 용서하면서 나누어 가지며
공동체로 살아야 한다는 그 아름다운 이상을 실현해보자고 일어났습
니다. 1949년 중국의 공산 혁명도 마찬가지로 이상주의의 산물입니다.
그 결과 수천만 명이 죽었습니다. 남은 건 빈곤과 억압 외에 아무것도
없습니다. 이 사실을 기억해야 합니다.

여러 가지 취미활동은 좋습니다. 자신의 본업에 주력하다가 느끼는
긴장을 풀어준다는 점에서도 좋고 그 자체로도 좋습니다. 하지만 취미
생활보다는 자신의 본업에 목숨 걸고 매진해야 합니다. 목숨 거는 매진
의 과정은 괴로울 수도 있고 즐거울 수도 있습니다. 하지만 직접 경험
해보면 괴로워도 즐겁고 즐거워도 즐겁습니다. 그래서 목숨 거는 자는
늘 즐겁습니다.

헬조선이라고 부르는 건 정의가 없기 때문입니다. 독립 운동을 한 분들이 보상 받지 못하고 참전 용사들이 대우 받지 못하며 친일파들이 기득권을 유지하는 현실은 정의가 없기 때문입니다. 옥시 사건에 정부는 관여하지 않았고 조현아의 땅콩 사건 등 수없이 많은 문제도 마찬가지입니다. 저는 정의가 없어서 이 나라가 잘못된 방향으로 흘러가고 있다고 생각합니다.

질문하는 학생의 이런 이야기를 언론이나 여러 학자들이 이미 많이 해온 이야기입니다. 하지만 문제없는 나라는 없습니다. 문제가 있다는 것은 그 나라가 건강하게 돌아가고 있다는 뜻이기도 합니다. 일부의 문제를 전체의 문제로 만드는 선동가들이 우리 사회에는 너무 많습니다. 너무 상식적인 말입니다만 문제를 점진적으로 개선하려는 미래지향적 자세가 중요하다고 봅니다.

과거의 문제에 우리의 모든 것을 거는 식의 과도한 과거지향적 자세는 안 됩니다. 학생은 이 나라에 대해 비관적으로 보지만 정반대로 낙관적으로 보는 사람이 많다는 사실도 인정해줬으면 좋겠습니다. 이 나라는 망해야 할 나라라고 생각하는 사람도 있지만 흥해야 할 나라라고 생각하는 사람도 있습니다. 두 사람 사이에는 의사소통이 불가능합니다. 자료를 한 트럭 갖고 와도 설득 못합니다.

이 때 필요한 것이 톨레랑스 즉 관용입니다. 톨레랑스란 나와 생각이 달라 싫지만 그래도 겉으로 인정하고 공존하는 것입니다. 톨레랑스는 화해나 소통과는 거리가 멉니다. 화해나 소통은 인간세상에서는 불가능에 가깝습니다. 톨레랑스는 서로 생각이 다른 사람들끼리 사회생활을 하려면 불가피하게 요구되는 덕목입니다.

앞에서도 말했지만 정의에 너무 집착하면 대립과 갈등이 불가피합

니다. 정의는 피를 부를 수 있습니다. 사람은 문제투성이입니다. 문제
투성이의 사람들이 수없이 많이 모여 만든 이 사회에 문제가 없을 수
없습니다. 모든 문제를 다 해결한 그런 사회는 없습니다. 정의보다 이
익을 우선시하는 사회가 되어야 합니다. 사고방식의 혁명, 가치관의 혁
명이 필요합니다. 그래야 우리 모두 잘 살 수 있습니다.

**요즘 젊은이들은 야성이 없다고 하시면서 흙수저 금수저 이야기를 하셨습니다. 예
전에는 분명히 흙수저가 성공하는 경우도 있었지만 세계 경제가 고착화되면서 양극
화가 점점 심해져 계층 간의 이동이 불가능해졌습니다. 이런 사회구조에 대해 젊은이
들이 분노하는 것입니다. 외국인 노동자가 얼마나 많은데 청년실업을 말하느냐고 하
셨습니다. 사실 외국인 노동자 중에 최저임금 이상의 봉급을 받으며 제대로 경제활동
을 하는 사람이 몇이나 있는지 의문이 듭니다. 저희는 비정규직이 아닌 좀 더 안정적
인 일자리를 만들어달라고 요구하는 것입니다. 그리고 교수님의 말대로 결사의 각오
로 영어 단어를 외우거나 한다고 해서 과연 행복해질까요?**

우리 사회에 많은 문제가 있다는 것은 잘 알고 있습니다. 게다가 내
가 살았던 개발연대와 달리 갈수록 일자리는 줄어들고 경쟁은 심해지
고 있습니다. 아주 힘들게 대학에 들어가 졸업해봐야 취직하기는 더 어
렵습니다. 그래서 결혼도 못하고 결혼을 해도 출산을 미루고 있습니다.
매우 안타깝습니다. 이런 문제는 어떻게든 해결해야 하고, 해결이 안
되면 분노하는 것도 이해할 만한 일입니다. 문제가 있는데도 분노조차
하지 않고 그냥 퍼져버린다면 정말 더 큰 문제일 것입니다. 그거야말로
무기력의 극치입니다.

그러나 우리 젊은이들의 분노가 과잉보호와 과잉교육으로 기대치가

너무 높아진 데서 오는 이상과 현실의 괴리 때문이 아닌지 염려스럽습니다. 밑바닥에서부터 치고 올라가겠다는 각오는 없고 처음부터 보수가 많은 안정된 일자리를 요구한다면 어떻게 해볼 방법이 없습니다. 우리나라의 경우 고등학교 졸업생 대부분이 대학에 진학합니다. 그 많은 대학졸업생 모두에게 안정되고 점잖은 일자리를 제공할 수 있는 나라는 없습니다.

현실을 긍정하고 눈높이를 낮추어야 합니다. 그리고 험한 일이라도 할 각오가 되어 있어야 합니다. 밑바닥에서부터 치고 올라갈 각오가 중요합니다. 개천에서 용이 난다는 말이 있는데, 용은 누가 만들어주지 않습니다. 스스로 용이 되어야 합니다. 세계경제가 고착되고 양극화가 심화되어 기회가 없다고 했는데, 세상을 탓하고 사회를 탓하는 것은 패배주의입니다. 기회는 언제, 어디나 있습니다. 기회는 죽어라 목숨 걸고 달려드는 자에게만 주어집니다. 개발연대나 지금이나 성공의 법칙은 다르지 않습니다. 불평불만만 늘어놓는 자에게 돌아가는 몫은 없습니다.

외국인 근로자의 실태에 대해서는 정확히 알지 못합니다. 하지만 그들이 받는 급료의 수준은 여러분이 생각하는 것만큼 적지 않습니다. 일부 착한 학생들은 외국인 근로자들이 한국에서 착취를 당한다는 생각을 하는 모양인데, 외국인 근로자들에게 본국으로 돌아가라고 하면 가지 않으려 합니다. 본국에서보다 훨씬 많은 돈을 벌 수 있기 때문에 합법 혹은 불법으로 들어온 사람들입니다. 여러분들의 아버지세대도 물불을 가리지 않고 해외로 진출해서 외국인 근로자로 설움 받으며 일했다는 사실을 기억하기 바랍니다.

흔히 어른들이 젊은이들에게 자기가 하고 싶은 걸 하라고 충고합니다. 나는 이런 충고를 믿지 않습니다. 실은 자기가 무엇을 하고 싶은지 아는 사람도 별로 없습니다. 또 자기가 하고 싶은 것을 하다가 남들이 알아주지 않으면 어떻게 합니까? 자기가 하고 싶은 걸 하다가 밥을 못 먹게 되면 어떻게 합니까? 발상을 거꾸로 해서 남들이 하고 싶어 하지 않는 일을 하는 것이 더 좋을 수도 있습니다. 내가 생각하기에는 무엇을 하던지 좋습니다. 무얼 하든 결사의 각오로 한번 달라붙어 보는 것이 중요합니다. 죽어도 좋다는 각오로 달라 붙어보면 엄청난 고통 속에도 행복감을 느낄 수 있습니다.

현실에는 행복만 따로 있지 않습니다. 모든 것이 다 섞여 있습니다. 우리가 느끼는 행복은 항상 불행 속에서 느끼는 것입니다. 기쁨은 항상 슬픔과 함께 있습니다. 인간이 누릴 수 있는 행복은 그런 행복밖에 없습니다. 단 한 점의 불행도 없는 행복, 단 한 점의 슬픔도 없는 기쁨은 존재하지 않습니다. 목숨 걸고 매진할 때 수많은 고통이 엄습합니다. 그 고통 속에서 느끼는 행복이 진짜 행복이 아닐까요?

이권효

경북대학교 철학과와 동 대학원을 졸업하고 영남대학교 대학원에서 동양철학 박사학위를 받았다. 영남일보 한겨레신문 동아일보에서 24년 동안 기자로 일했다. 현재 계명대학교 타불라라사칼리지 특임교수로 철학을 강의하고 있다. 「한국언론에 비친 공자와 논어」 「신문을 통한철학의 대중화」 같은 논문을 통해 대중매체 뉴스를 인문학적 관점에서 분석하고 평가하는 작업에 관심을 갖고 있다. 저서로 『헤드라인 커뮤니케이션』 『한글로 통하는 논어』 『논어로 읽는 퇴계 언행 100구-올바름이 이치입니까』 『뉴스메이커 공자』 『논어신편-새로 편집한 논어』가 있다.

청춘은 나이가 아니라 새로움을 추구하고 창조하는 시간입니다.

뉴스메이커 청춘! 나는 이 말을 좋아해서 종종 떠올리곤 합니다. 청춘靑春은 나이가 기준이 아니라 '새로움'을 만들 수 있는 시간이나 시기를 뜻합니다. 국어사전에는 청춘을 10대 후반부터 20대 정도를 가리키는 젊은 시절이라고 풀이합니다. 나이를 기준으로만 하면 이 자리에 있는 여러분은 모두 청춘입니다. 청춘에 대한 사전의 풀이가 틀린 건 아니지만 그렇다고 충분한 건 아닙니다. '70대 청춘' 또는 '20대 노인' 같은 표현이 가능합니다. 청춘의 기준이 나이와는 다른 차원이 있다는 것이죠. 이제부터 청춘이라는 말을 듣거나 쓸 때는 나이보다는 다른 차원인 새로움 특히 '삶의 새로움'을 떠올리는 게 좋겠습니다. 오늘 우리가 함께 생각해볼 점도 바로 이런 차원입니다.

청춘은 새로움 즉 뉴스News라고 생각합니다. 청춘은 '푸를 청靑'과 '봄 춘春'으로 씁니다. 청靑에도 봄이라는 뜻이 있습니다. 그냥 봄이 아니고 새싹처럼 돋아나는 새로운 봄입니다. 새로움은 뉴스이기도 합니다. 우리가 보통 뉴스데스크, 뉴스룸, 뉴스페이퍼라고 하면 방송이나 신문, 인터넷 같은 대중매체를 생각하기 쉬운데 그것은 좁은 의미의 뉴스입니다. 어떤 의미든 그것이 좁아지면 그 말의 의미에 대한 생각도

좁아지므로 매우 섬세하게 유의할 필요가 있습니다.

내가 오늘 이야기 하려고 하는 것은 우리의 삶을 새롭게 가꾸는 그런 실존적 의미의 새로움 즉 뉴스입니다. '삶의 뉴스'라고 할까요? 이런 차원의 뉴스는 아마도 세상에서 가장 넓고 깊고 높은 새로움일 것입니다.

대중매체의 뉴스를 좁은 의미의 뉴스라고 했는데, 우리의 삶을 새롭게 가꾸며 성장시키려는 목표에 다가가기 위해서는 대중매체 뉴스의 특징을 알면 도움이 됩니다. 오래 전에 생긴 뉴스 격언에 "개가 사람을 물면 뉴스가 안 되지만 사람이 개를 물면 뉴스가 된다."는 것이 있습니다. 뉴스는 기본적으로 비일상적非日常的인 즉 이상異常한 일과 관련이 있다는 뜻입니다. 여러 가지 사건과 사고는 이런 비일상적이어서 이상한 사회적 현상의 대표적인 사례입니다. 사람이 개를 문다는 비일상적인 현상을 가리킵니다.

개가 사람을 무는 것은 일상적이고 당연하다는 의미입니다. 개가 무엇을 물고 하는 행동을 생각해보십시오. 이상할 게 없습니다. 그래서 개가 사람을 무는 것과 같은 일상적이고 당연한 일은 뉴스로서 가치가 떨어집니다. 물론 예외적인 경우는 있습니다. 개가 사람을 물어 다칠 경우 대중매체의 뉴스가 됩니다만 좀 특이한 내용이 있을 때 뉴스 가치가 발생합니다.

이에 비해 사람이 개를 무는 것은 비일상적이어서 이상한 일입니다. 사람이 개를 무는 그런 일은 거의 없기 때문입니다. 흔히 있는 일現象이 아니어야 보통 사람 즉 대중은 관심을 갖게 됩니다. 늘 있거나 자주 있는 일에 대해서는 대중은 그냥 그런가보다 하면서 관심을 갖지 않은 경우가 많습니다.

대중매체가 뉴스를 판단하는 기본적인 기준은, 예외가 있지만, 어떤 일이 과연 사람이 개를 무는 비일상적인 경우인가 아닌가 하는 것입니다. 여러분도 어떤 새로움을 추구할 때 그것이 누구나 알고 할 수 있는 뻔하거나 하나마나한 일이면 곤란합니다. 그럴 경우 추구하는 새로움이 무엇이든 새로움으로서 '가치' 쓰임새, 효용가 생기지 않기 때문입니다. 이런 점에서 '개가 사람을 무는~'이라는 뉴스 격언을 늘 생각하는 게 도움이 됩니다. 내가 하는 생각이나 일이 개가 사람을 무는 평범하고 일상적인 경우인지, 사람이 개를 무는 특이하고 예외적인 경우인지 따져보면 생각을 다듬는 데 도움이 된다는 뜻입니다.

대중매체가 다루는 비일상적이고 예외적인 현상으로서 새로움은 창의성이나 윤리성 같은 사회적 가치와는 다르다는 점도 유의할 필요가 있습니다. 새로움이라는 것은 기본적으로 좋은 뜻이지만 새롭다고 해서 반드시 창의적이거나 윤리적인 것은 아닙니다. 창의성이나 창의력이라는 말에는 윤리적이고 사회적이라는 의미가 들어있습니다. 어떤 사람이 기존의 방법과는 아주 다른 새로운 방법으로 어떤 범죄를 저질렀다면 신문 등 대부분의 대중매체들은 이 사건을 뉴스 즉 비일상적이고 예외적인 현상으로 다룰 것입니다. 그러나 어떤 범죄의 수법이 특이하다고 해서 이를 창의적 범죄라고는 하지 않습니다. 기발한 범죄 또는 지능형 범죄라는 표현은 가능합니다. 새로움이나 뉴스 같은 말을 떠올릴 때는 그것이 윤리성 즉 공동체에 긍정적으로 기여하는 차원의 새로움인지를 함께 생각해야 합니다. 이는 삶의 새로움을 위한 노력의 과정에도 필요합니다. 반反사회적인 새로움은 진정한 새로움, 진정한 창의력이라고 할 수 없기 때문입니다.

오늘 우리가 말하는 삶의 새로움은 창의적이고 윤리적인 새로움입니다. 그럼 자신의 삶을 새롭게 하는 게 얼마나 중요한 실력인지를 살펴보겠습니다. 지금 우리가 말하고자 하는 '봄'은 계절적 의미보다는, 일상을 새롭게 '봄', 해본다고 할 때 '해봄'입니다. 그 봄이 청춘의 봄이 될 때 '뉴스메이커새로움을 창조함 청춘'과 연결이 됩니다. '뉴스메이커'는 일상을 새롭게 보면서 새로운 차원으로 자신의 삶을 가꾸는 활동이므로 나이가 아니라 삶을 새롭게 볼 수 있는 힘이 아주 중요합니다.

또 하나 강조하고 싶은 것은 하나를 알아도 제대로 알아야 한다는 것입니다. 내가 여러분처럼 대학생 때 철학교수님께서 칠판에 '개념형성의 잉태적 고통'이라는 말을 분필로 썼습니다. 그 뜻을 알고 지금까지 나의 머리 속에서는 그 말의 중요성을 늘 생각합니다. 나의 머릿속에 들어있는 온갖 생각이나 개념이 과연 생명체를 잉태할 정도로 깊이 인식하고 있느냐 하는 것입니다. 콘셉트나 컨셉션에는 개념이라는 뜻과 함께 잉태라는 뜻이 있다는 점도 생각하면 도움이 됩니다.

사람이 임신해서 열 달 동안 키워야 생명체가 되는 것처럼 삶과 현실에 대한 모든 생각 즉 개념도 생명을 잉태하는 과정과 마찬가지로 오래도록 가꿔야 그 개념이나 인식에 대해 제대로 알 수 있다는 의미입니다. 피상적이고 좁게 아는 것이 아니라 제대로 알아야한다는 뜻입니다. 나는 어떤 인식을 할 때 "내가 이 개념을 정말 잉태적 차원에서 이해하려고 하는가?"하고 돌아봅니다. 어떤 개념을 평생토록 생각해도 제대로 모를 수 있을 것입니다. 그래서 그 과정에는 많은 노력뿐 아니라 고통까지 따를 수 있습니다. 그렇게 이해한 개념은 자신의 생각

을 성장시키는 데 매우 중요한 바탕이 되겠지요. 청춘이라는 말개념 또
한 그렇습니다. 나이를 기준으로 생각하는 청춘은 좁은 이해이므로 잉
태적 차원의 이해가 아닙니다. 청춘이라는 말을 삶의 새로움이라는 차
원에서 생각할 때 잉태적 차원으로 나아간다고 하겠습니다. 청춘이라
는 말에 대해 이런 생각을 하는 것만으로도 이전과는 다른 느낌을 받
을 수 있을 것입니다.

여러분 머릿속을 채우고 있는 온갖 인식생각은 실제 현실과는 다른
경우가 많습니다. 철저하게 판단해서 머리 속에 담은 경우보다는 그냥
대충 들리거나 자신의 좁은 생각에 따라 들어와 있는 등 좁고 피상적
인 생각들이 머리 속을 채우고 있는 경우가 많을 것입니다. 어떤 말이
나 생각에 대한 생각이 풍성해지면 현실에 대한 인식도 깊어질 수 있
기 때문에 개념에 대한 깊이 있고 입체적인 인식은 매우 중요합니다.

취업 희망자들은 자신의 스펙이 많아 다른 구직자에 비해 뒤떨어지
지 않는데도 왜 취업에 실패했는가 하면서 아쉽게 여길 수 있습니다.
이 뉴스자료를 보면 기업체 인사담당자들은 관련 자격증이나 어학의
중요성은 16% 정도 고려하지만, 구직자들은 32%라고 매우 높게 여깁
니다. 학점과 학교 인지도도 마찬가지입니다. 구직자들은 대학생 때 받
은 학점이 좋거나 출신대학이 유명하면 취업에 유리할 것으로 생각하
지만 기업 입장에서는 그렇지도 않다는 것을 보여줍니다. 기업은 직원
을 채용할 때 면접의 태도를 매우 중요하게 여겼습니다. 태도가 좋지
않으면 평가를 낮게 한다는 것이죠.

입사를 위한 면접의 목적은 무엇일까요? 여러 목적이 있지만 기본적
으로 "함께 일했으면 하는" 느낌이 드는 사람을 뽑으려는 과정입니다.

면접을 통해 파악하려는 태도는 외모나 좋은 옷 같은 것과는 다릅니다. 심지어 대학을 졸업했는지 중퇴했는지도 별로 중요하게 여기지 않는 경우가 적지 않습니다. 태도가 반듯하면 기업 측에 호감(好感, 좋은 느낌)을 줍니다. 호감을 주지 못하면 좋은 평가를 받기 어렵습니다. 이런 현상은 앞으로 점점 더 많아지고 중요해질 것입니다. 취업 뿐 아니라 창업을 하는 경우에도 다를 게 없습니다. 취업이든 창업이든 결국 사람끼리 부대끼면서 일을 해야하는데 상대방에게 호감을 주지 못하면 일을 제대로 하기 어렵습니다.

헤드라인신문기사의 내용을 압축한 것에 <일자리 구하는 데 가장 중요한 건 '태도'> 라는 이 신문기사도 같은 이야기를 합니다. 함께 일하고 싶은 느낌을 주느냐 안 주느냐가 굉장히 중요한데 그것은 태도에서 나옵니다. 태도는 말과 행동에서 풍기는 종합적인 느낌이라고 하겠습니다. 그런 태도가 좋지 않으면서 스스로 '나는 학점이 좋지 않아서' '나는 유명한 대학 출신이 아니어서'처럼 생각하면 현실과 맞지 않는 생각이 됩니다.

"내 이름 석 자가 브랜드" 라는 이 신문칼럼도 취업이나 고용에 대해 거의 같은 이야기를 하고 있습니다. 자기 자신의 이름이 곧 자기자신을 잘 드러내는 브랜드 파워가 될 수 있어야 한다는 말입니다. 내가 이 신문스크랩 노트를 10년 넘게 버리지 않는 이유도 과연 나의 이름 석 자가 내 자신의 독특한 브랜드로 쌓여지고 있는지 끊임없이 돌아보기 위해서입니다. 이런 과정은 자기자신을 꾸준히 알아가며 실력을 쌓아가는 과정입니다. 그런 과정을 통해 자신의 말과 행동이 어떻게 다듬어지면서 발전하는지를 알 수 있습니다.

'뉴스메이커 청춘 노트' 쓰기는 매력 역량을 높일 수 있습니다.

'자기 브랜드의 시대'라고 합니다. 이 말은 자기다움의 브랜드 즉 독특하고 좋은 느낌을 주는 호감이나 태도가 있어야 한다는 뜻입니다. 다양한 전공을 공부하면서 그 분야에서 실력을 갖추는 노력은 기본적으로 중요합니다. 그런데 거기서 그치면 안됩니다. 다른 사람에게 호감과 신뢰를 줄 수 있는 브랜드를 쌓을 수 있어야 합니다. '당신이 가진 것을 세상이 원하게 하라'는 이 컬럼도 자신이 가진 것을 어떻게 차별적인 태도와 브랜드로 만들어 갈 것인가에 대해 얘기하고 있습니다. 나아가 "제대로 변화하기 위해서 자기 세계가 먼저 있어야 하며 자기 생각과 방식으로 열심히 해야한다"고 강조합니다. 그래야 진정한 변화도 가능한다는 말입니다.

매우 중요한 것은 "호감이 세상을 움직인다"는 것입니다. 자기 스스로 자신에 대해 호감 즉 좋은 느낌을 가질 수 있어야 하고 동시에 다른 사람에게도 좋은 느낌을 줄 수 있다면 이는 소중한 경쟁력이 됩니다. 취업 준비를 아무리 많이 해도 면접에서 호감을 주지 못하면 좋은 평가를 받기 어렵습니다. 호감은 곧 '인간적 매력'입니다. "사람을 끌어당기는 좋은 느낌을 주는 호감 가는 사람과 일하고 싶다." "진실, 이타적인 태도, 공감할 수 있는 능력, 배려하는 자세가 호감에 강한 영향력을 미친다." 이런 말들을 카이스트 교수와 미국의 유명 학자가 얘기하고 있습니다. 나는 여기에 새로움을 만들어 낼 수 있는 '뉴스메이커 능력'을 보태고 싶습니다. 호감을 주는 매력을 높이는 데 도움이 될 것으로 확신합니다.

배려와 공감도 좋지만 어떤 일을 하든지 새로움을 만들어낼 수 있을 때 실질적인 호감을 줄 수 있습니다. 뻔하게 누구나 다 아는 생각이나 태도에 맴돌면 자신을 향상시키기 어렵습니다. 문제는 어떻게 해야 호감을 주는 사람이 될 수 있느냐는 것이겠지요. 취업을 위한 면접에서는 자신의 매력을 보여줄 수 있어야 상대방(기업)이 같이 일하고 싶은 느낌을 가질 수 있습니다. 가령 영어 실력이 부족하더라도 다른 방식으로 인간적 매력을 보여줄 수 있으면 더 나은 평가를 받을 수 있습니다.

면접이 중요해지면서 요즘은 심층면접이라고 해서 지원자의 역량을 종합적으로 훨씬 더 깊이 알아보려는 방식이 늘어나고 있습니다. 지원자를 다양한 방식으로 평가해보면 그 사람의 진짜 실력을 알기 있기 때문입니다. 특정 지식이 부족한 것과 그 사람이 매력이 있고 없고는 다른 차원입니다. 지식적 측면이 많이 부족한 사람도 인간적 매력이 있어 호감을 줄 수 있습니다. 매력있는 사람이 되기 위한 바탕 중의 바탕으로 나는 '깊은 생각'을 꼽습니다. 생각이 깊어야 세상일을 단순하게 보지 않고 다양하고 입체적인 관점을 파악할 수 있습니다.

자신의 매력과 브랜드를 통해 호감을 높이기 위해서는 '뉴스메이커 청춘 노트'를 쓰면 도움이 될 것입니다. 이 노트는 여러분의 삶을 아주 호감 있고 매력 있게 바꾸는 중요한 가교가 될 수 있습니다. 항상 가방에 넣고 다니며 틈나는 대로 기록해 보십시오. 달리기를 잘 하려면 기초체력을 키우고 땀을 흘려야하듯 자신의 매력을 키우려면 정신의 근육이라고 할까요, 그런 노력을 꾸준히 하는 게 필요합니다. 오늘 당장 노트를 한 권 사서 '뉴스메이커 청춘 노트'라고 제목을 쓰고 시작해 보기를 권합니다. 날마다 쓸 필요는 없겠지만 일주일에 한 번을 쓰더라도 '자신의 삶을 성장시키는 새로움'이라는 목표를 생각하는 게 중요합니다.

　오늘 이 수업을 계기로 뉴스메이커 청춘 노트를 쓰기 시작해 대학을 졸업하고 직장에 다니고 하는 동안, 나아가 평생 쓴다면 그런 시절이 바로 청춘입니다. 그러니까 청춘이란 어떤 일정한 시기에 한정되는 게 아니라 삶의 새로움을 추구하는 '과정'입니다. 자기자신을 향상시키기 위해 꾸준히 삶의 새로움을 추구하는 시절이 청춘입니다. 청춘의 특징은 살아움직이는 생동감입니다. 육체적 신체는 시간이 지나면 외형적으로 늙어가지만 정신적　신체는 시간이 좌우할 수 없습니다. 20대 나이라도 생각이 단순하고 좁고 굳으면 청춘이라고 할 수 없습니다. 70대 나이라도 생각이 입체적이고 깊고 활발하면 청춘입니다.

　뉴스메이커 청춘 노트를 쓰는데 그냥 평범한 일상을 기록하는 방식은 도움이 안될 것입니다. 자기자신의 내면內面을 섬세하게 관찰하면서 새로운 생각을 한줄이라도 기록해보는 방식을 시도해야 합니다. 아마 쓸 내용이 별로 없어 막연한 느낌을 가지는 경우가 많은 것으로 짐작됩니다. 쉬운 일이 아니라는 것은 써보면 비로소 느끼게 되는 경우가 많을 것입니다. 그런 것을 느끼는 것 자체가 매우 중요한 경험입니다. 어떤 일에 대한 생각을 할 때 '이게 개가 사람을 무는 일상적인 것인지, 사람이 개를 무는 비일상적인 것인지' 같은 기준을 적용해보는 것도 도움이 됩니다. 인내심을 갖고 뉴스메이커 청춘 1권, 2권 3권…식으로 죽 써보세요. 노트가 쌓일수록 조금씩 자신의 실력이 쌓이고 그런 실력은 어느새 다른 사람에게도 좋은 느낌 즉 호감을 줄 수 있는 수준으로 높아질 것으로 확신합니다. 노트가 쌓일수록 생각이 깊어질테니까요.

"제 질문은 어떤 과목을 들었는지 무엇을 알고 있는지가 아니라 무엇을 만들 수 있는지가 궁금합니다. 사회 현장의 문제를 풀어가는 프로젝트에 대해 신입사원 면접 때 자주 질문을 합니다. 다행히 경험한 사람을 발견하면 질문을 이어갑니다."

기업의 대표가 직원을 채용하는 경험을 소개한 신문기사의 일부입니다. 대표가 '다행히'라고 표현한 이유는 그런 호감이 가고 매력적인 사람을 발견하기 어렵다는 뜻입니다. 이 기업의 대표는 면접 과정에서 지원자에게 특정 지식을 묻는 게 아니었습니다. 그의 질문은 자기주도학습과 문제해결능력, 끈기 같은 능력을 보려고 했습니다. "팀원 끼리 의견이 다를 때 어떻게 해결했는가"라는 질문은 커뮤니케이션(소통)과 협력 능력을 살펴보려는 것입니다. 그런데 이런 상황에 자신의 태도와 능력을 보여주는 지원자가 별로 없다는 아쉬움을 이 대표는 말하고 있습니다. 이런 이유 때문에 많은 기업은 신입사원보다는 경력이 있는 사람을 채용하는 경우가 많습니다. 우리나라도 이제 고성장 시기를 지나 저성장 시기에 들어 획일적인 대규모 대졸자 채용 같은 방식이 빠르게 줄어들고 있습니다. 자기만의 뉴스메이커 능력, 호감의 능력을 갖추지 않은 채, 기업에서도 점점 덜 중요하게 여기는 학점이나 외국어 점수 같은 좁은 스펙에 매달리면 취업은 더 어려울 수 있습니다.

기업의 인사 담당자들이 뽑은 지원자들의 잉여 스펙에는 학위, 자격증, 걷기 경험, 한자, 한국사 자격증, 해외경험, 어학성적, 학벌, 수상경력, 학점 등이 있습니다. 그들은 이런 게 별로 중요하지 않다고 합니다. 취업준비를 위해 흔히 노력하는 이런 일들이 시간낭비가 될 수 있기 때문에 다시 생각해 볼 필요가 있습니다. 이와 관련된 생각도 뉴스메이커 청춘 노트를 쓰면서 정리해보면 도움이 될 수 있습니다. 자신이 겪는 일상을 새롭게 해석하면서 쓰고 또 쓰고 하다보면 자기자신이 달라지고 있다는 것을 느끼게 될 것입니다. 이런 모습이 차곡차고 쌓이면 취업을 위한 면접에서도 효과를 발휘하는 결과로 이어질 것입니다.

생각이 깊어지고 세밀해지는 자신을 발견할 수 있어야 합니다.

"자신을 뉴스메이커가 되도록 하겠다"는 생각을 늘 하고 있는 게 도움이 됩니다. 뉴스메이커가 된다는 것은 사회적으로 '뉴스가 되는 인물'이라는 뜻입니다. 무엇을 새롭게 하지 않으면 세상이 알아주는 유명한 사람이 될 수 없습니다. 유명한 디자이너인 김영세 씨가 이런 말을 했습니다. "뭐든지 처음 한다는 것은 피나는 노력이 필요하다." 고통스러운 과정이 필요하다는 것인데 당연한 말입니다. 처음 한다는 것은 새롭다는 것인데, 새로움이 어찌 그냥 쉽게 이루어지겠습니까. 이를 위한 작지만 소중한 노력이 바로 '뉴스메이커 청춘 노트'를 쓰는 것이라고 할 수 있습니다. 당장 실천해보기를 다시 권장합니다. 좀 시간이 지나면 생각이 깊어지고 세밀해지는 자기자신을 발견할 수 있을 것입니다. 매우 중요한 성장과정입니다.

이 신문기사는 젊은 기업인이 만든 화장품이 시장에 나온지 1년만에 매출을 1000억 원 돌파했다고 내용입니다. 이 회사가 뉴스메이커가 된 사례입니다. 내가 만약 취업을 해야하는 입장이라면 이런 기사를 보고 그 회사의 경영자에게 편지를 보내겠습니다. "당신에 대한 뉴스를 읽었는데 이렇게 하면 당신의 회사가 더 발전하지 않겠는가." 하는 새로운 내용을 담아야 상대방인 그 회사의 대표가 관심을 가질 것입니다. 그렇지 않고 막연하게 당신 회사에 취직하고 싶다고 하면 결코 관심을 갖지 않을 것입니다. 실제 편지를 보내지 않더라도 생각은 그처럼 구체적이고 적극적으로 하는 게 필요하고 막연하고 어정쩡해서는 안된다는 뜻입니다.

이 회사가 짧은 시간에 단일 제품으로 큰 매출을 올린 것은 대단한 일입니다. 그 이유는 이렇습니다. 다른 회사의 제품을 사용해보니 단점이 보였고 그것을 개선한 제품을 내놓아 17개국으로 수출하게 됐다고 합니다. 기존 제품을 철저히 비교 분석해서 어떤 새로움을 발견해낸 게 핵심입니다. 이런 기사를 읽은 소감도 '뉴스메이커 청춘 노트'에 다룰 수 있는 좋은 내용입니다. '기업이 발전하기 위해 정말 치열하게 노력하는구나, 나도 내 자신을 발전시키기 위해 어떤 노력을 구체적으로 해야할까' 같은 내용을 청춘 노트에 한줄 한줄 기록해 보세요. 막연한 내용을 피상적으로 쓰면 낭비입니다. 신문기사도 많이 읽고 생각하면서 자꾸 써봐야 정신적 근육이 생깁니다. 써봄, 생각해봄…. 이런 '봄'이 바로 청춘의 자격 가운데 한가지라고 할 것입니다.

이 기사는 구글의 인사 담당자들이 한 회의에 관한 내용입니다. 구글 부사장은 자신이 생각하는 인재를 호기심과 창의적 생각, 다른 사람과 협력, 그리고 항상 왜라고 질문하고 새로운 것을 시도하려는 마음가짐이 우선이며, 누구와 협력해서 일을 만들어나갈 수 있을지 고민할 수 있는 사람이어야 한다고 했습니다. 이런 모습을 갖춘 사람이 바로 호감을 주는 사람, 매력 있는 사람의 특징입니다. 이런 게 없으면 대학 졸업장도 별 의미가 없을 것입니다. 수업시간에 열심히 질문하고 내 안에서 새로움이 꿈틀거리는지, 계획한 것들을 이루기 위해 얼마만큼 절실하게 몸부림치는지 끊임없이 돌아보아야 하겠습니다. 이런 돌아봄의 자세는 뉴스메이커 청춘 노트에 하나씩 기록하면 자신을 단련하는 데 훨씬 효과적입니다.

뉴스메이커 청춘 노트는 사고의 근육을 키워줍니다.

뉴스메이커 청춘 노트에는 자기 자신과 대화하면서 현실은 이렇구나, 내가 뭘 준비하고 있지, 어떤 새로운 것을 설계하고 있지…. 이런 반성을 조금씩 하나씩 하면서 한 장 한 장 채워가면 좋습니다. 자꾸 시도하면 자기자신도 모르는 사이에 표현력도 좋아지고 생각하는 수준도 달라집니다. 새로움은 이런 과정을 통해 자연스럽게 형성됩니다. 자기만의 독특한 브랜드, 자기의 생각이나 행동, 태도가 다른 사람에게 호감을 주는 이 소중한 능력이 쌓입니다. 이런 능력은 며칠 동안 밤새워 공부하는 것과는 전혀 다른 차원이니 평소에 꾸준히 하는 게 매우 중요합니다. 이런 뉴스메이커 청춘 노트를 쓰는 사람과 쓰지 않는 사람의 차이는 크다고 생각합니다. 오늘 이 수업 시간을 계기로 꼭 실천해 보시기 바랍니다.

구글의 채용 담당 부사장은 다른 사람과 협업하며 능동적으로 문제를 해결하는 사람에 대해 이야기 했습니다. 호감이나 매력이 떨어지는 사람과는 함께 일하기 어려울 것입니다. 내가 앞에서 말한 것처럼 면접을 하는 목적은 호감과 좋은 느낌을 주는 매력 있는 사람을 뽑기 위해서입니다. 표현하는 방법, 자신이 생각한 무엇을 깊이 있게 만들어가는 방법, 새로움을 추구하는 뉴스메이커 역량이 있으면 굉장히 좋은 느낌을 줄 수 있습니다. 인재의 조건으로 문제해결능력, 자기역할에 대한 명확한 인식, 리더십, 흥미를 갖고 항상 배우려는 자세 등 4가지를 제시하고 있습니다. 이처럼 아무리 똑똑해도 다른 사람과 협력하지 못하는 사람은 좋은 평가를 받지 못합니다. 취업을 하더라도 인정받기 어려울 것입니다.

　뉴스메이커 청춘 노트를 쓸 때는 한쪽 면펼쳤을 때 오른쪽 면만 쓰는 게 좋을 것입니다. 한쪽 면만 쓰면 노트 한 권을 좀 빨리 쓸 수 있습니다. 양면을 모두 쓰면 좀 지루해질 수 있습니다. 글씨도 좀 크게 해서 노트 한권을 빨리 쓰면 약간의 성취감을 느낄 수 있습니다. 한 칸 씩 건너서 손으로 쓰면, 나중에 비어 있는 줄에 생각을 보충할 수 있습니다. 왼쪽 면에는 자신이 관심있는 뉴스 등 생각자료를 풀로 붙이고 하면서 생각해보고 하는 용도로 사용하면 효과적입니다.

　날개 없는 선풍기 아시죠. 어떻게 날개 없는 선풍기가 가능한지 참 신기합니다. 날개 없는 선풍기를 만든 이 회사는 기존 생각의 틀을 깨고 이런 제품을 탄생시켰습니다. 일상에서 겪는 불편함을 새로운 방식으로 접근해 혁신적인 제품을 개발한 것입니다. 이처럼 일상을 '새롭게 봄'이야말로 굉장히 중요한 태도입니다. 이런 태도를 갖추고 있으면 어떤 기업과 면접을 해도 충분히 대처할 수 있는 순발력과 사고가 생깁니다. 성공을 위한 수많은 시행착오, 문제해결을 위한 새로운 시작이 중요합니다.

이런 회사들이 지금처럼 대학 졸업자가 많은 시대에 그냥 대학 졸업장을 들고 입사 면접을 하면 뽑고 싶을까요? "당신의 삶에서 새로운 일이 무엇이었습니까?"라고 물으면, "제가 어학점수도 높고 어학연수도 다녀오고 자격증도 많은데요."라고 답해서는 차별적 능력이 되기 어렵습니다. 자기 삶을 새롭게 하고 지원하는 기업을 위해 무엇인가를 새롭게 생각해 본 것이 있느냐고 묻는 것입니다.

대학 졸업이든 고등학교 졸업이든 그것 자체가 과연 중요하겠습니까? 어떻게 자신과 기업을 성장시킬 수 있느냐는 현실적 방법이 중요합니다. 혁신을 많이 강조합니다. 무엇보다 자기자신을 새롭게 하는 것이야말로 모든 혁신의 기본이고 바탕입니다. 다른 사람이 대신해줄 수 없습니다. 불편한 것이 있으면 해결하기 위해 노력하고 그 과정을 청춘노트에도 써보세요. 일상을 새롭게 하는 작은 노력이야말로 나중에 큰 결실을 안겨줄 것입니다. 기업은 치열하게 노력하는데 취업을 하려는 사람이 그런 치열한 노력을 해본 경험이 없다면 호감을 주기 어렵습니다. 날개 없는 선풍기를 만든 회사는 "제대로 된 해결책을 찾기 전까지는 끝없는 시련과 실패를 반복했다"고 했습니다. 먼지 없는 청소기를 개발한 기업의 대표는 "이 제품을 개발하기 위해 5000번 넘는 실패를 경험했다. 대학 졸업자들에게 기대하는 것은 그들이 생각하는 방법이다"고 했습니다.

뉴스메이커 청춘 노트를 꾸준히 쓰면 훗날 이 기업의 대표들처럼 뉴스메이커가 될 수 있는 가능성을 높여줄 것이라고 생각합니다. 여러분의 책가방에 뉴스메이커 청춘 노트가 들어있으면 틀림없이 삶에 도움이 될 것입니다. 추운 겨울에도 여러분이 이 청춘노트를 쓴다면 겨울도 봄입니다. 나는 대학에서 철학을 공부했는데 대학생 때부터 '철학 노트'를 많이 썼습니다. 자꾸 써보니 생각을 단련하는 데 도움이 됐습니다. '호리천리'라는 말이 있습니다. 아주 작은 차이가 나중에는 엄청난 차이를 낳는다는 뜻입니다. 오늘 이 시간을 계기로 뉴스메이커 청춘 노트를 조금씩 실천하면 당장은 특별한 효과가 느껴지지 않겠지만 반드시 자신을 성숙하게 성장시키는 데 굉장히 큰 역할을 하게될 것입니다.

묻고 답하기

기업이 잘 된다고 고용이 반드시 증가할지는 의문입니다. 지금 우리나라는 기업이 잘 된다고 해서 반드시 고용창출이 활발하지 않습니다. 그 이유는 무엇이라고 생각하시는지요.

저성장시대에는 기업이 잘 되도 미래가 불투명하니 고용을 예전보다 많이 늘리지는 않습니다. 그렇다고 하더라도 기업이 활성화돼야 고용이 반드시 비례만큼은 아니지만 어느 정도 이루어질 것이라는 포괄적인 의미로 얘기한 것입니다. 기업과 고용은 복잡한 문제입니다. 내가 1980년대 대학 다닐 때는 삼성 등 대기업들은 대졸자 수천명을 채용한다는 신문광고를 내곤했습니다. 이런 모습은 지금은 완전히 없어졌습니다. 대졸자를 어느 정도 채용하지만 경력자를 상당히 많이 채용하는 경향이 있습니다. 지금 대학생들은 이런 현상을 살펴봐야 할 것입니다. 대학 졸업자는 많은데 기업의 채용 규모는 점점 줄어드는 구조는 계속 이어질 것으로 봅니다. 정부와 기업도 노력을 하고 있지만 한계가 있습니다. 고용이 활발하지 않지만 개개인의 입장에서는 취업을 해야 하는데 그만큼 경쟁이 높아지는 게 엄연한 현실입니다. 내가 오늘 여러분들에게 인간적 호감과 매력을 계속 강조한 이유는 이 능력이 평균적인 대학졸업자들의 능력과는 차별화되는 측면이라고 보기 때문입니다.

신문 스크랩은 언제부터 어떻게 해오셨고 장점은 무엇입니까.

나는 1994년부터 지금까지 신문기자를 하고 있습니다. 지금처럼 대중매체가 다양하게 발달한 시대에 종이신문을 스크랩하고 자료로 활용하는 것이 어울리지 않는다고 생각할 수 있습니다. 20년 넘게 스크랩을 활용하면서 일상과 뗄 수 없는 작업이 됐습니다. 스크랩은 종이신문 뿐 아니라 인터넷 자료도 포함합니다. 막연하게 하는 게 아니고 나름대로 문제의식을 갖고 필요한 내용 중심으로 스크랩을 합니다. 자료도 유통기간이 있습니다. 그냥 계속 모으는 게 아니라 스크랩한 자료도 나중에 보면 필요없는 경우도 많습니다. 최근에 펴낸 책『뉴스메이커 공자』는 오랫동안 신문이나 TV, 인터넷 매체 등에 나온 관련 내용을 오랫동안 스크랩한 내용을 바탕으로 쓴 것입니다.

요즘은 기자의 개념이 예전과는 아주 달라졌습니다. 기본적으로 우리는 무엇인가를 기록합니다. 머리 속에 들어있는 관념을 글로 쓰든 그림을 그리든 우리는 무엇인가를 기록합니다. 문제는 그 기록이 콘텐츠로서 가치가 있느냐 없느냐 입니다. 단순하게 반복되는 것은 기록할 가치가 없습니다. 사람이 개를 무는 비일상적이고 예외적인 새로운 것을 늘 생각하면 좋습니다. 뉴스메이커 청춘 노트를 꾸준히 쓰면서 자기자신을 뉴스메이커로 만들기 위해 노력하는 과정이 필요합니다. 신문에는 어떤 사회적 현상에 대해 여러 가지 관점이 등장합니다. 이를 비교하면서 자신의 입체적 관점을 형성하는 노력은 매우 중요합니다. 옛날 방식이라고 하겠지만 가위질을 하면서 스크랩을 하고 여러 관점을 버무려 더 나은 차원으로 끌어올리는 데 도움이 됩니다. 일회적이고 단순한 정보들을 모으는 방식은 시대적으로 별 의미가 없습니다.

요즘은 자극적인 제목의 기사를 클릭해서 들어가 보면 막상 별 내용 없는 게 많습니다. 이런 인터넷 뉴스에 대해서 어떻게 생각하시는지요.

자극이란 마음에 어떤 반응이 일어나는 작용입니다. 이런 자극이 없다면 기본적으로 뉴스로서 가치가 없다고 하겠죠. 문제는 그런 자극이 얼마나 정확한 사실이나 현상, 판단에 근거한 것인가 입니다. 질문한 학생은 인터넷 뉴스가 특히 그런 것 같다는 생각이 있는 것 같습니다. 그러나 대중매체의 제목(헤드라인)은 기본적으로 그런 성격이 강합니다.

나는 2001년에『헤드라인 커뮤니케이션』이라는 책을 냈습니다. 신문 제목에 대한 이야기입니다. '헤드라인은 한두줄로 쓰는 짧은 기사'입니다. 대중매체의 뉴스는 현실을 단순화시킵니다. 현실은 아주 복잡한데 이를 기사에 모두 다룰 수 없기 때문입니다. 제목은 뉴스의 본문(기사 전체)을 최대한 압축합니다. 본문 기사도 복잡한 현실을 간추려 압축하기 때문에 현실 전체를 보여줄 수 없습니다. 그 과정에는 기사를 작성하는 기자의 가치관이 개입하고 그 기자가 소속된 회사(언론사)의 가치판단도 들어갑니다. 그래서 똑같은 사회현상을 둘러싸고 이 신문은 이런 식으로 보도하고 저 신문은 다르게 보도하는 경우를 흔히 보게됩니다.

뉴스(기사)의 제목은 기본적으로 사람들의 눈길을 끌 수 있어야 좋습니다. 대중매체의 뉴스를 소비하는 소비자들에게 자극적으로 다가가야 그 기사의 본문도 읽을 가능성이 높기 때문입니다. 제목이 밋밋하면 본문도 읽지 않을 가능성이 높은데, 그럴 경우 제목으로서 실패라고 할 수 있습니다. 그래서 제목에는 특이한 비유와 상징을 사용하거나 좀 과장된 표현이 자주 나타납니다. 이는 인터넷 뉴스라고 해서 특별히 그런 게 아닙니다. 종이신문의 제목도 기본적으로 차이가 없습니다. 요즘은 종이신문의 기사도 인터넷에 나오므로 종이냐 인터넷 매체냐 하는 구분도 별 의미가 없습니다.

뉴스는 기본적으로 아주 강한 욕망을 갖고 있습니다. 신문이나 방송에서 날마다 많은 뉴스를 쏟아내는데 자세히 살펴보면 별 알맹이가 없는 경우도 많지만 마치 새롭고 중요한 내용인 것처럼 포장을 하는 경우가 적지 않습니다. 요즘은 뉴스를 전달하는 방식도 많이 바뀌었습니다. 예전에는 그냥 보도만 했다면 지금은 현장을 연결하고 전문가들과 이야기도 나눕니다. 그것도 사람들의 관심을 끌기 위한 방식입니다.

자극적인 제목과 부실한 내용의 기사에 대해 어떻게 생각 하냐고 묻는다면 좋다, 나쁘다 보다는 그럴 수 있다고 생각합니다. 기본적인 원리가 그렇습니다. 그래서 뉴스 제공자와 수용자가 쌍방향에서 가려내는 역량이 필요합니다. 우리가 상점에 갔을 때 소비자를 속이는 상품은 매매를 거부하기도 합니다. 뉴스에서도 그런 역량이 필요한 것 같습니다. 제목이든 본문이든 뉴스(기사)를 접할 때 이것이 정확하고 충실한 뉴스인지, 정확하지 않고 부실한 뉴스인지 판단해보는 것도 도움이 됩니다.

기사는 사실에 기본을 두고 써야함에도 의혹이 들 때, 이것을 보지 못했다고 그 의혹이 없다고 할 수는 없습니다. 이 두 가지가 상충할 때 기자들은 어떻게 하는지요?

어디까지가 사실이고, 의견인지를 아는 것은 굉장히 어렵습니다. 내가 아는 것에 한계가 있고 나의 판단에는 이미 주관이 들어가 있기 때문입니다. 처음 기자가 되면 선배들이 교육할 때 기자는 있는 그대로 써야한다고 말합니다. 물론 틀린 말은 아니지만 '있는 그대로의 현실'이란 과연 무엇이겠습니까? 예를 들어 아주 막연한 의혹이지만 하나의 '유사현실'이 될 수 있습니다. 그 경계를 참으로 알기 어렵습니다. 여기까지만 알고 저기까지는 모르기 때문에 그 이상은 말을 안하면 좋은데 그게 안 됩니다. 그래서 뉴스는 대체로 성급하게 사람이 개를 무는 그런 욕망에서 벗어나기가 쉽지 않습니다. "뉴스란 성급하게 쓰는 역사"라는 말이 있습니다. 현실은 복잡하고 유동적인데 마감시간에 맞춰 급하게 정리하다보면 불가피하게 정확하지 않은 뉴스를 생산하는 경우도 많습니다.

뉴스의 중요한 요소 중에 흥미성이 있습니다. 반기문 유엔사무총장이 안동 하회마을에서 기념식수를 했습니다. 나무를 심었다는 사실에 한정하는 보도가 정확한 기사인지, 나무를 심은 사실을 넘어 그 행위가 갖는 어떤 목표나 가치 같은 것까지, 비록 추측이지만 곁들여 보도하는 것이 정확한 기사인지를 판단하기는 어렵습니다. 반기문 총장이 심은 나무는 주목이라는 종류였습니다. 주목은 예로부터 제왕의 나무로 알려져 있습니다. 그래서 반 총장이 그 나무를 심었다는 사실은 대통령 선거에 출마하기 위한 어떤 암시가 아니냐 하는 이야기가 나올 수 있습니다. 반 총장이 그냥 주목 한 그루를 심었다고 그치는 기사보다는 대선 출마 의지를 보인 '것이다'가 아니라 '아니냐'고 추측성 내용을 곁들인 기사가 대중의 관심을 더 끌 수 있습니다. 이론적으로는 '사실'과

'의견'가치판단은 엄격하게 구분되는 것 같지만 사실에 기반을 둔 추측도 다른 차원에서는 현실이 될 수 있습니다. 어디까지가 사실이고 추측인지, 어디까지가 현실이고 비현실인지를 명확하게 구분하는 것은 어렵습니다.

현실은 이렇게 복잡하므로 사람들은 기자들에게 "왜 있는 그대로 다루지 않느냐"고 항의를 하는 경우가 종종 생깁니다. 같은 뉴스에 대해 어떤 사람은 아주 정확한 기사라고 여기는 반면 다른 사람은 편파적이고 왜곡이라고 여깁니다. 현실을 보는 시각이 서로 충돌하기 때문입니다. 무엇이 가장 정확한 현실인가 하는 문제는 생각이나 판단에 이런저런 한계가 많은 사람으로서는 알 수 없을 것입니다. 여러분도 일상에서 느끼겠지만 자신의 기분 상태에 따라 같은 현실이 좋아보이기도 하고 싫어보이기도 할 것입니다. 뉴스의 세계도 마찬가지입니다. 대중매체의 뉴스를 활용해 뉴스메이커 청춘 노트를 틈틈이 쓰면 현실을 입체적으로 파악하는 데도 도움이 될 수 있습니다. 이는 매우 중요한 능력입니다. 그런 과정을 이어가면 어느새 성장하는 자신의 모습을 볼 수 있을 것입니다. 꼭 실천해보시기 바랍니다.